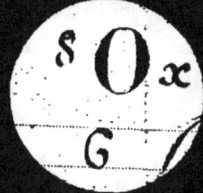

PORTUGAL

HISTOIRE DU TRAVAIL

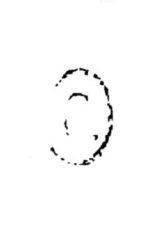

EXPOSITION UNIVERSELLE DE 1867

A PARIS

DESCRIPTION
DES
MONNAIES, MÉDAILLES
ET
AUTRES OBJETS D'ART
CONCERNANT
L'HISTOIRE PORTUGAISE
DU TRAVAIL

PAR

A. C. TEIXEIRA DE ARAGÃO

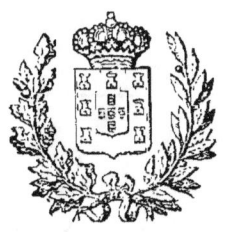

PARIS
IMPRIMERIE ADMINISTRATIVE DE PAUL DUPONT
RUE DE GRENELLE-SAINT-HONORÉ, 45

1867

ABRÉVIATIONS.

Æ...................................	Bronze.
AVE.................................	Avers.
AR..................................	Argent.
AV..................................	Or.
B...................................	Billon ou potin.
C...................................	Communes.
Gr...................................	Grains.
Gram...............................	Grammes.
Gr. br...............................	Grand bronze.
M. br................................	Moyen bronze.
Millim...............................	Millimètre.
Mod..................................	Module.
Pet. br..............................	Petit bronze.
R*...................................	Revers.

Nous avons cru devoir adjoindre, à cette notice, les planches offrant les dessins de quelques monnaies inédites. Les numéros qu'elles accompagnent sont ceux qu'elles occupent dans le texte, et les numéros suivis de la lettre N se rapportent à la note qui suit ces mêmes numéros.

INTRODUCTION

La numismatique portugaise a été jusqu'ici peu étudiée ; elle est presque inconnue à l'étranger. L'excellent ouvrage, publié en 1856 par notre ami M. Lopes Fernandes, est le premier livre où se trouvent réunies d'une manière méthodique, les lois concernant le monnayage, et la nomenclature des diverses monnaies frappées, tant en Portugal que dans les importantes possessions d'Afrique, d'Asie et d'Amérique.

Les Celtes, les Grecs, les Phéniciens, les Carthaginois, les Romains, les Suèves, les Goths et les Arabes ont successivement occupé la Péninsule, et, pendant leur domination, y ont apporté leur monnaie par la voie du commerce.

Le Portugal prit naissance au XIIe siècle, après avoir soutenu des luttes sanglantes pour son indépendance et sa croyance religieuse. Il n'est pas étonnant dès lors que, dans son origine, son système monétaire soit imparfait, et que les documents sur cette matière soient si rares.

Les chroniqueurs qui font mention de cette première époque ont écrit bien plus tard. Malheureusement, n'attachant pas une grande importance à leur sujet, ils se sont montrés peu scrupuleux dans leurs notices ; quelques-uns ne se préoccupant pas de la valeur relative des monnaies aux diverses époques, ont confondu les noms qui servaient à les désigner, et commis des erreurs dans la valeur et le poids des anciennes monnaies portugaises.

L'histoire nous apprend que nos premiers rois eurent beaucoup de peine à faire face aux dépenses importantes nécessitées par les guerres qu'ils durent soutenir. Il circula alors dans le royaume une grande quantité de monnaies étrangères, voire même celle de l'ennemi contre lequel on guerroyait ; la nécessité faisait accueillir indistinctement les types marqués de la croix et du croissant.

A cause de la parenté et de la liaison, et à cause de l'identité de la croyance religieuse entre ces pays, les monnaies de Castille, de Léon et d'Aragon étaient admises et circulaient sans difficulté en Portugal; le fait est constaté par d'anciens documents et par des contrats où se trouvent mentionnés les *doubles de D. Branca*, de *D. Pedro de Castille* et les *doubles de Séville; les Burgaleses, les Pépiones*, etc.

On trouve aussi dans les anciens manuscrits les expressions de *modius* et de *marcha* ou marchos d'or, d'argent et de cuivre, ce qui a fait supposer au siècle dernier, que le *modius* et le *marc* étaient des monnaies courantes.

Les jetons (*contos*) ont aussi quelquefois été confondus par les écrivains avec la véritable monnaie, comme par exemple, le *rodisio* et le *pélicano*, qu'ils ont pris pour des réaux de cuivre d'Alphonse V et de Jean II.

Pour le Portugal, comme pour presque tous les États contemporains, la fabrication de la monnaie fut un des éléments et une source de recettes; on y avait recours forcément dans toutes les crises financières, en usant du *droit de battre monnaie*.

Les modifications apportées au monnayage étaient fréquentes, souvent oppressives, opérées quelquefois en secret; mais toujours de grandes peines furent décrétées contre ceux qui refusaient de recevoir ces monnaies. On publiait ordinairement ces lois, soit par la voie des affiches, soit par un crieur public.

En Portugal, le droit de battre monnaie fut toujours le privilége exclusif du souverain. Il est vrai que, en 1128, Alphonse Ier, encore enfant, et en guerre contre sa mère, accorda de grands priviléges et fit des donations à la cathédrale de Braga, parmi lesquelles on en trouve une concernant la monnaie: *moneta unde fabricetur Ecclesia*. Ce droit conférait celui de recevoir les bénéfices résultants de la fabrication de la monnaie du Royaume, mais non celui de battre monnaie. Jusqu'ici, du moins, aucun document ne nous prouve que les archevêques de Braga aient jamais frappé une monnaie distincte de celle du Royaume.

Le 23 décembre 1224, le pape Honoré III ordonna aux évêques de Tuy et d'Astorga de faire retour à l'église de Braga de plusieurs priviléges, et entre autres de celui concernant la *chancellariam capelaniam monetam*, dont Alphonse II l'avait dépossédée, privilége du reste, auquel plus tard renoncèrent l'archevêque et le clergé. Au cabinet royal de médailles de Copenhague, on trouve, il est vrai, une monnaie d'argent, dont voici la description :

† DIONIS REX PORTV. Buste de face du roi. R' CIVITAS BRAGA. Croix coupant la légende.

Mais, comme il est prouvé qu'il n'y a pas eu d'hôtel monétaire à Braga, cette monnaie, très-probablement, a été frappée à l'étranger, sans doute par ordre de l'archevêque de cette ville, sous le règne de D. Denis, époque où il jouissait peut-être encore de son privilége?

Sous les premiers règnes, des ouvriers ou entrepreneurs gravaient et frappaient les monnaies conformément à des conditions imposées concernant l'aloi, le poids et la forme ou module. Il devait résulter de graves inconvénients de l'emploi d'un pareil système, non-seulement par l'impéritie et la mauvaise foi des ouvriers, mais aussi pour le travail et le secret concernant la *marque* (*signe occulte*) dont la confusion encourait des peines graves; ce système exposait aussi à de grandes irrégularités d'affinage et de poids.

Parmi les signes secrets, nombreux et très-variés, nous trouvons les initiales des localités où se frappaient les monnaies, et dont l'emploi a été adopté sous le règne de Ferdinand.

Voici ces diverses marques monétaires :

B.	Bahia. Loi de Pierre II, du 8 mars 1691.
Ç.-A.	Çamora, sous Ferdinand.
C.	Ceupta » Alphonse V.
CR-V.	Corumha » Ferdinand.
D.	Diu. Loi de Pierre II, 17 mars 1688.
E ou EV.	Évora, depuis Jean 1ᵉʳ jusqu'à Jean IV.
GA.	Guimarens ; sous D. Sébastien.
G ou GA.	Goa. La première loi qu'on trouve est l'ordonnance de cet hôtel de monnaies, du 27 août 1569, rendue par le vice-roi Luis d'Athaïde, d'après laquelle il résulte qu'on frappait de la monnaie à Goa, depuis le règne d'Emmanuel.
L ou LB ou LISBOA.	Depuis les premiers règnes jusqu'au commencement de la 3ᵉ dynastie.
M.	Miranda, sous Ferdinand.

M ou MM. Minas Geraes ou Villa Rica. Loi de Jean V, du 13 mars 1720.

P ou PO. Porto; depuis Ferdinand jusqu'à Jean V.

P. Pernambuco, Loi de Pierre II, du 20 janvier 1700. Fermé en 1702.

R. Rio de Janeiro; Loi du 31 janvier 1702, qui y établit et transporta l'atelier de Pernambuco.

T. Tuy, sous Ferdinand.

Ces explications nous ont paru nécessaires avant de commencer à décrire la collection que nous avons réunie presque toute, pièce à pièce, pendant seize ans, et qui fait aujourd'hui partie du cabinet de Sa Majesté Louis Ier. Nous croyons devoir citer plus particulièrement les exemplaires rares et inédits qui s'y trouvent en grand nombre, mais, faute de temps et d'ouvrages spéciaux, il ne nous est pas possible d'en indiquer, comme nous l'aurions voulu, le poids, le module et les lois qui s'y rapportent.

Nous n'indiquons qu'avec réserve, la concordance des noms des colonies et des municipes avec ceux des villes modernes; quant aux noms des villes anciennes, nous les remplaçons par ceux des *conventus juridici*.

Quant aux monnaies celtibériennes dont quelques-unes avec inscriptions bilingues, nous les décrivons dans un chapitre spécial.

Dans les légendes celtibériennes, on voit figurer les lettres de plusieurs alphabets, par exemple, grec, phénicien et latin, et divers savants, pendant le dernier siècle, ont cherché à traduire et à expliquer ces légendes.

M. Heïs, avec qui nous nous sommes lié pendant notre séjour à Paris, s'occupe sérieusement de cette étude et doit publier incessamment sur ce sujet un ouvrage qui dissipera en grande partie les ténèbres. Nous avons jugé convenable d'attendre jusque-là.

Paris, 15 juin 1867.

A. C. TEIXEIRA DE ARAGAO.

DESCRIPTION

DES

PIÈCES DE MONNAIE

AYANT EU COURS EN PORTUGAL DÈS LES TEMPS LES PLUS ANCIENS JUSQU'A NOS JOURS,

FAISANT PARTIE DE LA COLLECTION NUMISMATIQUE

DE

S. M. FF. LE ROI D. LOUIS Ier.

PREMIÈRE SÉRIE.

MONNAIES DE PEUPLES, DE VILLES ET DE ROIS.

HISPANIA ULTERIOR.

LUSITANIA.

EBORA. Evora. Conventus emeritensis.

1. PERM.CAES.AVG.P.M. Tête nue, à gauche R*. LIBERAL. IVLIAE EBOR. Écrit en cinq lignes au milieu d'un couronne. *Rare.* Mod. 27 millim.

2. R* LIBERALITATIS IVLIAE EBOR; en quatre lignes au milieu d'une couronne civique. *Rare.* Mod. 27 millim.

3. PERMISSV.CAESARIS.AVGVSTI.P.M. Tête nue d'Auguste à gauche. R*. LIBERALITATIS IVL.EBOR. *Aspergillum, præfericulum, lituus et patera* dans le champ. *Très-rare.* Mod. 37 millim.

EMERITA. Merida.

4. IMP. CAESAR. AVGVSTVS. Tête nue d'Auguste, à droite. R*.

P. CARISIVS. LEG. PRO. PR. Porte de Merida; sur le fronton, on lit EMERITA. AR. *Denier*.

5. PERM. IMP. CAE. Tête laurée d'Auguste à droite. R*. AVGVSTA EMERITA; écrit sur le fronton de la porte de la ville. Mod. 34 millim.

6. PERMISSV. CAESARIS. AVG. P. P. Tête laurée d'Auguste à droite. R*. AVGVSTA EMERITA. Prêtre traçant les limites de la colonie, avec une charrue attelée de deux bœufs allant vers la droite. Mod. 28 millim.

7. PERMISSV. CAESARIS. AVGVSTI. Tête de satyre de face. R*. Le même que le précédent.

8. CAES. AVG. TRIB. POTEST. Tête nue d'Auguste à droite. R*. P. CARISIVS LEG. AVGVSTI. Écrit dans le champ en trois lignes. Mod. 27 millim.

9. PERM. CAES. AVG. Tête de laurée d'Auguste à droite. R*. Aigle légionnaire entre deux enseignes militaires; dans le champ, LE. VX; au-dessus, C. A. E. Mod. 22 millim.

10. DIVVS. AVGVSTVS PATER. Tête radiée à droite d'Auguste. R*. COL. AVGVSTA EMERITA. Porte flanquée de tours. Méd. br. 0m028.

11. La même inscription et la même tête ayant sur le devant la foudre. R*., comme sur la précédente. Br. Mod. 0m028.

12. La même tête surmontée d'une étoile. R*. Porte de la ville, et au-dessus, AVGVSTA EMERITA. Gr. br. Mod. 0m037.

13. Même inscription; tête nue d'Auguste à gauche. R*. COL. AVGVSTA EMERITA. Porte de la ville au centre. Moyen br. Mod. 0m027.

14. DIVVS. AVG. PATER. Tête nue d'Auguste à gauche. R*. PROVIDENT. PERMI. AVG. Autel de la Providence. Moyen br. 0m027.

15. AVGVSTA. EMERITA. Tête de femme à droite. R*. PERM. CAES. AVG. Colon traçant avec la charrue, attelée de deux bœufs, les limites de la colonie. Gr. br. Rare. Mod. 0m035.

16. SALVS. AVGVSTA. PERM. AVGVSTI. Tête de Julie à droite. R*. AVGVSTA. C.A.E. IVLIA. Julie assise à droite. Gr. br. Rare. Mod. 0m035.

17. TI. CAESAR. AVGVSTVS. PONT. MAX. IMP. Tête laurée de Tibère à gauche. R*. AVGVSTA. EMERITA, écrit sur le fronton de la porte de la ville. Gr. br. 0m034.

18. TI. CAESAR. AVG. PONT. MAX. IMP. Tête laurée de Tibère à droite. R*. AETERNITATI AVGVSTAE. C.A.E. Temple tétrastyle. Moyen br. Mod. 0m027.

MYRTILIS. Mertola.

19. Poisson à droite; dessous, MYRT. R*. Épi à droite; dessous, L. APDE; grènetis. Gr. br. 0m035. Rare.

20. Tête ibérienne à gauche; grènetis. R*. Aigle à droite; dessous, MRTILL. Mod. 0ᵐ030. Inédite.

21. Branche horizontale dessus, V; dessous, MYR. R*. Poisson à droite; dessous, L. A.DEC. Mod. 0ᵐ023. Rare.

OSSONOBA. Estoi (dans l'Algarve).

22. OSO. Dauphin à droite. R*. OSO; dessous, petite embarcation. PL. 0ᵐ012. Inédite.

23. Dauphin à droite; grènetis. R*. Trident entre deux mâts. PL. 0ᵐ012.

Nous attribuons cette petite pièce de monnaie à la ville d'Ossonoba sous toutes réserves; mais notre opinion est basée sur la nature du métal, sur les attributs maritimes des deux faces, et surtout sur la localité où elle a été trouvée, avec la pièce précédente et avec d'autres semblables.

SALACIA. Alcarcer do sal.

24. Tête à droite. R*. Deux dauphins à droite, et au centre, IMP. SAL. Méd. br. Rare. 0ᵐ029.

25. Tête imberbe d'Hercule, couverte de la peau de lion, à gauche; derrière, la massue. R*. Deux thons et au centre, l'inscription celtibérienne ⋁☐⧡⧠⊰⊂ Méd. br. Rare. 0ᵐ030.

26. ODACIS.A. Tête d'Hercule à gauche, couverte de la peau de lion; derrière, la massue. R*. Deux thons, et au centre : ⋁☐⧡⧠⊰⊂ grènetis. Méd. br. Rare. 0ᵐ030.

BAETICA.

ABDERA. Adra. Conventus cordubensis.

27. Temple tétrastyle. R*. Deux thons à gauche; au centre, l'inscription phénicienne ₁୨୨୨୦. Méd. br. 0ᵐ025.

28. Tête à droite; grènetis. R*. Deux dauphins, et, au centre, l'inscription précédente. Méd. br. 0ᵐ022.

29. TI.CAESAR DIVI.AVG.F.AVGVSTVS. Tête laurée de Tibère à droite. R. Temple tétrastyle. Deux thons placés perpendiculairement et en sens différents, figurant des colonnes, et entre celles-ci : A-B-D-E-R-A. Sur l'entablement, SSS; grènetis. Méd. br. Mod. 0ᵐ027.

ACINIPO. Ronda la Vieja. Conventus astigitanus.

30. L.FOLCE AEDILE. Grappe de raisin et une étoile dans le

champ. R'. ACINIPO, entre deux épis; grènetis. Méd. br. 0ᵐ023. Rare.

31. ACINIPO, entre deux épis. R'. Grappe de raisin. (Travail grossier). Méd. br. 0ᵐ024.

ARIA. La Maria (?) Conventus hispalensis.

32. Tête nue à droite; derrière, S. R'. CVNB-ARIA, en deux lignes séparées par un poisson. Méd. br. 0ᵐ028.

ASIDO. Medina Sidonia. Conv. gaditanus.

33. Taureau à droite; au-dessus, une étoile. R'. Dauphin à droite; au-dessus, un croissant et un point; au-dessous, l'inscription phénicienne 𐤔𐤃𐤀𐤔) K. Méd. br. 0ᵐ022.

ASTA. Mesa d'Asta.

34. M. POP.ILLI.M.F. Tête à droite. R'. P.COL.ASTA RE.F. Taureau marchant à droite. Méd. br. 0ᵐ022.

BORA (?) Conventus cordubensis.

35. Buste de Cérès avec un voile, à gauche, couronnée d'épis; dans la main, torche allumée. R'. Taureau à gauche; au-dessus, BORA. Gr. br. 0ᵐ035.

BAILO. Bolonia près de Tarifa. Conv. gaditanus.

36. Taureau à gauche; au-dessus, une étoile et un croissant. R'. Épi horizontal à gauche; au-dessous, BAILO; au-dessus, l'inscription phénicienne. 𐤍𐤂𐤋𐤀. Mod. 0ᵐ022. Rare.

CARBULA. Almodivar el Rio. Conventus cordubensis.

37. Tête d'Apollon à droite; sur le devant, une espèce de croissant; derrière, X. R. CARBVLA. Lyre à sept cordes, forme grossière. Gr. br. Mod. 0ᵐ033.

CARMO. Carmona. Conventus hispalensis.

38. Tête de Mars à droite, entourée d'une couronne de myrte. R'. CARMO, entre deux lignes et deux épis placés transversalement à droite. Gr. br. 0ᵐ035.

39. Même type et mêmes inscriptions. Méd. br. 0ᵐ024.

CARISA. Carysa. Conventus gaditanus.

40. Tête d'Hercule à gauche, couverte de la peau de lion ; derrière, la massue. R*. CARISA. Cavalier galopant à gauche avec bouclier et lance. Pet. br. 0^{m}022.

CARTEIA. Roncadillo (?) Conventus gaditanus.

41. Tête de femme tourrelée à droite; sur le devant, CARTEIA. R*. Neptune debout armé du trident, tenant dans la main droite un dauphin et le pied sur un rocher. Pet. br. 0^{m}022.

42. R*. Un homme pêchant à la ligne, assis sur un rocher, ayant près de lui un panier. Méd. br. 0^{m}024.

43. Tête laurée et barbue de Neptune à droite. R*. Foudre placée horizontalement ; au-dessus, CES. et au-dessous, CAR. Pet. br. 0^{m}020.

44. Tête de Jupiter laurée et barbue ; derrière, S. R*. Proue de navire ; au-dessus, L. MARC ; dessous, CARTEIA ; sur le devant, S. Méd. br. 0^{m}023.

45. R*. Dauphin à droite; au-dessus, Q.OPSL; au-dessous, CARTEIA. Méd. br. 0^{m}023.

46. Tête de Neptune à droite. R*. Q.PEDECA CARTEIA. Dauphin à droite. 0^{m}022.

47. La même tête, derrière, S ; devant, CARTEIA. R*. AED. CN. MAI.L.ARG. Proue de navire; dans le champ, S. 0^{m}022.

48. Dauphin et trident ; au-dessous, CARTEIA. R*. IIIIVIR.DD. Gouvernail. 0^{m}018.

49. Tête de femme couronnée de tours à droite ; devant, CARTEIA. R*. L.MAIV.POLLIO.II. Caducée ailé, placé horizontalement. Mod. 0^{m}021.

50. R*. Cupidon assis sur un dauphin à droite; au-dessus, IIIIVIR ; au-dessous, EX.DD. Mod. 0^{m}017.

51. R*. CMINI....VI....IIIIVIR. Dauphin à droite. Mod. 0^{m}020.

52. Tête laurée de Jupiter à droite; devant, IIIIVIR.T.R. R*. Dauphin à droite; au-dessous, C.MINI.Q.F; au-dessus, CART. 0^{m}022.

53. Tête de femme tourrelée ; au-dessous du menton, S. R*. Dauphin à droite; au-dessus, S; au-dessus, CART. 0^{m}027.

54. Tête de Neptune à droite; derrière, un trident; devant, IIII.VIR. ITER. R*. Dauphin à droite; au-dessus, CARTEIA ; au-dessous, C. MINI Q.F. 0^{m}019.

55. GERMANICO ET DRVSO. Tête de femme tourrelée à droite. R*. CAESARIBVS.IIII.VIR.CART. Gouvernail en travers. Mod. 0^{m}020.

CERET. Près de Xérès. Conventus gaditanus.

56. Tête de femme à droite. R*. [ERE, inscrit entre deux épis ou branches de pin. Très-rare. Mod. 0ᵐ019.

COLONIA PATRICIA. CORDUBA.

57. CM.IVLI.L.F.Q. Tête de Vénus avec diadème à droite. R*. Cupidon ailé et nu debout; le flambeau dans la main droite et le carquois dans la gauche; devant, CORDVBA. Mod. 0ᵐ020.

58. PERMISSV.CAESARIS.AVGVSTI. Tête laurée d'Auguste à gauche. R*. COLONIA PATRICIA. Aigle légionnaire entre deux enseignes militaires. Gr. br. 0ᵐ032.

59. La même avec la tête d'Auguste nue.

60. PERM.CAES.AVG. Tête nue d'Auguste à gauche. R*. COLONIA PATRICIA. Écrit en deux lignes et entouré d'une couronne civique. Mod. 0ᵐ025.

61. R*. COLONIA PATRICIA. *Apex et simpulum.* Mod. 0ᵐ021.

62. PER.CAE.AVG. Tête nue d'Auguste à gauche. R*. COLON. PATR. *Aspergillum, præfericulum, lituus et patera.* Mod. 0ᵐ016.

63. PERM.CAE.AVG. Tête laurée d'Auguste à droite. R*. Comme sur la précédente. Mod. 0ᵐ016.

GADES. Cadix.

64. Tête d'Hercule, couverte de la peau de lion, à gauche; devant, la massue. R*. Deux thons à gauche; au-dessus, l'inscription phénicienne ꓢo) ꓥ, au-dessous, 991 K. Mod. 0ᵐ017.

65. La même tête avec la massue derrière. R*. Deux thons à gauche; entre les deux têtes, un croissant, et du côté opposé un caducée; au-dessus, ꓢo)ꓥ, et au-dessous, 991 K. Mod. 0ᵐ030.

66. R*. Mêmes poissons et même inscription; dans le champ un croissant avec un point; pour contremarque, un dauphin. Mod. 0ᵐ029.

67. Autre exemplaire varié dans le type.

68. R*. Un thon à gauche, entouré de la même inscription phénicienne; grènetis. Pet. br. Mod. 0ᵐ014.

69. R*. Dauphin traversé par un trident, à gauche, et entouré de la même inscription phénicienne. Pet. br. Mod. 0ᵐ012.

70. R*. Deux thons à gauche; au centre, un trident; à droite, une étoile; à gauche, un croissant; au-dessus et au-dessous, la même inscription phénicienne. M. br. 0ᵐ028.

71. Lune de face. R*. Dauphin entouré de l'inscription phénicienne précédente; grènetis. P. br. Mod. 0^m013.

72. Tête d'Hercule coiffée de la peau de lion, à gauche; derrière la massue. R*. AVGVSTVS.DIVI.F. Au centre, la foudre ailée placée horizontalement. Gr. br. Mod. 0^m038.

73. Exemplaire semblable. Mod. 0^m028.

74. Tête laurée d'Auguste à gauche, devant, AVGVSTVS. R*. Têtes nues de Caïus et de Lucius ceintes d'une couronne de myrte. Gr. br. Mod. 0^m038.

ILIBERIS. Conventus cordubensis.

75. Tête barbue et casquée à droite. R*. Triquétra, ayant au centre une tête vue de face et, sur le bord, l'inscription celtibérienne : ⊔ ⋀ ⋀ ᛚ ᛚ ᛚ M. br. Mod. 0^m029 (1).

ILIPA MAGNA. Conventus hispalensis.

76. Tête de Cérès à droite. R*. ILIPENSE écrit sur une tablette ayant au-dessus un épi horizontal. P. br. mod. 0^m 019.

77. Poisson à droite; au-dessus, un croissant et au-dessous, entre deux lignes : ILIPENSE. R*. Épi entouré d'un grènetis. G. br. mod. 0^m 035.

78. Autre avec la légende ILIPENSE. G. br. mod. 0^m035.

ILITURGI. Conventus cordubensis.

79. Tête laurée à gauche. R*. Cavalier galopant à la droite; au-dessous du ventre du cheval, un casque, et à l'exergue, ILITVRGI. G. br. mod. 0^m 030.

ILURCO. Pinos. Conventus cordubensis.

80. Tête nue d'homme à droite; devant, ILVRCO. R*. Autre tête nue d'homme. M. br. (très-épaisse). mod. 0^m 027. Rare.

IRIPPO. (Lieu inconnu).

81. Tête nue d'homme, à droite; devant, IRIPPO. R*. Femme assise ayant une corne d'abondance dans la main gauche et un *strobilus* dans la droite. Le tout entouré d'une couronne. M. br. 0^m 028.

82. Une autre, grossièrement frappée. Mod. 0^m 025.

---

(1) Cette pièce de monnaie fut pendant longtemps attribuée à *Ipagro*, ancien bourg de l'Espagne ultérieure : l'auteur de cette supposition se basait sur un exemplaire visiblement endommagé; des études postérieures et plus approfondies ont, avec raison, rendu cette monnaie à *Iliberis*.

ITALICA. Sevilla la vieja. Conv. hisp.

83. PERM AVG. DIVVS AVGVSTVS PATER. Tête radiée d'Auguste, à gauche; au-dessus, un astre, et sur le devant, la foudre. R*. IVLIA AVGVSTA MVN ITALIC. Julie assise à gauche, ayant un sceptre dans la main gauche et une coupe dans la droite. G. br. mod. 0^m 035.

84. PERM. AVG. MVNIC. ITALIC. Tête nue d'Auguste à droite. R*. GEN. POP. ROM. Personnage debout, revêtu de la toge; à ses pieds, un globe et dans la main droite, une coupe. M. br. mod. 0^m 029.

85. TI CAESAR AVGVSTVS PON MAX. IMP. Tête nue de Tibère à droite. R* PERM. DIVI AVG. MVNIC. ITALIC. Autel sur lequel se trouve écrit en trois lignes PROVIDENTIAE-AVGVSTI. M. br. mod. 0^m 028.

86. DRVSVS CAESAR TI. AVG. F. Tête nue de Drusus à droite. R* MVNIC ITALIC PERM. AVG. Aigle légionnaire entre deux enseignes militaires. P. br. mod. 0^m 022.

ITUGI ou ITUCI. Castro del Rio. (?) Conventus hispalensis.

87. Cavalier casqué avec lance et bouclier galopant à gauche; au-dessous, ITVCI. R* Deux épis et entre eux le soleil et la lune. G. br. mod. 0^m 030.

88. Autre semblable à la précédente. mod, 0^m 022.

LAELIA. El Berrocal. Conventus hispalensis.

89. Tête casquée à droite; grènetis. R*. branche de pin et au-dessous, LAELIA. Pet. br. mod. 0^m 022.

LASTIGI. Zahara. Conv. hisp.

90. Tête imberbe casquée à droite, au milieu d'une couronne de myrthe. R*. Au centre d'une autre couronne, LAS. Pet. br. mod. 0^m 020.

MALACA. Malaga, Conv. astigitanus.

91. Tête de Vulcain à gauche; derrière, des tenailles et l'inscription phénicienne 𐤌𐤋𐤊𐤀. R*. Tête radiée de Vénus, vue de face. M. br. Mod. 0^m,022.

92. Tête de Vulcain, à gauche; derrière, des tenailles et devant 𐤌𐤋𐤊. R*. Revers semblable.

93. Tête de Vulcain à droite; derrière, des tenailles et l'inscrip-

tion phénicienne de la monnaie précédente. R' Étoile formée de huit rayons dans une couronne de myrte. P. br. mod. 0ᵐ 022.

95. Tête de Vulcain à droite ; devant, des tenailles ; derrière, la même inscription phénicienne ; grènetis. R*. Temple tétrastyle ; au-dessus, ⨯⨯⟩. Pet. br. mod. 0ᵐ 017.

OBULCO (Porcuna). Conv. Cordub.

96. Tête de Cérès à droite, ornée d'un collier ; devant, OBVLCO, R*. ⋀⋀||⋁⋏ entre une charrue et un épi. G. br. mod. 0ᵐ,032.

97. Tête de Cérès à droite, devant, OBVLCO ; grènetis. R*. ⊔⊗⊓⊕⋀⋏ = ⋀⊓⊔⨯⋏⋀, en deux lignes entre une charrue et un épi. G. br. Mod. 0ᵐ,032.

98. Même avers. R*. ⋎⋄⋈⋵ = ⋈⋈⋀⋄⋈, en deux lignes entre une charrue et un épi. G. br. Mod, 0ᵐ,033.

99. Même avers. R*. |⋈↑⟨|⟩⋈ = ⋄⋄⋈⋶, en deux lignes entre une charrue et un épi. G. br. Mod. 0ᵐ,032.

100. Même avers. R*. ⋀⋀⋎⋀⋼⊔ = ⋈⋀⋀⋀⊕⋇⊕⋎, placé de même entre la charrue et l'épi. G. br. Mod. 0ᵐ,032.

101. Tête de Cérès à droite, devant, OBVLCO, derrière, X. R*. L.AIMIL⋗ = M.IVNI.⊐. entre une charrue et un épi. G. br. Mod. 0ᵐ,032.

102. Tête de femme coiffée à droite ; devant, OBVLCO ; le tout, dans une couronne de myrte. R* Charrue et un épi ; dessous, en deux lignes, la légende celtibérienne ⋎⋀⋀⋈↑⋎⋀M = ⋀⋎⋀⊔⊔. Mod. 33 millim.

103. Tête de femme, ornée d'un collier à droite. R* OBVLCO, écrit sur une tablette ; au-dessus, un épi et une charrue. G. br. mod. 0ᵐ 032.

104. Tête laurée d'Apollon à droite ; derrière, NIC ; devant, OBVL. R*. Une charrue, un épi et un joug. M. br. 0ᵐ 025.

105. Tête de Cérès à droite ; autour, OBVLCO, le tout dans une couronne de myrte. R*. Cavalier armé d'une lance, galopant à droite, entouré par une couronne. m. br. mod. 0ᵐ 025.

106. Tête laurée d'Apollon à droite ; autour, OBVL-CO. R*. Taureau marchant à droite ; au-dessus, un croissant. P. br. mod. 0ᵐ 020.

107. Taureau marchant à droite ; au-dessus, dans une tablette, OBVLCO (écrit à l'envers). R*. Aigle avec les ailes déployées ; grènetis. P. br. mod. 0ᵐ 021.

108. Tête d'Apollon à droite ; devant, OBVLCO. R*. Taureau marchant à droite ; au-dessus, CN ; devant, NIC. P. br. mod. 0ᵐ 022.

OLONTIGI (Almonte (?)) Conv. Hisp.

109. Tête grossière et nue à droite, au centre d'un grènetis. R*. Cavalier galopant à droite ; au-dessous. LONT. P. br. Mod. 0m 021.

ONVBA (Huelva). Conv. Hisp.

110. Tête casquée à droite ; devant C. AELI. Q. R*. ONVBA entre deux épis. P. br. mod. 0m 021.

111. Tête casquée à droite ; derrière. KENT. ET... R*. ONVBA entre deux épis. P. br. mod. 0m 022.

OSSET (S. Juan d'Alfarache). Conventus Hispalensis.

112. Tête virile à droite ; devant : OSSET. R*. Bacchus nu, debout, avec une grappe de raisin dans la main droite. M. br. 0m026.

OSTVR. Conventus Hispalensis.

113. Gland placé horizontalement ; au-dessous, OSTVR. R*. Deux branches au milieu d'un grènetis. P. br. Mod. 0m021.

PTVCI. Conventus Gaditanus.

114. Tête grossière à droite ; devant, IPTV... R*. Roue à huit rayons, et entre ceux-ci, les caractères phéniciens qui suivent : /۱۱.V.۱ҍ)/۸/. P. br. Mod. 0m018.

ROMVLA . HISPALIS (Séville.

115. PERM. DIVI AVG. COL. ROM. Tête radiée d'Auguste à droite ; devant, la foudre et au-dessus, un astre. R*. IVLIA AVGVSTA GENETRIX ORBIS. Tête laurée de Livie surmontant un globe, à gauche ; au-dessus, un croissant. G. br. Mod. 0m033.

116. PERM. DIVI AVG. COL. ROM. Tête laurée de Tibère à gauche. R*. GERMANICVS CAESAR DRVSVS CAESAR. Têtes nues de Germanicus et de Drusus se regardant. M. br. Mod. 0m029.

117. GERMANICVS CAESAR TI. AVG. F. Tête nue de Germanicus à gauche. R*. PERM. AVG. COL. ROM. Bouclier votif entouré par une couronne de laurier. P. br. Mod. 0m023.

SACILI. Acoracea. Conventus Cordubensis.

118. Tête laurée et barbue à droite ; au-dessus***; et au-dessous, SACILI. R . Cheval en liberté trottant à droite au milieu d'un grènetis. G. br. Mod. 0m032.

SEXSI ou SEXTI (Almunecar). Conventus Cordubensis.

119. Tête d'Hercule recouverte d'une peau de lion, à gauche; derrière, la massue. R*. Deux thons à gauche; au centre, l'inscription phénicienne PɅ⟨O⟩⋎., et au-dessous un croissant; grènetis. M. br. Mod. 0m028.

120. Le même env. Deux thons et les mêmes caractères phéniciens écrits en deux lignes; grènetis. M. br. Mod. 0m028.

121. Tête casquée à droite; grènetis. R*. Sanglier, et au-dessus. RYR. grènetis. Pet. br. Mod. 0m023.

TRADUCTA (Algeciras). Conventus Gaditanus.

122. PER. CAES. AVG. Tête nue d'Auguste à gauche. R*. C. L. CAES. IVL. TRAD. Têtes nues et adossées, de Caius et de Lucius. G. br. Mod. 0m030.

123. PERM. CAES. AVG. Tête nue d'Auguste à gauche. R*. IVLI TRAD en deux lignes et au centre d'une couronne civique. M. br. Mod. 0m026.

124. Autre différente, et avec le Mod. 28 milim.

125. C. CAES. F. Tête nue de Caius à droite; grènetis. R*. IVL. TRA. Grappe de raisin au centre d'un grènetis. P. br. Mod. 0m020.

ULIA (Montemayor). Conventus Astigitanus.

126. Tête de femme avec les cheveux lissés et ceinte d'un diadème; au-dessous, un croissant; devant, une branche. R*. VLIA. Écrit dans un petit carré, entre deux branches d'olivier entrelacées. G. br. Mod. 0m033.

URSO (Osuna). Conventus Astigitanus.

127. Tête d'homme laurée à droite; devant, VRSONE. R*. L. AP. DECQ. Sphinx marchant à droite. Gr. br. Mod. 0m033. (Rare)

VENTIPO (Casariche). Conventus Astigitanus.

128. Tête casquée à droite. R*. Soldat armé d'un trident à gauche; derrière, VENTIPO. Gr. br. Mod. 0m033. Rare.

MONNAIES DE LIEUX INCONNUS DE L'HISPANIA ULTERIOR.

129. Tête d'Hercule couverte de la peau de lion. R*. Cheval

galopant à droite ; derrière, un arbre avec un oiseau ; dans le champ, un croissant ; à l'exergue, l'inscription phénicienne)O))) Mod. 0m026. *Il est plus probable que cette monnaie appartient à la Gaule.*

130. Tête d'Apollon à droite ; devant, EX. D. D. R*. C. NVCIA. LATINI. IIII. VIR. Lyre. 0m018.

131. Tête de femme à droite ; derrière : EX. D. D. R*. C. NVCIA. LATINI. Corne d'abondance. Mod. 0m018.

132. M. BAL. F. Tête de femme à gauche. R*. Taureau à droite ; au-dessus, Q. F. Mod. 0m020.

HISPANIA CITERIOR

TARRACONENSIS.

Acci (Guardia el Vieja). Conventus Carthaginensis.

133. AVGVSTVS DIVI F. Tête laurée d'Auguste à droite. R*. Deux aigles légionnaires entre deux enseignes militaires ; au centre, L. II. I. ; au-dessous, C. I. C. ; au-dessous, ACCI. Mod. 0m028.

134. TI. CAESAR. AVGVSTI. F. Tête nue à droite. R*. GERMANICO ET DRVSO II VIR. — C. I. G. A. Têtes de Germanicus et de Drusus, se regardant. AE. Mod. 0m035. (Rare.)

135. R*. *Apex et simpulum ;* au-dessus, C. I. C. ; au-dessous, ACCI. Mod. 0m025.

136. TI. CAESAR. DIVI. AVG. F. AVGVSTVS. Tête laurée de Tibère à gauche. R* COL. IVL.GEM. ACCI. Écrit en deux lignes et entouré d'une couronne de laurier. G. br. Mod. 0m034. (Rare.)

137. R*. C. I. G. ACCI. *Apex, lituus et simpulum.* Mod. 0m022.

BILBILIS (Catalayud ? Bilbao). Conventus Caesar-Augustanus.

138. AVGVSTVS. DIVI. F. Tête nue d'Auguste à droite. R*. Cavalier galopant à droite, avec la lance en arrêt ; à l'exergue, BILBILIS. Mod. 0m029.

139. Tête nue d'Auguste à droite ; devant, AVGVSTVS. R*. Revers semblable à celui de la monnaie précédente. Mod. 0m029.

140. AVGVSTVS. DIVI F. PATER PATRIAE. Tête laurée d'Auguste à droite. R*. MV. AVGVSTA BILBILIS L. COR. CAL. DO L. SEMP. RVLO. Couronne civique et au centre, HVIR. Mod 0m029.

141. R*. MV. AVGVSTA BILBILIS M. SEMP. TIBERI. L. LICI. VARO. Couronne civique entourant : HVIR. 0m028.

142. R*. La même inscription ; dans le champ, la foudre verticalement ; sur les côtés : II. VIR. 0m021.

143. TI CAESAR DIVI AVGVSTI F. AVGVSTVS. Tête laurée de Tibère à droite. R*. MV AVGVSTA BILBILIS C. POM. CAPE. II. C. VALE TRANQ. Couronne civique ; au centre : HVIR. Mod. 0m030.

CAESAR-AUGUSTA (Saragosse).

144. IMP. AVGVSTVS-XIV. Tête laurée d'Auguste à gauche; *simpulum* et *lituus*. R✶ M. PORCI. CN. FAD. CAESAR. AVGVSTA. Colon conduisant deux bœufs attelés à la charrue; au-dessous, II. VIR. Mod. 0ᵐ029.

145. IMP. AVGVSTVS. TRIB. POTES. XX. Tête laurée d'Auguste à droite. R✶. CN. DOM. AMP. C. VET. LAN. Colon conduisant deux bœufs à droite; au-dessus, CAESAR AVG.; au-dessous, II VIR. Mod. 0ᵐ027.

146. AVGVSTVS DIVI F. Tête laurée d'Auguste à droite. R✶. M. PORCI. CN. FAD. CAESAR AVGVSTA. Étendard sur un piédestal; sur les côtés, II. VIR. Mod. 0ᵐ022.

147. AVGVSTVS. DIVI. F. Tête nue à droite. R✶. M. POR — CN. FAD. — II. VIR. En trois lignes dans une couronne civique. Mod. 0ᵐ016.

148. M. AGRIPPA. L. F. COS. III. Tête d'Agrippa à gauche. R✶. SCIPIONE. ET MONTANO. Colon conduisant des bœufs à droite; au-dessus, C. C. A.; au-dessous, II. VIR. Mod. 0ᵐ030.

149. TI. CAESAR. DIVI. AVG. F. AVGVSTVS. Tête laurée de Tibère à droite. R✶ IVLIA. AVGVSTA. C. C. A. Julie assise avec la coupe et la haste en main. Mod. 0ᵐ027.

150. La même inscription: tête laurée à gauche. R✶. M. CATO. L. VETTIACVS. Colon conduisant deux bœufs; au-dessus, C. C. A. au-dessous, II VIR. Mod. 28 millim.

151. TI. CAESAR. DIVI. AVGVSTI. F. AVGVSTVS. Tête laurée à droite. R✶. Taureau orné d'un triangle; au-dessus, C. C. A. Mod. 0ᵐ028.

152. La même inscription: tête à gauche. R✶. DRVSVS. CAESAR. NERO. CAESAR. II. VIR. C. C. A. Têtes de Néron et de Drusus se regardant. Mod. 0ᵐ028.

153. C. CAESAR. AVG. GERMANICVS. IMP. PATER. PATRIAE. Tête nue de Caligula à gauche. R✶. SCIPIONE. ET. MONTANO. II. VIR. C. C. A. Colon conduisant deux bœufs. Mod. 0ᵐ028.

154. C. CAESAR. AVG. GERMANICVS. IMP. Tête laurée à gauche. R✶. LICIANIANO. ET. GERMANO. II. VIR. Au centre, C. C. A. Mod. 0ᵐ028.

155. C. CAESAR. AVGVSTVS. Tête laurée à gauche. R✶. T CAES. AVG. Tête à droite. Mod. 0ᵐ022.

CALAGURRIS IVLIA (Calahorra). Conventus Caesar-Augustanus.

156. AVGVSTVS-MVN. CAL. IVLIA. Tête d'Auguste laurée à droite. R✶. L. BAEB. PRISCO. G. GRAN. BROC II. VIR. Taureau à droite. Mod. 0ᵐ029.

157. MVN. CAL. IVL. Tête nue d'Auguste laurée à droite. R' II. VIR. ITER. M. PLAET. Q. VRSO. Taureau à droite. Mod 0ᵐ028.

158. AVGVSTVS. MV. CAL. Tête laurée à droite. R*. L. PRISCO. C. BROCCHO II. VIR. Tête de taureau de face. Mod. 0ᵐ021.

159. IMP. AVGVS. MVN. CAL. Tête nue à droite. R*. C. MAR. M. VAL. PR. II. VIR. Taureau à droite. Mod. 0ᵐ029.

160. IMP. AVGVST. PATER PATRIAE. Tête laurée d'Auguste à droite. R*. L. VALENTINO. L. NOVO. M. CAL. I. Taureau à droite; devant, II. VIR. Mod. 0ᵐ028.

161. R*. M. LIC. CAPEL. — C. FVL. RVTIL. M. C. I. II. VIR. Taureau à droite. Mod. 0ᵐ028.

162. IMP. CAESAR AVGVSTVS. P. P. Tête laurée d'Auguste à droite. R*. M. SEMP. BARB. Q. BAEB. FLOVO. M. C. I. II. VIR. III. Taureau à droite. Mod. 0ᵐ028.

163. TI CAESAR. DIVI AVG. F. AVGVSTVS. Tête laurée de Tibère à droite. R*. C. CELERE. G: RECTO. II. VIR. M. C. I. Taureau à droite. Mod. 0ᵐ029.

164. R* C. CELERE. C. RECTO. II. VIR. Tête de taureau. Mod. 0ᵐ022.

165. TI. CAESAR. AVGVSTI. F. M. C. I. Tête laurée de Tibère à droite. R* T. VAL. MERVLA. L. VAL. FLAVO-AED. Tête de taureau de face. 0ᵐ021.

CARTHAGO-NOVA (Carthagène).

166. Tête de Pallas recouverte d'un casque à droite; grènetis. R*. Femme à gauche sur une colonne; sur les côtés, C. V. I. N. K. Mod. 0ᵐ022.

167. P. TVRVLLIO. II. VIR. QVINQ. V. I. N. K. Personnage sur un quadrige à droite : devant, une enseigne militaire. R* M. POSTV. ALBINVS. II. VIR. QVINQ. ITER. V. I. N. K. Temple tétrastyle; sur le fronton, AVGVSTO. Mod. 0ᵐ021.

168. Mêmes type et inscription, mais le quadrige est placé à gauche. Mod. 0ᵐ021.

169. P. TVRVL. V. I. N. K. Personnage sur un quadrige à droite. R*. M. POSTV. ALBINVS. II. VIR. QVINQ. ITER. V. I. N. K. Temple tétrastyle ; sur le fronton, AVGVSTO. Mod. 0ᵐ020.

170. C. CAEL— T. POPILI. En deux lignes; entre elles, un dauphin à droite. R*. Épi: au dessous, II. VIR; au-dessous, QVIN. AE. 0ᵐ020

171. ONDVC — ALIPO. En deux lignes : entre elles, une main ouverte. R*. Taureau à droite, au-dessus, II. VIR; au-dessous, QVINQ. Mod. 0ᵐ022

172. P. BAEBIVS POLLIO. II. VIR. QVN. Victoire. R*. C. AQVINVS. MELA. II. VIR. QVIN. Deux enseignes militaires.

173. L. IVNIVS. II. VIR. QVIN. Aigle avec les ailes déployées, placée sur la foudre, de face. R*. L, ACILIVS. II VIR. QVIN. AVG. Instruments de sacrifice. Mod. 0ᵐ 022.

174. IMP. AVG. DIVI. F. Tête nue d'Auguste à gauche; devant, une branche de palmier; derrière, un caducée. R*. Labyrinthe de forme circulaire, traversé par une rue; sur les côtés, des murs fortifiés. Mod, 0ᵐ 034. (Rare.)

175. Semblable à la précédente. Mod. 0ᵐ 028.

176. Autre ayant un labyrinthe en forme de bouclier. Mod. 0ᵐ 026.

177. AVGVSTVS. DIVI. F. Tête laurée d'Auguste à droite. R*. C. VAR. RVF. SEX. IVL. POL. II. VIR. Q. Instruments de sacrifice. Mod. 0ᵐ 030.

178. Autre semblable. Mod. 0ᵐ 020.

179. — R*. M. POSTVM. ALBIN. L. PORC. CAPIT. II. VIR. Q. Personnage revêtu d'une toge et debout, un vase dans la main droite; dans la gauche, une branche. Mod. 0ᵐ 028.

180. AVGVSTVS. DIVI. F. Tête nue à droite. R*. C. LAETILIVS. APALUS. II. VIR. Q. Au centre, REX PTOL; entouré d'une couronne avec diadème. Mod. 0ᵐ 020.

181. TI. CAESAR. DIVI. AVGVSTI. F. AVGVSTVS. P. M. Tête nue de Tibère à gauche. R* NERO. ET. DRVSVS, CAESARES. QVINQ. C. V. I. N. C. Têtes nues et affrontées de Néron et de Drusus. Mod. 0ᵐ 030.

182. Autre semblable. Mod. 0ᵐ021.

183. TI CAESAR. DIVI. AVG. F. AVGV. P. M. Tête laurée de Tibère à droite. R*. C. CAESAR. T. N. QVINQ. IN. V. I. N. K. Mod. 0ᵐ031.

184. C. CAESAR. AVG. GERMANIC. IMP. P. M. TR. P. COS. Tête laurée de Tibère à droite. R*. C. CAESAR. I. N QVINQ. IN. V. I. N. K. Mod. 0ᵐ031.

185. C. CAESAR. AVG. GERMANIC. IMP. P. M. TR. P. COS. Tête laurée de Caligula à droite. R*. CN. ATEL. FLAC. CN. POM. FLAC. II. VIR. Q. V. I. N. C. Tête de femme à droite; sur les côtés, SAL — AVG. Mod. 0ᵐ027.

CASCANTUM (Cascante). Conventus Caesar-Augustanus.

186. TI. CAESAR DIVI AVG. F. AVGVSTVS. Tête laurée de Tibère à droite; R*. Taureau à droite; au-dessus, MVNICIP; au-dessous, CASCANTUM. Mod. 0ᵐ028.

187. Autre ayant l'N et le T liés dans le mot CASCANTUM Mod. 0,028.

188. TI. CAESAR. DIVI. AVGVSTI. F. Tête de Tibère. R*. MVN-CASCANT. Taureau à droite. P. Br. 0ᵐ021.

CASTULO (Cazlona). Conventus Carthaginensis (1).

189. Tête d'homme avec diadème à droite. R'. Sphinx à droite, la main gauche levée; au-dessus, une étoile; au dessous, ⋈ · ∧ ⋀ ⊂ ⊃ ⋔ ‡ à l'exergue. Mod. 0ᵐ,034.

190. La même tête; devant, une main ouverte. R'. Même inscription et même type de la précédente, 0ᵐ 028.

191. Semblable à la précédente; devant ⋀. R'. Taureau; au-dessous, la même inscription; au dessus, L. Mod. 0ᵐ 021.

192. Autre variée, Mod. 0ᵐ 021.

193. Tête d'homme avec diadème à droite; derrière : SAGAL; devant : ISCER. R'. Sphinx marchant à droite; devant, CAST; au-dessous, SOCED. Mod. 0ᵐ 030. (Rare.)

194. Tête nue à gauche; derrière. Q. ISC. F.; devant, L. QVL. F. R'. Europe sur un taureau courant, à droite; au-dessous, M. C. F. Mod. 0ᵐ 028 (Rare.)

195. CN. VOC. ST. F. Tête avec diadème à droite. R'. CN. F. Taureau à droite; au-dessus, un croissant; au dessous, la même inscription celtibérienne. Mod. 0ᵐ 026.

196. — R'. CN. FVL. CN. F. Sanglier courant à droite; au-dessous, l'inscription celtibérienne précédente. 0ᵐ,021.

197. Tête avec diadème au milieu d'un grènetis. R'. Sanglier à droite; au-dessus, une étoile: au-dessous, la même inscription celtibérienne. Mod. 0ᵐ 018.

198. Tête avec diadème à droite; devant, deux contre-marques; grènetis. R'. Sphinx à droite; devant, un globe. Mod. 0ᵐ 020.

CELSA (Vililla d'Ebro). Conventus Caesar-Augustanus.

199. COL. VIC. IVL. LEP. Tête avec casque à droite. R'. P. SALP. M. FVLVI. PR. IIVIR. Taureau à droite. Mod. 0ᵐ 033.

200. Tête de la Victoire à droite, avec une branche de palmier sur le sein; au-dessous : PR. IIVIR; au-dessous, C. V. I. L. R'. Taureau à droite; au-dessus, C. BALBO; au-dessous, L. PORCIO. Mod. 0ᵐ 030.

201. Tête ailée de la Victoire à droite, avec une branche de palmier; devant, COL. VIC. IVL. LEP. R'. Colon conduisant deux bœufs à droite; au-dessus, PR. QVIN; au dessous, M. FVL. C. OTAC. Mod. 0ᵐ 030.

---

(1) Une partie des monnaies que nous décrivons comme appartenant à *Castulo* furent pendant longtemps attribuées à *Imba* et à *Urso*. M. de Saulcy les a considérées comme frappées à *Astapa*. Castulo était une ancienne ville des Oretani.

202. COL. VIC. IVL. LEP. Tête de femme avec diadème à droite. R'. PR. II. VIR — L. NEP. L. SVRA. Taureau à droite. Mod. 0ᵐ 029.

203. COL. V. I. CELSA. II. VIR. Tête nue d'Auguste à droite. R*. L. POMPE. BVCCO. — L. CORNE. FRONT. Taureau à droite. Mod. 0ᵐ 029.

204. C. V. I. CELSA. AVGVSTVS. Tête nue d'Auguste à droite, le tout dans une couronne de laurier. R*. L. COR. TERR. M. IVN. HISP. Taureau à droite; devant, II. VIR. Mod. 0ᵐ 030.

205. AVGVSTVS. DIVI. F. Tête d'Auguste à droite. R*. L. SVRA. — L. BVCCO. — II. VIR. — C. V. I. CEL. Taureau à droite. Mod. 0ᵐ,029.

206. AVGVSTVS. DIVI. F. Tête laurée à droite. R*. L. BACCIO. MAN. FESTO. II. VIR. C. I. V. CEL. Taureau à droite. Mod. 0ᵐ030.

207. IMP. CAESAR DIVI. F. AVGVSTVS. COS. XII. Tête laurée d'Auguste à droite. R*. CN. DOMITI. C. POMPEIO II. V. I. CELSA.

208. AVGVSTVS. DIVI. F. Tête laurée d'Auguste à droite. R*. L. AVFID. PANSA. SEX. POMP. NIGRO. Au centre, AED. — C. V. I. CELSA. Mod. 0ᵐ 020. (Très-rare.)

209. M. AGRIP. Q. V. I. C. HIBERO. PRAE. Tête nue d'Agrippa à droite. R*. L. BENNIO. PRAEF. Trophée. Mod. 0ᵐ 020.

210. TI. NERONE. Q. V. I. C. HELVI. POLLI. P. R. Tête nue de Tibère à droite. R*. PRAEF. HIBERO. Instruments de sacrifice. Mod. 0ᵐ 019.

211. TI. CAESAR AVGVSTVS. Tête laurée à droite. R*. L. BACC. FRON. CN. BVCCO. II. VIR. IT. C. V. I. CEL. Taureau à droite. Mod. 0ᵐ 030.

CLUNIA (Coruna del Conde).

212. Tête virile à droite; devant, un poisson; derrière, II. R*. CLOVNOQ. Cavalier galopant à droite avec la lance en arrêt. Mod. 0ᵐ 027.

213. TI. CAESAR. AVG. F. AVGVSTVS. IMP. Tête laurée de Tibère à droite. R*. Taureau, à gauche et au-dessus, CLVNIA; sur le bord, CN. POMP. M. ANTO. M. IVL. SERAN. IIII. VIR. Mod. 0ᵐ027.

214. — R*. C. AEM. METO. T. COR. MATE. L. CAEL. PRES. C. CAEL. CAND. IIII. VIR. Taureau à droite; au-dessus, CLVNIA. Mod. 0ᵐ 027.

215. Autre semblable, avec une tête de sanglier comme contremarque.

216. Autre avec deux contre-marques; sur l'env. la tête de sanglier et sur le R* : le sanglier couché. Mod. 0ᵐ027.

217. — R*. L. IVL. RVFIN. T. CALP. CONT. T. POMP. LON. GN.

IVL. NEP. IIII. VIR. Taureau à droite ; au-dessus, CLVNIA. Mod. 0ᵐ029.

218. TI. CAESAR. AVGVSTI. F. Tête laurée de Tibère à droite. R'. L. DOMI. ROBV. T. OCTAV. META. Sanglier; au-dessous, CLVNIA ; au-dessous. AED. Mod. 0ᵐ023.

EMPORIÆ (Ampurias). Conventus Tarraconensis.

219. Tête d'Aréthuse à droite; grènetis. R'. Pégase à droite; au-dessous, la légende celtibérienne : ⊢ ▷ ⊢ M ⵁ ⵔ ⵅ ⵕ ⵅ. Mod. du denier. Æ.

220. Autre variée. AR. Mod. du denier.

221. Tête de Pallas à droite, ornée d'un collier : contre-marque d'un dauphin et de deux DD. R'. Pégase à droite ; au-dessus, une couronne ; au-dessous, EMPOR. Mod. 0ᵐ028.

222. Autre ayant la seule contre-marque du dauphin et la légende, EMPORI ; grènetis. 0ᵐ027.

223. Tête de Pallas à droite ; devant, Q. C. C. A. T. E. R'. Pégase à droite ; au-dessus, une couronne ; au-dessous, EMPORI ; grènetis. Mod. 0ᵐ029.

ERCAVICA (Milagro). Conventus Caesar-Augustanus.

224. AVGVSTVS. DIVI F. Tête laurée d'Auguste à droite. R'. MVN. — ERCAVICA. Taureau à droite. Mod. 0ᵐ028.

225. Variété de la précédente. Mod. 0ᵐ028.

GRACCURRIS (Agreda). Conventus Caesar-Augustanus.

226. TI CAESAR DIVI AVG. F. AVGVSTVS. Tête laurée de Tibère. R'. MVNICIP. GRACCVRRIS. Taureau mitré à droite. Æ. Mod. 0ᵐ028.

ILERGAVONIA (Amposta). Conventus Tarraconensis.

227. IMP. AVGVST. DIVI. F. Tête laurée de Tibère à droite. R'. Navire sous voile ; au-dessous, DERT. — M. H. ILERGAVONIA. Æ. Mod. 0ᵐ025.

ILERDA (Lérida). Conventus Tarraconensis.

228. IMP. AVGVST. DIVI. F. Tête nue d'Auguste. R'. MVN. – ILERDA. Écrit en deux lignes et sous une louve à droite. Æ. Mod. 0ᵐ023.

ILLICI (Elche). Conventus Carthaginensis.

229. AVGVSTVS DIVI F. Tête laurée d'Auguste à droite. R'. L.

MANLIO T. PETRON. — C. C. IL. A. II VIR. Aigle légionnaire et étendard entre deux enseignes militaires. Æ. Mod. 0ᵐ022.

230. AVGVSTVS DIVI F. Tête laurée d'Auguste à droite. R*. Q. PAPIR. CAR. Q. TERE. MONT. II VIR. Temple; sur le fronton. IVNONI; dans le champ, C. I. IL. A. Æ. Mod. 0ᵐ022.

231. TI. CAESAR DIVI AVG. F. AVG. P. M. Tête nue de Tibère à gauche. R*. L. TER. LON. L. PAP. AVIT. II VIR. Q. C. I. I. A. Deux personnages se donnant la main, revêtus de la toge. Au centre, un autel; au-dessous, IVNCTIO. Æ. Mod. 0ᵐ029.

232. Le même avers R*. L. TER. LON. L. PAP. AVIT. II VIR. Q. C. I. I. A. Étendard entre deux aigles légionnaires. Æ. Mod. 0ᵐ021.

233. Le même avers. R*. M. IVLIVS SETTAL. L. SEST. CELER. II VIR. Autel sur lequel on lit SAL—AVG; dans le champ, C. I. I. A. Æ. Mod. 0ᵐ029.

234. Le même avers R*. T. COELIVS PROCVLVS M. AEMILIVS SEVERVS Q. Dans le champ, Q. I. I. A. Aigle légionnaire entre deux enseignes militaires. Æ. Mod. 0ᵐ029.

235. Autre presque semblable. Æ. Mod. 0ᵐ025.

OSCA (Huesca). Conventus Caesar-Augustanus.

236. Tête barbue à droite, avec les cheveux courts et frisés; derrière, OSCA. R*. DOM. COS. ITER. *Apex, aspergillum et simpulum*. AR. Mod. du denier. (Très-rare.)

237. TI. CAESAR AVGVTVS. Tête laurée de Tibère à droite. R*. QVIETO ET PEREGRINO IIVIR; à l'exergue. V. V. OSCA. Cavalier galopant à droite, avec la lance en arrêt. Æ. Mod. 0ᵐ029.

238. Le même avers. R*. Cavalier à droite, avec la lance en arrêt; au-dessous, en deux lignes, VRBS VIC. OSCA — D. D. Æ. Mod. 0ᵐ028.

239. C. CAESAR AVG. GERM P. M. TR. POT. COS. Tête laurée de Caligula à droite. R*. C TARRACINA P. PRISCO — IIVIR. Dans le champ, en croix: V — OSCA — V. Æ. Mod. 0ᵐ020.

OSICERDA (Cherta). Conventus Tarraconensis.

240. Tête nue à droite légende effacée: R*. MVN.—OSICERDA. Taureau à droite. Æ. Mod. 0ᵐ028.

ROSAS.

241. Tête de Cérès, avec une couronne d'épis, à gauche; devant, ΡΟΔΗΤΩΝ. R*. Rose à quatre feuilles traversée par une croix fermée avec des rameaux. AR. Mod. 0ᵐ018. Rare.

SAGUNTUM (Murviedro). Conventus Carthaginensis.

242. Coquille. R*. Dauphin à droite; au-dessus, une étoile.....
AN... Æ. Mod. 0m008.

243. SAGVNT. INV. Tête casquée à droite. R*. Proue de navire; devant, un caducée ; au-dessus, la Victoire couronnée; à l'exergue, ▷ ◁ ↳ ⌐. Mod. 0m030.

244. TI.CAESAR. DIVI. AVG. F. AVG. Tête de Tibère à droite. R*. L. SEMP. GEMINO. L. VALER. SVRA. II. VIR. Navire; au-dessus, SAG; contre-marque DD. Mod. 0m029.

SEGOBRIGA (Segor). Conventus Carthaginensis.

245. AVGVSTVS. DIVI. F. Tête laurée d'Auguste à droite. R*. Cavalier avec lance à droite ; au-dessous, SEGOBRIGA. Mod. 0m024.

246. TI. CAESAR. DIVI. AVG. F. AVGVST. IMP. VIII. Tête laurée de Tibère à droite. R*. En deux lignes dans une couronne de laurier. — SEGO — BRIGA. Mod. 0m029.

247. Autre avec la tête de Tibère à gauche. Mod. 0m028.

248. Autre. Mod. 0m021.

249. C. CAESAR. AVG. GERMANICVS IMP. Tête laurée de Caligula à gauche. R*. Le même de la précédente. Mod. 0m028.

250. Autre semblable. Mod. 0m021.

SEGOVIA (Ségovie). Conventus Cluniensis.

251. Tête virile à droite; sur les côtés, C — L. R*. Cavalier avec lance en arrêt galopant à droite; au dessous, SEGOVIA. Mod. 0m025. *Rare.*

TARRACO (Tarragone).

252. Taureau; au-dessus, C. V. T.; au-dessous, TARR. R*. Deux Césars, revêtus de la toge de face ; autour, CAESARES. GEM. Mod. 0m014.

253. IMP. CAES. AVG. TR. POT. PONT. MAX. P. P. Tête nue d'Auguste à droite. R*. TI. CAESAR.—C. V. I. Tête nue de Tibère à droite. Mod. 0m024.

254. Variété de la même. Mod. 0m022.

255. DEO. AVGVSTO. Auguste assis; dans la main droite, la patère; dans la main gauche, la lance. R*. AETERNITATIS. AVGVSTAE. Temple à huit colonnes; au-dessus, C. V. T. T. Mod. 0m030.

256. TI. CAESAR. DIVI. AVG. F. AVGVSTVS. Tête laurée à droite. R*. DIVVS. AVGVSTVS. PATER. C. V. T. TAR. Tête radiée d'Auguste à droite. Mod. 0m023.

257. DIVVS. AVGVSTVS. PATER. Tête radiée d'Auguste à gauche. R*. AETERNITATIS. AVGVSTAE. — C. V. T. T. Temple à huit colonnes. Mod. 0m033.

258. TI. CAESAR. AVG. PONT. MAX. TRIB. POT. Tête laurée de Tibère à droite. R*. IVLIA—AVGVSTA. DRVSVS. CAES. TRIB. POT. Têtes nues et affrontées de Julie et Drusus; entre elles, C. V. T. Mod. 0m025.

259. — R*. CAESARES GERMANICVS. DRVSVS. Têtes affrontées de Germanicus et de Drusus; entre elles, C. V. T. Mod. 0m025.

TOLETUM (Tolède). Conventus Carthaginensis.

260. Tête virile avec collier à droite; derrière, EX.S.C.; devant, CELT. AMB. R*. Cavalier avec une lance galopant à droite; au-dessous, TOLE. Mod. 0m028. *Rare*.

TURIASO (Tarasona). Conventus Caesar-Augustanus.

261. Tête laurée de femme à droite, ornée d'un collier; devant, SILBIS. R*. Cavalier marchant à gauche avec la main levée; au-dessous, TVRIASO. Mod. 0m029. *Rare*.

262. IMP. AVGVSTVS. P. P. Tête laurée a droite. R*. Tête laurée de femme avec les cheveux relevés en forme de diadème à droite; devant, TVRIASO. Mod. 0m030.

263. — R*. MVN. dans une couronne de laurier; au-dessous, TVRIASO. Mod. 0m029.

264. IMP. AVGVSTVS. PATER. PATRIAE. Tête laurée à droite. R*. L. MARIO. L. NOVIO. MVN. TVRIASO; dans une couronne de laurier, II. VIR. Mod. 0m029.

265. TI. CAESAR. AVGVSTI. F. IMPERAT. Tête laurée de Tibère à droite. R*. C. CAEC. SERE — M. VAL. QVAD. — II. VIR. — MVN. TVR. Taureau. Mod. 0m028.

266. TI. CAESAR. AVG. F. IMP. PONT. MAX. Tête laurée de Tibère à droite. R*. M. PONT. MARSO. C. MARI. VEGETO. — II. VIR. MVN. TVR. Taureau. Mod. 0m030.

267. — R*. L. CAEC. AQVIN. M. GEL. PALVD. — II. VIR. MVN. TVR. Taureau. Mod. 0m029.

VALENTIA EDETANORUM (Valence). Conventus Carthaginensis.

268. L. CORANI. C. NVMI. Q. Tête de Rome, avec un casque ailé à droite. R*. VALENTIA. Corne d'abondance sur la foudre en croix. Mod. 0m030.

269. Tête de Rome à droite ; derrière. S. R'. Corne d'abondance sur la foudre : au-dessous. VAL. P. Br. Mod. 0m023.

INCERTAINES.

270. CN. STATI. LIBO. PRAE. F. Tête nue à droite. R'. Instruments de sacrifice : au-dessous. SACERDOS. Mod. 0m022.

CELTIBÉRIENNES (1).

271. Tête virile à droite. R'. Cavalier avec la lance en arrêt à droite ; au-dessous, la légende celtibérienne ΛNMΛX. (Ausa ad Iberum). Æ. Mod. 0m026.

272. Tête virile à droite, ornée d'un collier ; dans le champ, un poisson et le soc d'une charrue. R'. Cavalier galopant à droite, brandissant un épieu ; dessous, la légende DЯSDHϟ. Æ. Mod. 0m028.

273. Tête barbue, à droite ; derrière, charrue ; devant, dauphin. R'. Cavalier avec un épieu dans la main droite : dessous, la légende précédente. AR. Mod. du *denier*.

274. La même tête ayant devant un dauphin et derrière, M. R'. Cavalier galopant à droite avec la lance en arrêt : dessous, ΓNΓNϟ (Bilbilis.) Æ. Mod. 0m029.

275. Tête imberbe, laurée, à droite d'Hercule, avec la massue sur le cou ; grènetis. R'. Taureau à face humaine avec barbe et à droite ; devant, un croissant : et au-dessus, DꓷϟИXꓷ. Grènetis. AR. Mod. du *denier*.

276. Tête nue à droite ; derrière, un caducée. R'. Cavalier galopant à droite avec la lance en arrêt ; derrière, une étoile : dessous, DꓯϟF Saguntum). Æ. Mod. 0m028.

277. Tête virile, à droite, ornée d'un collier. derrière, ʘ. R'. Cavalier, avec la lance en arrêt, courant à droite : dessous, PꝖFXꝖPX. AR. Mod. du *denier*.

278. Tête imberbe à droite. ornée d'un collier ; derrière, ⊜ grènetis. R'. Cavalier galopant à droite, avec la lance en arrêt ; au-dessous, PꝖFXꝖ–PXϟ . AR. Mod. du *denier*.

279. Tête virile entre trois dauphins. R'. Cavalier, avec une grande branche de palmier. galopant à droite ; dessous, ⟨ΛϟF. Æ. Mod. 0m033.

280. Tête imberbe, ornée d'un collier entre deux dauphins. R'. Cavalier avec une palme, galopant à droite ; dessous, la même légende celtibérienne. Æ. Mod. 0m026.

---

(1) Nous réunissons sous cette dénomination les monnaies, appartenant à l'Espagne ancienne, dont les caractères, malgré des sérieuses études et les savantes comparaisons dont ils ont été l'objet, restent encore inconnus, et il est par conséquent très-difficile de désigner le lieu où elles ont été frappées.

281. Autre, avec une massue derrière la tête. Æ. Mod. 0ᵐ027.

282. Autre, avec une corne d'abondance. Æ. Mod. 0ᵐ026.

283. Tête nue à droite. R*. Cavalier avec une palme sur l'épaule droite, conduisant à gauche un cheval; chlamyde flottante; dessous, ⟨⊣Ⱶ. AR. Mod. du *denier* (*Cosetani*).

284. Tête virile à droite. R*. Cavalier avec palme courant à droite; dessous, la légende précédente. Æ. Mod. 0ᵐ26.

285. Tête barbue à droite; derrière, △ .: devant, △ et au-dessous, M. R*. Cavalier avec la lance en arrêt galopant à droite, dessous, — △◇N⊣↑. (Turiaso.) AR. Mod. du *denier*.

286. Tête virile à droite entre trois dauphins. R*. Cavalier avec la lance en arrêt, galopant à droite; dessous, H⌐N▷⊠↑. Æ. Mod. 0ᵐ025.

287. Tête imberbe à droite entre deux dauphins. R*. Cavalier avec la lance galopant à droite; dessous, H◇HM⌐. Æ. Mod. 0ᵐ026.

288. Tête ibérienne à droite; derrière, ⋊⌐⊠X. R*. Cavalier avec épée, courant à droite; dessous, |M◯N⊦ϟ. AR. Denier.

289. Tête barbue à droite; derrière ⋊⌐X. R*. Cavalier avec l'épée levée, galopant à droite; dessous, |M◉N⊦ϟ. AR. Mod. du *denier*.

290. Tête virile à droite, entre un dauphin et une charrue. R*. Cavalier galopant à droite avec l'épée levée; et dessous, la légende précédente. AR. Mod. du *denier*.

291. Tête barbue à droite entre un dauphin et la lég.— ⋊⌐⊠X. R*. Cavalier avec une épée, galopant à droite; dessous, ⋊M◯N⊦ϟ. Æ. Mod. 0ᵐ026.

292. Tête barbue à gauche; derrière, ⊠M⋊. R*. Cavalier galopant à droite avec le bras levé; dessous, |M⌐⊦↑ϟ. AR. Mod. du *denier*.

293. Tête barbue à droite; derrière, ⊣; grènetis. R*. Cavalier avec la lance en arrêt à droite; dessous, ⊣⊣▷⊠M. grènetis. Æ. Mod. 0ᵐ025.

294. Tête nue à droite entre trois dauphins. R*. Cavalier galopant avec une branche de palmier; dessous, △▷⋏N⊦. Æ. Mod. 0ᵐ026.

295. Tête barbue à droite ornée d'un collier; derrière, ⋊⌐⊠X. R*. Cavalier, avec une épée, galopant à droite; dessous, ⋊⌐⊣▷N. AR. Mod. du *denier*.

296. Variété de la précédente.

297. Tête virile à droite; derrière, ⋊. R*. Cavalier avec la lance à droite; dessous, la légende, ⋊⌐N⋏H↑. Æ. Mod. 0ᵐ025.

298. Tête nue à droite; derrière, △▷⋏ϟ. R*. Cavalier avec lance à droite; dessous, M⊠⌐Y▷ϟ. Æ. Mod. 0ᵐ025.

299. Tête virile à droite entre une branche de palmier et deux dauphins. R*. Cavalier avec la lance galopant à droite; dessous, ᛗᛂᛪᚱᛜᚿᚲᛂ. (*Secobrica.*) Æ. Mod. 0ᵐ026.

300. Tête nue à droite entre deux dauphins. R*. Cavalier galopant à droite avec la lance en arrêt; dessous, ᛗᛂᚾᛨᛂᛞ. Æ. Mod. 0ᵐ825.

301. Tête ibérienne à droite; derrière, un croissant; dessous, ᛗ. R*. Cavalier avec lance à droite; dessous, la légende ᛗᛂᛪᚱᛜᚿᚲᛂ. AR. Mod. du *denier*.

302. Tête ibérienne à droite; derrière, ✻ ᚿ. R*. Cavalier avec lance en arrêt à droite; dessous, la légende ᚡᛧᚡᛞᚲᛧᚲ. Æ. Denier.

303. Tête ibérienne à droite; derrière, un dauphin. R*. Cavalier avec lance à droite; dessus, un astre; dessous la légende, ᚠᛨᚠᛞᚲᚠ. Æ. Mod. 0ᵐ023.

304. Tête virile à droite; derrière, ᛗᛂ; grènetis. R*. Cheval galopant en liberté à droite; au-dessus···; dessous, la légende ᛗᛂᚾᛨᛞ. Æ. Mod. 0ᵐ016.

305. Tête virile à droite; derrière, une branche d'arbre; grènetis. R*. Cavalier galopant à droite avec une lance; dessous, ᛗᛒᚿᛦ. (*Saetabi.*) Æ. Mod. 0ᵐ027.

306. Le même avers. R*. Cavalier galopant à droite avec une branche de palmier; dessous, ᛨᛂᚡᛞ. Æ. Mod. 0ᵐ028.

307. La même, avec un dauphin derrière la tête et une étoile dans le champ du revers. Æ. Mod. 0ᵐ26.

308. Tête virile à droite entre trois dauphins. R*. Cavalier galopant à droite avec une branche de palmier; dessous, ᛨᚱᚡᚡᚿᛂ. Æ. Mod. 0ᵐ027.

309. Tête de Pallas à droite. R*. Pégase à droite; un enfant assis forme la tête; au-dessus, la Victoire en action de couronner, et dessous, la légende ᚠᚿᛦᚲᛨᚲᚿ. (*Indigetes*) Æ. Mod. 0ᵐ026.

310. Tête de Pallas à droite; devant, ᚠᚿᛦᚲᛨᚲᚿ. R*. Taureau à droite avec la queue repliée sur le dos; dessous, ᛂᛜᚲ◇ᛏ. Æ. Mod. 0ᵐ025.

311. Tête de Pallas à droite; devant, ᛪᛄᛄᚿ. R*. Un bœuf couché; au-dessus, ᛦᛄᛜᛞ.; dessous, ᚠᚿᛦᚲᛨᚲᚿ. Æ. Mod. 0ᵐ024.

312. Tête imberbe à droite, entre une étoile et un dauphin. R*. Cavalier courant à droite avec la lance en arrêt; dessous, ᛂᛈᛢᚷᛂᚿ. (*Vrei.*) Æ. Mod. 0ᵐ030.

313. Tête virile à droite entre trois dauphins. R*. Cavalier avec une branche de palmier et une chlamyde flottante à droite; dessous, ᚿᚠᛦ◇ᛪ. (*Iberda.*) Æ. Mod. 0ᵐ025.

314. Tête ibérienne à droite; derrière, une palme. R*. Cavalier courant à droite; au-dessous, la légende ᚿᚠᛦᛜᚲᚲᚿ. Æ. Mod. 0ᵐ029.

315. Tête virile à droite. R⁎. Louve marchant à gauche ; au-dessus, la même légende que la précédente. Æ. Mod. 0ᵐ023.

316. Tête imberbe à droite ; derrière, une oreille humaine. R⁎. Cavalier avec une lance et une chlamyde flottante, à droite ; dessous, ᛁᚢᛒᚢᚺ. (*Iburo.*) Æ. Mod. 0ᵐ030.

317. Tête ibérienne à droite, ornée d'un collier. R⁎ Cavalier avec bouclier et chlamyde, conduisant un autre cheval de la bride, et courant à gauche ; dessous, ᛁᚢᚢᛟ⁎ᛁᛁᚢ. AR. Mod. du *denier*.

318. Tête ibérienne à droite ; derrière, un dauphin. R⁎. Cavalier avec lance et bouclier, à gauche ; dessous, la légende ᛁᚢᚢᛟᛁ‡ᛕᛁ. Æ. Mod. 0ᵐ026.

319. Tête nue à droite entre un dauphin et la lettre celtibérienne ᚷ. R⁎. Cavalier galopant avec une lance ; dessous, ᚷᛁ◉Iᚷᛜ. Æ. 0ᵐ026.

320. Tête virile à droite ; devant, un dauphin ; derrière, ᚨᚱᛁ R⁎. Cavalier courant à gauche avec une palme ; dessous, ᚷᛁᚢIᚷᛜ.

321. Tête barbue à droite ; derrière, ⁎ᛁ. Cavalier courant à droite. dessous, ⁎ᛁᛖᚠᛁ. (*Ucsama* ou *Uxama*). AR. Mod. du *denier*,

322. La même.

323. Tête barbue à droite ; derrière, un dauphin. R⁎. Cavalier courant à droite avec la lance en arrêt, au-dessus, une étoile ; dessous, la même légende que la précédente Æ. Mod. 0ᵐ025.

324. Tête imberbe à droite ; derrière, ⁎. R⁎ Cheval en liberté courant à droite ; au-dessus, trois points et dessous, la même légende celtibérienne que la précédente. Æ. Mod. 0ᵐ015.

325. Tête virile à droite ; derrière ⁎. R⁎. Cavalier galopant à droite, et au-dessous, ⁎Iᛁᛁᛜ. Æ. Mod. 0ᵐ025.

326. Tête ibérienne à droite ; derrière, une palme. R⁎. Cavalier courant à droite ; dessous, la légende ᛁᛁᛦ◊⁎ᛋ⁎ᛁ. Æ. Mod. 0ᵐ029.

327. Tête virile à droite. R⁎. Cavalier avec lance, bouclier et chlamyde, conduisant un autre cheval par la bride, courant à gauche ; dessous, ᛁᚢᛁᛟ‡ᛕᛁ. AR. Mod. *du denier*.

328. Autre semblable. Æ. Mod. 0ᵐ026.

329. Tête virile casquée à droite. R⁎. Taureau en course à droite ; au-dessus, croissant ; dessous, ᛁᚠᛒᚺᛁ_⁎.—⁎. Æ. Mod. 0ᵐ026.

330. Tête virile à droite ornée d'un collier, entre deux dauphins et la lettre ⁎. R⁎. Cavalier galopant à droite avec la lance en arrêt, et au-dessous, ⁎ᛜᛞᛁᛁᛜ. Æ. Mod. 0ᵐ025.

331. Tête virile à droite entre deux dauphins ; grènetis. R⁎. Cavalier courant à droite avec la lance en arrêt ; à l'exergue, ⁎ᛁᛜᛁᛁᛞ. Æ. Mod. 0ᵐ025.

332. Tête ibérienne à droite ; derrière, ᚨᚠᚱᚨ. (*Arevaci*). R⁎. Cavalier avec lance à droite ; dessous, la légende ⁎ᛁᚺᚠᛞ. Mod. du *denier*. AR. *Rare*.

3

DEUXIÈME SÉRIE.

MONNAIES EN OR DES ROIS VISIGOTHS D'ESPAGNE.

LIOVIGILDUS (572-586 de J. C.).

333.+ D. N. LIVVIGILDVS REX. Buste barbare diadémé avec une croix sur la poitrine à droite. R*. EMERITA VICTORIA. Croix sur quatre degrés (1).

RECCAREDUS (586-601).

334. + D. N. RECCAREDVS REX. Buste barbare de face. R*. + PIVS EMERITA VICTOR. Buste barbare de face.
335. + RECCARIDVS REX. Buste de face. R*. + IMINIO PIVS. (Aveiro). Buste de face aussi.
336. + RECCAREPVS REX. Buste de face. R*. + TOLETO PIVS. Buste de face aussi.

LIUVA II (601-603).

337. + D. N. LIVVA REX. Buste de face. R*.+ EMERETA PIVS. Buste de face.
338. + D. N. LEVVA REX. Buste de face. R*. + PORTOCALE PI. S. Buste de face. (*Cette très-intéressante monnaie fait mention du bourg, situé près de la ville de Porto, d'où est dérivé le nom de Portugal.*)

WITERICUS (603-610).

339. + VVITTIRICVS RE. Buste de face. R*. + EMERETA PIVS. Buste de face.
340. + VVITTIRICUS RE. Buste de face. R*. + LAETERA PIVS. Buste de face.

---

(1) Cette monnaie et les suivantes ont le module et le poids des tiers de sous romains. Fabrique grossière.

SISEBUTUS (612-624).

341. + SISEBVTVS REX. Buste de face. R*. + IMERITA PIVS. Buste de face.

342. Autre presque semblable.

343. + SISEBVTVS REX. Buste de face. R*. + VESEO PIVS. (*Viseu.*) Buste de face.

344. + SISEBVTVS RE. Buste de face. R*. + ISPALI PIVS. Buste de face.

345. + SISEBVTVS REX. Buste de face. R*. + TARR : CO : AIV : O : Buste de face.

SISENANDUS (631-635).

346. + SISENANDVS REX. Buste de face. R*. + EMERITA. Tête flanquée de deux mains ouvertes.

CINTHILA (638-640).

347. + CINTHILA REX. Buste de face ; sur les côtés, deux points. R* EMERITA PIVS. Buste de face.

RECESVINTUS (653-672).

348. + RECCESVINOVS RX. Buste diadémé à droite. R*. + EMERITA PIVS. Croix sur trois degrés.

349. Autre presque semblable.

350. Le même avers. R*. +EGITANIA PIVS. Croix sur trois degrés. (Guarda.)

ERVIGIUS (680-687).

351. + I. D. IN. M. N. ERVIGIVS RX. Buste de face. R*. + EMERITA PIVS. Croix sur trois degrés.

EGICA ET WITIZA.

352. + IN. D. N. M. EGICA RX. Croix entre deux bustes se regardant. R*. + VVITTIZA RX ; au centre, le monogramme (Toleto.)

RODRIGO (711).

353. + IN. D. NE. RVDERICVS RX. Buste de face. R*. + EGITANIA PIVS. (Guarda.) Croix sur trois marches.

TROISIÈME SÉRIE.

MONNAIES ARABICO-ESPAGNOLES

354 à 400. Pour que ce catalogue ne devienne pas trop long, et même comme ces monnaies n'ont pas été frappées en Portugal, quoiqu'elles y aient eu cours pendant la domination arabe et le commencement de la monarchie, nous nous bornerons à faire mention de 102 variétés de *dinars,* *dirhems* et *felous*, des kalifes Omayiades de l'Orient, et des émirs indépendants, frappées dans les ans de l'hégire 138-897 (755-1492 de J.-C.) dans l'Afrique, l'Andalousie, à Valence, Séville, Grenade, etc.

QUATRIÈME SÉRIE.

MONNAIES DES ROIS DE PORTUGAL.

DYNASTIE ALPHONSINE.

D. ALFONSO I (1112-1185).

401. *Maravedis, Aureus* ou *sou d'or*.+MONETA DOMINI ALFONSI. Cinq petits écussons en croix, avec quatre besants dans chacun, ayant trois étoiles et une croix dans les angles; grènetis. R* + REGIS PORTVGALENSIVM. Le roi couronné, à cheval, avec l'épée dans la main droite; grènetis. *N.* Très-rare.

*Cette monnaie, trouvée dans les murs de Trancoso, la seule connue, fut achetée par S. M. le roi D. Louis, à Porto, en 1865, 600,000 reis (3,333 fr. 33 c.). C'est avec toutes réserves que nous plaçons cette monnaie au règne de D. Alphonse I*er*, malgré le mot:* Portugalensium, *qu'on ne trouve que dans les documents de ce monarque. Ce serait peut-être mieux de la placer aux règnes de D. Alphonse II*e *ou III*e*, car ce fut D. Sancho I*er *qui commença à frapper les maravédis nouveaux, de 60 au marc, et cet exemplaire, qui est du reste en très-bon état, pèse 75 1/2 grains, ce qui correspond aux nouveaux, et pas le moins du monde aux anciens, dont parle*

D. Sancho Ier, dans son codicille de 1188; ces anciens maravédis paraissent être ceux qui avaient cours en Espagne du temps des Arabes, et qui pesaient 96 grains. Aucun document n'atteste que D. Alphonse Ier ait frappé de la monnaie.

D. SANCHO I (1185-1212).

402. *Maravédis*, *Aureus* ou *sou d'or*. + SANCIVS REX PORTV-GALIS. Le roi couronné, à cheval, avec l'épée dans la main droite; devant, la croix du Christ; grènetis. R* + IN NE PTRIS T FILI ISPS SCIA. Cinq écussons en croix, avec quatre besants dans chacun, ayant dans les coins des étoiles; grènetis. AV. (Très-rare.) Cet exemplaire a coûté 50,000 reis (277 fr.).

403. Autre, avec le type plus grossier et la même lég.

404. *Denier*. REX SANCIVS. Cinq triangles représentant les cinq écussons, ayant dans les angles quatre points. R* PORTUGAL. Croix ayant dans les coins quatre points. B. (Rare).

405. Variété de la même pièce.

406. SANCIVS REX. Écusson avec cinq points. R* PORTVGAL. Croix placée au travers de la lég., ayant dans les angles deux points et deux étoiles. B.

407. Deux variétés de la même. B. (Rare.)

408. SANCIVS REX. Cinq écussons en croix, ayant dans les angles quatre points. R* PORTVGAL. Croix ayant dans les angles quatre points. B. (Rare).

409. Quatre autres pièces, avec de petites différences dans le type et le poids. B.

410. SANCIVS REX. Quatre écussons en croix. R* PORTVGAL. Croix unie en travers de la lég. B.

411. Quatre autres, avec différents poids. *Ces petites monnaies sont rarement trouvées en bon état. Il est possible que quelques-unes des monnaies décrites comme ayant été frappées sous ce règne l'aient été sous celui de D. Sancho IIe, mais comme l'usage n'était pas de mettre la date sur les monnaies, il est aujourd'hui presque impossible de rien préciser à ce sujet.*

D. ALFONSO III (1248-1279).

412. *Denier*. + REX ALFOSV. Croix ayant dans les angles quatre points; grènetis. R*. Petit écusson avec une croix, flanqué par deux triangles et deux points. B.

Cette monnaie, dont il n'y a qu'un autre exemplaire connu, a été considérée par M. Manuel Bernardo comme ayant été frappée sous D. Alphonse III, car sa fabrication diffère beaucoup des deniers frappés antérieurement. C'est aussi notre opinion.

D. DINIS I (1279-1325).

413. — *Forte.* + DIONISII REGIS PORTUGALIE ET ALGARBI. Cinq écussons en croix avec cinq points dans chacun. R˚ + ADIUTORIUM NOSTRUM IN NOMINE DOMN.— QUI FECIT CELUM ET TERRAM. Écrit en deux lignes; croix du Christ au centre; grènetis. AR.

Cette très-rare monnaie, dont nous connaissons à peine un autre exemplaire dans le Cabinet de médailles de la bibliothèque publique de Lisbonne, présente là singularité que les lettres et la lég. sont différentes de celles dont on usait pour les monnaies de cette époque, ce qui a fait douter de leur authenticité; loin d'adopter cette opinion, nous supposons plutôt qu'elle a été frappée à l'étranger, comme il paraît avoir été fait sous le même règne pour deux autres exemplaires existant dans le Cabinet de Copenhague. Ces monnaies furent trouvées dans une excavation faite aux environs de cette capitale et furent achetées par M. Devegge; toutes deux portent sur l'avers. + *DIONIS REX PORTUG. Buste couronné du roi, de face. R˚ CIVITAS LISBOA, et l'autre CIVITAS BRAGA. Sur les deux, il y a une croix placée au travers de la lég., ayant dans les angles des points; elles sont d'argent et je les crois un essai monétaire fait aussi hors du Portugal.*

414 *Denier.* + D. REX PORTVGAL. Croix ayant dans les angles deux croissants et deux étoiles. R˚ + ALGARBII. Cinq écussons placés au travers de la lég.; grènetis. B.

515. Dix autres avec de petites différences dans le poids et le coin. B.

D. ALFONSO IV (1325-1357).

416. *Denier.* + ALFONSVS REX. Croix ayant dans les angles deux étoiles et deux croissants. R˚ PORTVGAL. Cinq écussons avec cinq points dans chacun, au travers de la légende. B.

417. Autre, avec trois points dans chaque écusson. B.

418. Onze autres variées dans le coin et dans le poids. B. *Ces petites monnaies sont très-vulgaires et prirent dans les contrats le nom de deniers Alphonsins, car ce fut ce monarque qui diminua leur valeur; avant lui, neuf valaient un soldo (sou), et après lui un sou valait 12 deniers.*

D. PEDRO I (1357-1367).

419. *Denier.* P. REX PORTVGALI. Croix ayant dans les angles deux croissants et deux étoiles. R˚ ALGARBII. Cinq écussons au travers de la lég. B. (Inédite et rare).

420. Trois autres avec de petites différences. B.

On ne connaît pas en Portugal d'autres espèces de monnaies de ce roi, quoique les historiens parlent de monnaies d'or et d'argent frappées sous son règne. Dans le Cabinet de médailles de Copenhague *existe une double.* Anv. PETRVS DEI GRA REX PORT ETALG. *Figure du roi assis sur le trône, avec l'épée dans la main droite, la gauche appuyée sur la cuisse, et à ses côtés le bouclier avec les cinq écussons.* R* PER CRVCEM TVAM SALVA HOS X RE REDEMT. *Croix fleurie entre quatre arcs.* (Inédite.)

D. FERNANDO I (1367-1383).

421. Dobra-pé-terra (doublon). + FERNANDVS PORTVGALIE. Le roi debout, couronné, revêtu d'une armure, l'épée levée dans la main droite, la gauche sur le bouclier des cinq écussons; sur les côtés et au-dessus, l'ornementation du trône; dans le champ, la lettre monétaire L. (Lisbonne). R* FERNANDVS DEI GRA REX PORTVGALI ALG. Croix fleurie au centre de quatre arcs avec des rosettes aux points de jonction et au milieu de la croix, l'écusson avec les cinq petits écussons dedans. AV. *Unique (type ordinaire).* Poids, 102 grains.

422. Gentil. + FERNANDVS D. G. REX PORTVG. Le roi couronné, debout, revêtu d'une armure, devant le trône, l'épée levée dans la main droite, la gauche sur le bouclier des cinq écussons; dans le champ, des deux côtés de la tête, deux petites croix et sur l'écusson, un L entre deux points. R* FERNANDVS D. G. REX PORTVGALI AL. Huit tours disposées en cercle et au centre, cinq écussons en croix avec un point caché. AV. (Très-rare.) Poids, 64 grains.

423. .... S. REX : PORTU. Le même type de l'avers de la précédente. R*+FERNANDVS .... ALG. Croix fleurie au centre de quatre arcs, avec rosettes aux points de jonction, et au milieu de la croix, l'écusson avec les cinq petits écussons AV.

Cette moitié de monnaie, en très-bon état, est seule connue et inédite, elle pèse 26 grains coupée exactement par le milieu. Le chroniqueur Fernand Lopes dit que D. Fernando, outre les Dobras-pé-terra de la valeur de 6 livres, fit frapper des Gentis d'un point, qui valaient 4 1/2 livres, d'autres de deux points, plus petits, de la valeur de 4 livres, d'autres de trois points, qui valaient 3 1/2 livres, et encore d'autres de quatre points, qui valaient 3 livres et 5 sous. Or, comme la Dobra-pé-terra (doublon), qui valait 6 livres, pèse 102 grains, nous trouvons 17 grains d'or du titre de 24 pour chaque livre; ainsi :

102 g. d'or   Dobra-pé-terra, 6 livres.
76 1/2 »   Gentil d'un point, 4 1/2 livres.
68 »   »   de deux points, 4 »
59 1/2 »   »   de trois points, 3 1/2 livres.
54 »   »   de quatre points, 3 livres et 5 sous.

En nous appuyant sur le chroniqueur Fernand Lopes, nous pouvons dire que le N° 422 est le Gentil de deux points, et la moitié décrite sous le N° 423, le Gentil de quatre points, quoique son poids ne soit pas celui que nous venons d'indiquer ci-dessus, mais on doit déduire le poids perdu par l'usage de la monnaie, et on doit même se défier de la perfection des monnaies frappées à cette époque. Il est possible que les Gentis de un et de trois n'aient jamais existé.

424. *Barbuda*. ✠ FERNANDVS: REX : PORTVGALI : ALG. Croix ayant des tours dans les angles ; et au milieu, l'écusson avec les cinq petits écussons. R* ✠ SI : DNS : MICHI : AIVTOR : NON : TIMEB. Buste du roi à gauche, avec un casque, couronné et la visière baissée : sur la poitrine, l'écusson des quines (cinq petits écussons) ; dans le champ, la lettre mon. L.B.

425. Autre, ayant sur les côtés du buste $\begin{smallmatrix}P-O\\R-T\end{smallmatrix}$ (Porto) et devant la couronne, un point occulte. B.

426. Autre, avec un A devant la tête et derrière, P (Porto). B.

427. Autre, ayant les lettres CR—V (Corogne) sur le dos du buste. Variété rare et inédite. B.

428. *Demi-Barbuda*. ✠ FERNANDVS REX PORTVG. Croix du Christ ayant dans les angles quatre tours ; au centre, l'écusson des quines et au-dessus, un point caché. R* ✠ SI : DNS MICHI AIVTOR NON. Buste du roi avec un casque couronné et la visière baissée, à gauche ; derrière, la lettre L. (Lisbonne). B. (Rare.)

429. Autre, ayant sur les côtés de la tête : CR — V. (Corogne). B. (Très-rare.)

430. *Grave*. ✠ FERNANDVS REX PORTVG. Écusson des quines ayant des tours dans les coins. R* SI : DNS : MICHI : AIVTOR : NO. Écusson couronné, avec la lettre initiale du roi ; sur les côtés, deux petites croix ; une lance transversale et coupant au-dessous la lég. ; dans le champ, un fleuron comme signe occulte ; au-dessous la lettre L. B.

431. Onze autres monnaies du même type et frappées de même à Lisbonne, mais avec les signes occultes et les initiales des fabricants, variés. B.

432. Autre, avec P⁰ (Porto), à droite de l'écusson. B.

433. Autre, avec les tours de l'avers, dans quatre arcs. B. (Variété rare.)

434. *Pilarte*. ✠ FERNANDVS : REX : POR. Petite croix du Christ surmontée par une grande couronne ; dans le champ, la lettre L. R* SI : DNS : MICH : AD. Quines coupant la légende et au-dessus, un point au centre d'un petit cercle. B.

435. Autre, avec un P. (Porto) sous la couronne. B.

436. Autre, avec un M. (Miranda) sous la couronne. B. (Variété très-rare et inédite.)

437. Deux autres exemplaires variés dans les légendes et les signes occultes. B.

438. *Forte*. ✠ FERNANDVS : D . G : REX : PORTVGALI : AL. Quines avec un point au-dessus. R* SI : DNS : MICHI : AIVTOR : NON : TIMEBO. Buste couronné du roi à gauche ; sur les côtés, LIS-BOA ; au-dessus, la croix du Christ. B. *Cette variété inédite est très-rare et nous n'en connaissons qu'un autre exemplaire, dans la précieuse collection de M. le D*ʳ *Cumano.*

439. Même avers. R* SI : DNS : MICHI : AIVTOR : NON :

TIME. Buste couronné du roi à gauche; devant, une croix du Christ, et derrière, la lettre monétaire L. (Lisbonne). B. (Rare.)

440. Autre, avec un P. (Porto). B. (Rare.)

441. Autre, avec les lettres CR — V. (Corogne) sur les côtés du buste; variété inédite. (Très-rare.)

442. Tournois. + FERNANDVS : D : G : REX : PORTVGALI. Écusson avec les quines; sur les côtés, deux rosettes et au-dessus, la lettre mon. L. R*+ SI : DOMINVS MICHI : ADIVTO : NO—N : TIMEBO : QVID : FACIA. Écrit en deux lignes et au centre, la croix du Christ; point occulte; grènetis. B. (Rare.)

443. — + FERNANDVS : REX : PORTVGALI : ÇAMORA. Écusson avec les quines; au-dessus, une étoile, et sur les côtés, Ç — A (Çamora). R*. + DOMINVS : MICHI : AIVTOR : ET : E.. ONI— SPICIAM : INIMICOS : MEOS. En deux lignes ; au centre, la croix du Christ et un point occulte. B. (Variété inédite et très-rare.)

444. *Petit tournois.* + FERNANDVS : REX : POR. Écusson avec les quines et un point occulte. R*. + FERNANDVS : REX : PORTVG. Croix du Christ; point occulte; grènetis. B. (Inédite et rare.)

445. — + FERNANDVS : REX : POR : A. Quines au centre de quatre arcs. R*. SI : DOMINVS : MICHI : AD : Croix du Christ au centre. B. (Inédite et très-rare.)

446. — Autre, avec la même légende et un écusson avec les quines. R*. La même légende que sur la précédente, et au centre, un château, ayant sur les côtés, CR — V (Corogne). B. (Inédite et très-rare.)

447. *Réal d'argent.* + F. : D : G : REX : PORTVGALIE : ALGARBII. Quines dans un ovale. R*. + AVXILIVN : MEVM : A : DNO : QVI : F — ECIT : CELVM : E : TERA. Écrit en deux cercles; au centre, FR surmonté d'une couronne; à gauche, L, et à droite, point occulte. AR. (Rare.)

448. — Deux autres, avec des variétés dans les signes des graveurs. AR. (Rare.)

449. — Deux autres, variées dans les signes des graveurs et dans les légendes. AR. *Ces réaux d'argent étaient excessivement rares jusqu'en 1858, année où l'on trouva quantité de ces monnaies près de Leiria; plusieurs collections s'en enrichirent et une grande partie fut fondue.*

450. *Demi-réal d'argent.* + F : D : G : REX : PORTVGALIE : AL. Quines dans quatre arcs. R*. + AVXILIVN : MEVN : A : DNO. Au centre, FR., initiales du nom du roi; au-dessus, une couronne, et dans le champ L. et un signe. AR. (Inédite et très-rare.)

451. —Variété de la même. (Inédite et très-rare.) AR.

Nous avons vu, dans les collections de MM. Manuel Bernardo et du Dr Cumano, des réaux et demi-réaux semblables à ceux-ci dans les légendes, mais ayant sur l'envers les quines dans l'écusson couronné, et sur le revers, la croix du Christ. Type qui se rapproche beaucoup des tournois de billon ; ces monnaies sont inédites, et les seules dont nous ayons connaissance.

452. *Réal blanc.* ✛ FERNANDVS. REX, PORTVGAL ESAMORA. Quines dans quatre arcs doublés. R*. ✛ DOMINVS MICHI AIVTOR ECODI — SPICIET INIMICOS MEOS. L'initiale couronnée du roi, F, au centre et sur les côtés, Ç — A (Çamora). B. (Inédite et très-rare.) *Nous ne connaissons qu'un autre exemplaire existant à Serpa, au pouvoir de M. Cortez.*

453. *Denier.* ✛ F : REX : PORTVGALI. Croix ayant dans les angles deux étoiles et deux croissants. R*. ALGARBII. Quines coupant la légende. B.

454. — Trois autres, avec de petites variétés dans le poids, croix et légende. B.

DYNASTIE D'AVIS.

D. JOAO Ier (1383-1433).

✱ 455. Réal d'argent. ✛ IHNS . D : G : R : D : REGNORVN : PO : ALGA. Quines dans une ogive, ayant sur les côtés inférieurs de l'écusson, L—B. (Lisbonne). R*. ✛ ADIVTORIVN. NOSTRVN. QVI. FEC — IT. CELVN. ET. TERAN. Écrit en deux lignes circulaires entre deux grènetis; au centre, IHNS —; au-dessus, la croix d'Avis; à gauche, une rosette, et au-dessous, la lettre monétaire, L. AR. *Cette curieuse et très-rare monnaie fut frappée par D. Jean Ier, avant son élévation au trône, le 6 avril 1385, quand il s'intitulait gouverneur et défenseur des royaumes de Portugal et des Algarves, comme dit la légende. Nous en connaissons quatre exemplaires, deux en très-bon état, dans la collection de Sa Majesté F. F., un autre, offert par nous, au Cabinet de la bibliothèque nationale de Lisbonne, et un autre existant dans la collection de M. le Dr Cumano.*

456. — Autre, variée dans le signe occulte et dans la légende. AR (Très-rare.)

457. *Crusado.* REX ✛ PORTVGALIE ET ALGA. Au centre, IHNS ; au-dessus, une couronne et au-dessous, L ; à droite. V. R*. ✛ REPARACIO : REX : PUBLICE. Écusson avec les quines sur la croix d'Avis. B.

458. — Autre avec un P (Porto). B.

459. — Quatorze monnaies de billon avec le même type, frappées à Lisbonne et Porto, avec des variétés dans les légendes et dans les signes des graveurs. B.

460. *Réal blanc.* ✛ IHNS : DEI : GRA : RX : PO : ET. Au centre des huit arcs, IHNS ; au-dessus, la couronne et au-dessous, L; grènetis. R*.— ADIVTORIVN : NOSTRVN. Quines en croix avec quatre tours dans les angles. B.

461. — Autre, avec un A dans le champ.

462. — Autre, avec un D.

463. — Autre, avec un E dans le champ.
464. — Autre, avec un F —
465. — Autre, avec un G —
466. — Autre, avec un I. —
467. — Autre, avec un L —
468. — Autre, avec un M —
469. — Autre, avec un P —
470. — Autre, avec un V —
471. — Vingt-cinq exemplaires, avec les légendes et les signes variés.
472. — + IOANS. DEI : GRACIA. REX. Au centre de huit arcs, IHNS ; au-dessus, la couronne, et au-dessous, L ; grènetis. R*. ADIVTORIVM NOSTRVN. QV. Quines avec quatre châteaux. B. (Variété inédite et rare.)
473. — Autre, avec IONS. B. (Inédite et rare.)
474. — Deux autres variétés.
475. — + ADIVTORIM : NOSTRVN : Q. Au centre de huit arcs, IHNS ; au-dessus, une couronne et au-dessous, L. R*. Comme sur les monnaies précédentes.
476. — + IHNS. DEI. GRA. REX. POR. ET. A. Au centre de huit arcs, IHNS ; au-dessus, une couronne et au-dessous, la lettre monétaire P (Porto), et entre la couronne et les initiales, une épée. R*. Comme sur les monnaies précédentes. B.
477. — Autre, avec un A dans le champ.
478. — Autre, avec un B —
479. — Autre, avec un D —
480. — Autre, avec un E —
481. — Autre, avec un F —
482. — Autre, avec un G —
483. — Autre, avec un I —
484. — Autre, avec un L —
485. — Autre, avec un M —
486. — Autre, avec un N —
487. — Autre, avec un O —
488. — Autre, avec un P —
489. — Autre, avec un R —
490. — Autre, avec un S —
491. — Autre, avec un V —
492. — Cinquante autres, avec les légendes et les signes occultes des graveurs variés. B.

493. — + IOANS. DEI. GRACIA. REX. PORTVG. Au centre de huit arcs, IHNS; au-dessus, une couronne royale et un point; à droite, V; au-dessous, P (Porto); grènetis. R*. Comme sur les monnaies précédentes. (Très-rare et inédite.)
Le poids de ces réaux varie entre 46 et 50 grains.

494. — + IHNS. DEI. GRA. REX. POR. ET. ALGARBII. Au centre d'une ogive, les quines, ayant dans les angles supérieurs deux rosettes, et dans les inférieurs, les lettres L—B. (Lisbonne). R*. + ADIVTORIVM. NOSTRVM. QVI. FEC—IT CELVN. ET. TERAN. Écrit en deux cercles; au centre, IHNS; au-dessus, la couronne, et au-dessous, entre deux points, L. B.

495. — Vingt autres avec le même type, frappées de même à Lisbonne, mais ayant les légendes, les lettres et les signes occultes des graveurs différents. B.

496. — Autre, avec un P (Porto) sur l'avers, et PO. sur le revers.

497. — Douze autres, frappées aussi à Porto, avec les légendes, lettres et signes des graveurs variés.

498. — Trois autres, avec très-peu d'argent en alliage. B.

499. — + IHNS. PELA. GRA. REX. POR. E. ALGA. Quines en croix au centre d'un ovale et ayant, dans les angles, les lettres E—V—O—R. (Evora). R* ADIVTORIVM. NOSTRUM IN NOMINE—DOMINI. QVI. FECIT. CE. Écrit en deux lignes circulaires ayant au centre IHNS, au-dessus, la couronne, au-dessous, EV; grènetis. B.

500. — Autre, avec un B dans le champ.

501. — Autre, avec un E —

502. — Autre, avec un G —

503. — Autre, avec un I —

504. — Autre, avec un P —

505. — Autre, avec un anneau dans le champ.

506. — Autre, ayant seulement un E (Evora) sous les initiales. B.

507. Réal d'argent. +IHNS. DEI. GRA. REX. PO. ET. ALGA. Les quines au centre d'une ogive. R*. + ADIVTORIVM. NOSTRVN. QVI. FEC—IT. CELVM. ET. TERAN. Écrit en deux lignes circulaires; au centre, un Y couronné; à gauche, un L, et au-dessous, une petite croix. AR. (Inédite et très-rare.)

508. — Trois autres variées dans les légendes et les points occultes. AR.

509. Réal blanc. + IHNS. DEI. GRA. REX. PO. ET. AL. Quines au centre d'une ogive. R*. + AIVTORIVM. NOSTRVM. QVI. FE—CIT. CEELVM. E. TERA. Écrit en deux cercles; au centre, un Y couronné; à gauche, un L; grènetis. B.

510. —Vingt et une autres monnaies de billon avec le même type, mais variées dans la quantité d'alliage d'argent, dans les signes occultes des graveurs et dans les lettres qui sont dans le champ. B.

511. — Autre, avec la lettre monnétaire P (Porto) au-dessous des initiales.

512. — Quatorze autres, frappées de même à Porto, mais variées dans les lettres du champ, dans les légendes et dans les signes occultes. B.
Le poids de ces réaux est de 58 à 64 grains.

513. — *Fractions de réaux blancs.* + IHNS. DEI. GRA. REX. PORT. Quines au centre de quatre arcs; grènetis. R*. + ADIVTORIVN NOSTRVN. Au centre, IHNS; au-dessus, une couronne, et au-dessous, un L entre deux points. B.

514. — Deux autres, avec le même type, mais variées dans les légendes. B.

515. — Autre, avec la lettre monétaire P (Porto). B.

516. — Deux autres, frappées aussi à Porto, mais variées dans les légendes. B.

517. — + IHNS DEI. GRATIA. Au centre, un Y couronné, ayant sur les côtés les lettres L—B (Lisbonne). R*. ADIVTORIVM. NOS. Quines; grènetis. B.

518. — Autre, avec l'Y accosté des lettres P—O (Porto).

519. — IHNS. D. G. REX. Quines coupant la légende. R*. PORTVGALI. E. AL. Croix coupant la légende et ayant des points dans les angles. B. (Rare.)

520. — + IHNS. DEI. GRA. REX. Écusson avec les quines sur la croix d'Avis. R*. + PO. ET. ALGARBII. Croix du Christ accostée de quatre points; grènetis. B. (Rare.)

521. — + IHNS. REX. PORTVGAL. Écusson avec les quines; sur les côtés, P—O (Porto); au-dessus et au-dessous, des étoiles. R*. + DEI. G. REX. PORTVGAL. Au centre, IHNS; au-dessus, la couronne royale, et au-dessous, P; à gauche, un signe occulte; grènetis. B. (Rare.)

522. — + IHNS. P. G. REX. P. Écusson avec cinq besants; sur les côtés, E—V (Evora). R*. + ADIVTORIVN. Croix coupant la légende et ayant dans les angles quatre étoiles; grènetis. B. (Inédite et rare.)

523. — Autre, variée dans la légende. B.

524. — + IHNS. D. G. REX. POR. ALGA. Écusson avec les quines: sur les côtés, deux étoiles, et au-dessous, E. R*. + ADIVTORIOM. NOSTROM. Croix du Christ, ayant dans les angles quatre besants; grènetis. B. (Inédite et rare.)

Les poids de ces fractions du réal blanc varient entre 10-27 grains. Une grande partie des monnaies de D. Jean 1er sont vulgaires, mais on ne les trouve pas en bon état, et les nombreux exemplaires que nous venons de décrire sont comme s'ils venaient d'être frappés.

525. *Ceitil.* + IHNS : DEI : GRA : REX. Quines ayant dans les angles quatre tours; grènetis. R*. IHNS : DEI : GRA. R. Au centre de

huit arcs, IHNS; au-dessus, la couronne, et au-dessous, L. Æ. (Inédite.)

Poids, 39 grains.

526. — Deux autres, variées dans les légendes et avec le poids de 36 à 38 grains.

Nous n'hésitons pas à appeler cette monnaie le CEITIL, *frappé sous D. Jean I*er; *c'est la première monnaie de cuivre pur; le coin ressemble à celui des* CEITIS *de D. Duarte et de D. Alphonse V, et le poids est le même.*

*Elle fut probablement frappée après la prise de Ceuta, à laquelle le souverain s'intéressa tant. Fernand Lopès, qui décrit dans ses Chroniques les monnaies du royaume, de ce temps, ne parle pas de celle-ci, ni ne le pouvait, car étant chargé, en 1434, par D. Duarte, d'écrire la Chronique de son père, D. Jean I*er, *il fut, en 1454, remplacé dans la place d'archiviste de la Tour du Tombo et de chroniqueur, à cause de son grand âge, par Gomès Annes de Azurara, qui reçut de D. Alph. V l'ordre de continuer la III*e *partie de la Chronique de D. Jean I*er, *en laquelle il raconte la prise de Ceuta, et ne fait pas mention de cette monnaie, comme il n'en fit d'aucune autre dans ses Chroniques. Séverin de Faria, qui fut peut-être le meilleur collectionneur de monnaies anciennes, en Portugal, vers la fin du* XVIIe *siècle, et qui nous a laissé ses études, dont quelques-unes sont d'un grand mérite, dit :* « *Après son retour du « siège de Ceuta, il fit frapper, dit-on, les* CEITIS, *auxquels il donna « ce nom en mémoire de la prise de Ceuta....* » (N. de Port., Diser. 4, 1655.)

D. DUARTE (1433-1438).

527. *Réal blanc.* +EDVARDVS.... PO... Quines dans une ogive; grènetis. R*. + ADIVTORIVM. NOSTRVM. QVI—FECIT. CEVM. E. TERA. Au centre, l'initiale couronnée du roi, E, et à droite, la lettre monétaire P (Porto). B. (Inédite et très-rare.)

528. *Ceitil.* + EDVARDVS + RX + PO : Au centre de huit arcs, les lettres ED couronnées, et au-dessous, L (Lisbonne). R*. + EDVARDI + RX + PO : Quines ayant des tours dans les angles; grènetis. Æ. (*Le D*r *Cumano possède un exemplaire avec les tours de Ceuta, comme les fit plus tard frapper D. Alp. V.*)

529. +EDVARDVS DEI..... Au centre de huit arcs, E couronné; à droite, P (Porto). R* + EDVARDI. RX. PO. Quines ayant dans les angles quatre châteaux. Æ. Variété inédite et très-rare. (*Elle pèse 37 gr.*)

530. *Réal noir* + EDVARDI. RX. POR. Quines ayant dans les angles quatre tours. R* + EDVARDI. REX. POR. Au centre, un E couronné et à droite, un L. Æ.

531. Deux autres, variées dans les légendes et avec la lettre P.

Sous ce règne, furent frappés les écus d'or, dont il n'existe que le dessin dans le titre IV de l'Histoire généalogique de la maison royale portugaise, et les réaux d'argent fin, appelés pour cela loyals, dont parlent plusieurs historiens.

D. AFFONSO V (1438-1481).

532. *Ceitil d'or* + RX. PORTVGALIE. ALGA. Écusson avec les armoiries du royaume, surmonté d'une couronne et de la croix d'Avis. R* + DOM.A.Q. CEPTA Trois tours sur les murs, baignés par la mer; au-dessus de la porte, C (Ceuta); grènetis. AV. (Poids, 45 grains.) Inédite et la seule connue. *Nous la considérons comme un demi-écu, car non-seulement elle est d'or du titre de 18, égal à celui des écus que ce monarque fit frapper, mais elle a la moitié du poids de ceux-ci. Nous la plaçons sous ce règne, à cause des initiales A (Alphonso) Q (quinto), et parce qu'elle ressemble beaucoup pour le coin aux autres monnaies de cuivre de ce roi. Elle a coûté 36,000 s. (200 f.).*

533. *Crusado* + CRVSATVS. ALFONSI. QVINTI. REGI. Armoiries du Portugal avec la croix d'Avis, et sur les côtés, deux anneaux. R* + ADIVTORIVM NOSTRVM. IN. NOM. Croix de Saint-Georges dans une ogive; grènetis. AV. *Rui de Pina dit que D. Alphonse V avait fait frapper ces crusados (croisés), quand il se décida à faire la guerre aux Turcs, avec de l'or au titre de 24; au poids desquels il fit ajouter deux gr. et rien à leur prix, pour que personne ne les échangeât contre d'autres ducats de la chrétienté. La loi de 1457 fixa leur valeur à 253 réaux.*

534. *Alphonsin, grosso* ou *réal d'argent* + ALFONSVS. QVINTI. REGIS. PORTVGALI. Quines au centre de quatre arcs triplés avec huit anneaux d'ornement; grènetis. R* + ADIVTORIVM. NOSTRVM. IN. NOMIN. DO. Au centre, ALF. Q. entre quatre points; au-dessus, une grande couronne, et au-dessous, un L; grènetis. AR. (Rare.)

535. + ADIVTORIVM. IN. NOMIN Quines au centre de quatre arcs triplés, avec huit anneaux; grènetis. R. + ALFONSI. QVINTI. REGIS. PORTVGALIE. Au centre, ALFO, entre quatre points; au-dessus, une grande couronne, et au-dessous, L; grènetis. AR. (Rare.)

536. + ADIVTORIVM. DONS. QVI. FECIT. CEL. Quines au centre de quatre arcs triples avec huit anneaux; grènetis. R* + ALF. Q. REIS. PORTVGALI. ED. ALGABVI. Dans le champ, ALFQ; au-dessus, une grande couronne, et au-dessous, L; grènetis. AR. (Très-rare.)

537. + ALFONSVS. DEI. GRACIA. REX. CASTE. Écusson avec les quines, dix châteaux et la croix d'Avis; dans le champ, trois anneaux. R* + ALFONSVS. DEI. GRACIA. REX. CAST. Croix occupant tout le champ, ayant dans les angles les armoiries de Castille et de Léon. AR. (Très-rare.)

538. + ALFONQ. QVINTIS. REIS. CASTELE. E LEONEES. Le même écusson du Portugal, ayant sur les côtés deux anneaux et au-dessus, P (Portugal) entre deux points. R*. La même lég. avec un écusson des armoiries de Castille et Léon, et au-dessus, entre deux points, C (Castille). AR. (Très-rare.)

539. Deux autres exemplaires, variés dans les légendes et dans les lettres monétaires AR. (Très-rare.)

Ces curieuses monnaies furent frappées par D. Alph. V quand il prétendait à la couronne de Castille concurremment avec Charles VII de France, qui croyait avoir les mêmes droits. En visitant le cabinet de médailles de la Bibliothèque impériale de Paris, son digne conservateur, M. Chabouillet, a eu la bonté de nous montrer quelques monnaies portugaises, et nous en avons vu une en or, pareille aux précédentes et complétement inconnue. Avers. ALFONSVS. DEI. GRACIA. REX. Écusson couronné contenant les quines, quatre châteaux, la croix d'Avis, et sur les côtés, deux rosettes. R*. ALFONSVS. DEI. GRACIA. REX. CA. Ecusson couronné de Castille et Léon; sur les côtés, deux rosettes. AV. Poids: 4 grammes 05. (Inédite.)

540. *Demi-grosso, demi-alphonsin, demi-réal d'argent et chinfran* + ALFONSVS. QVINTI. REGIS. POR. Quines. R* + ADIVTORIVM. NOSTRVM. IN. NO. Dans le champ, entre deux anneaux, A, avec une grande couronne; au-dessous, L.

541. Autre, avec le même type, mais variée dans la lég. AR.

542. + ALFONSVS. DEI. GRACIA. REX. C. Quines au centre de quatre arcs avec huit anneaux. R* + ALFONSVS. DEI. GRACIA REX. Croix ayant dans les angles les armes de Castille et de Léon. AR. (Inédite et seule connue.)

543. *Espadins* + ALFONSVS. DEI. GRACIA. REGIS. Une main tenant une épée par la lame, près de la garde, traversant la légende, et dans quatre arcs avec huit anneaux; dans le champ, A entre trois points. R* + ADIVTORIVM. NOSTRVM. IN. NOMI. Écusson du Portugal avec une croix d'Avis et au milieu de trois arcs, avec quatre anneaux. B.

544. Autre, variée dans la lég. B.

545. ALFO. D. GRA. PORTVGAL. E. Au centre de quatre arcs avec huit anneaux, la main tenant l'épée, et au-dessous, P (Porto). R* + AIVTORIVM. NOST. QVI. FECI. Écusson comme le précédent. B (le poids de ces exemp. 1 gram. 80 à 2 gram.).

546. Autre, variée dans la lég. B. *Nous avons vu, il y a quelques ans, entre les mains d'un amateur, une monnaie de billon de ce règne avec le même avers, et sur le R*. REGIS PORTVGALIE. D. Au centre, un écusson avec les quines sur la croix d'Avis. Elle pèse, un peu rognée, 0 gr. 95. C'est le demi-espadim; peut-être un essai, car aucune loi, ni même aucun chroniqueur, n'en parle.*

547. *Réal blanc* + ALFON. DEI. G. REX. PORTVGALIE. Quines au milieu d'une ogive. R* + ALERTANODR..... EGRO..... TANTES. MICHI MALA. Écrit en deux cercles; au centre, un A couronné et à droite, la lettre L (Lisbonne). B. Poids : 3 grammes 75. (Inédite et très-rare.)

548. Autre variée dans la légende et avec la lettre P (Porto). (Inédite et très-rare.)

549. Autre semblable pour le type, un peu variée dans la légende, mais d'un moindre diamètre et de moitié du poids de la précédente (un demi-réal blanc peut-être). B. Poids : 1 gr. 80 (Inédite, et la seule que nous ayons vue.)

550. *Cotrim* + ALFQ. D. G. R. P. ET..... O. DNS. Au centre, un A couronné entre deux anneaux. R* AIVTORIV. NOS..... FEC. Quines au centre de quatre arcs. B. (Rare.)

551. Autre, avec un P (Porto); dessus, A. B. (Variété inédite.)

552. *Ceitil.* AL. PORT. DEI. GRAT. RX. Au centre, l'écusson, avec les quines ayant dans les angles quatre tours, sur la croix d'Avis. R* + DOMINO CEPTA. Trois tours liées par une muraille sur le littoral. Æ. *Cette monnaie de cuivre servit pendant longtemps d'unité monétaire; les variétés qu'on en rencontre encore aujourd'hui, frappées par D. Alphonse V, sont nombreuses, et toutes avec les tours de Ceuta; à Lisb. L = Port = P = et Ceuta. C. En 1473, il fut ordonné qu'on compterait avec les monnaies en cours, sans tenir compte des contrats en livres; et, à partir de cette année, les ceitis commencèrent à figurer dans les contrats, et de là vint que quelques auteurs n'ont admis les ceitis que depuis le règne de D. Alphonse V.*

553. — ALFO. CEPTA. DOMINI. Les tours de Ceuta; dans le champ, L (Lisb.). R* + REX. PORTVGALIE. L'écusson des quines sur la croix d'Avis, avec des tours dans les angles. Æ.

554. ALFONSVS. DEI. GRACIA. Le même écusson. R* SENOR. CEPTA. AFONSV. D. G. Tours de Ceuta; dans le champ, P (Porto). Æ.

555. Vingt-cinq autres exemplaires variés dans les lég. et dans le poids; entre 2 grammes et 2 grammes 3 cent. Æ. Conservation non vulgaire.

556. *Réal noir* + AF. Q. RX. PORTV. Au centre, les quines. R* — ADIVTORIUM. NOS. Au centre, un A couronné. B. Poids, 1 gramme. Cette monnaie est de billon, et nous ne pouvons supposer que D. Alphonse V ait fait frapper des fractions de réal blanc. Nous croyons qu'elle fut fabriquée avec des monnaies des règnes précédents et sans choix de métal, ce qui arrivait souvent.

557. Cinq autres exemplaires presque identiques dans la lég., avec les lettres monétaires L ou P. (Lis. ou Por.) Æ. Poids : 1 gr. 25-1,35) (1).

D. IOAO II (1481-1495).

558. *Crusado* = IOANIS. SECUNGVS. D. G. REGIS. Dans quatre

---

(1) Durant ce règne et le suivant, différentes monnaies d'or de Castille eurent cours en Portugal, comme les Dobras Crusadas ou de D. Branca, frappées par D. Pedro (1350-1368); Dobras de Banda, de D. Jean Ier (1406-1454); Henriques (1454-1474), les florins d'Aragon et d'autres étrangères. Quoiqu'on les trouve dans cette collection, nous ne les décrivons pas, parce que ce sont des monnaies d'une autre nation.

arcs, l'écusson du royaume surmonté d'une couronne, laissant voir entre les châteaux la croix d'Avis. R* + IOANES. SECVNDVS. DEI. GRAC. Croix de Saint-George au centre d'une ogive. AV. (Rare.)

Après la réforme monétaire de juin de 1485, il fit frapper:

559. *Justo* +IVSTVS. VT. PALMA. FLOREBIT. Le roi revêtu d'une armure, avec le manteau, la couronne et le sceptre dans la main droite; la lég. n'atteint pas le dossier du trône sur lequel il est assis. R*+IOHANES. II. R. PORTVGALIE. ET. A. D. GVIN. Au centre, l'écusson du royaume couronné, avec sept châteaux, les quines et sans la croix d'Avis; sur les côtés de l'écusson, deux palmes comme ornement; grènetis. AV. (Très-rare.)

560. Autre avec la même légende, mais d'un autre coin. AV. (Très-rare.)

561. *Espadim* +IOHANES. II. R. P. ET. A. D. GINE. Écusson du royaume avec les quines, et sur les côtés, deux anneaux. R* IOHANES. II. R. P. ET. A. D. GVINE. Dans quatre arcs, une épée tenue par une main dans la partie supérieure de la lame qui coupe la légende; dans le champ, L. AV. (Rare.)

Cette monnaie fut aussi appelée demi-justo, et elle avait moitié du poids et de la valeur.

562. *Crusado* +IOHANES. II. R. P. ET. A. D. GVIN. Écusson du royaume; sur les côtés, quatre arcs; quines. R* + IOHANES. II. R. P. ET. A. D. GVINEE. Croix au centre d'une ogive. AV.

563. *Réal d'argent* + CI. ET. VL. DOMINVS. GVINE. Armoiries du royaume; sur les côtés, deux anneaux. R* + CI. ET. VL. DOMINVS. GVINE. Au centre, Y couronné; à gauche, deux points; à droite, O. AR.

564. Autre semblable dans la légende, mais l'écusson sans les châteaux. AR.

565. +IOHANES. II. R. P. ET. A. D. GV. Armoiries du royaume entre deux anneaux. R*+CI. ET. VL. DOMINVS. GVINE. Au centre, Y couronné; à gauche, la lettre monétaire P (Porto) et à droite, O. AR.

566. Deux exemplaires avec l'écusson des quines, sans les châteaux. AR.

567. +IOHANES. II. R. P. ET. A. D. GVNE. Armoiries du royaume entre deux anneaux. R* + IOHANES. II. R. P. ET. A. D. G. Au centre, un Y couronné entre deux OO. AR.

568. Douze autres exemplaires, variés dans les lég. et coins. AR.

568. *Demi-réal d'argent* +IOHANES. II. R. PORTV. Quines. R* +CI. ET. VLTRA. D. GVINE. Au centre, la croix d'Avis. AR. (Rare.)

570. + IOHANES. II. R. P. ET. A. L. Quines. R* +CI. ET ULTRA. D. GVINEE. P. Au centre, sous la couronne royale, IONES. Seul exemplaire de ce coin que nous ayons vu. AR. (Inédite.)

571. *Ceitil* +IOHNES. II. R. P. ET. ALGARBI. Écusson avec les

quines, ayant dans les angles quatre châteaux, et entre trois points. R*+ CITRA. ET. VL. DOMINVS GVINE. Trois tours sur les murailles, baignées par la mer. Æ. Poids : 2 gr. 10.

572. Six autres exemplaires variés dans les légendes et dans le poids, entre 2 grammes et 2 grammes et 20 cent.

D. EMANUEL I (1495-1521).

573. *Portugais*+ I. EMANVEL. R. PORTVGALIE. AL. C. VL. IN. A. D. G. C. N. C. ETHIOPIE. ARABIE. PERSIE. I. Écrit en deux cercles; au centre, les armoiries du royaume entre deux anneaux; grènetis sur le bord et séparant les lég. R*. IN. HOC. SIGNO. VIN-CES. Croix du Christ; au-dessus, trois points. AV. (Rare.)

Il y a peu d'années, deux exemplaires furent vendus 45,000 rs. 250 f. chaque. Cette monnaie fut frappée après la découverte de l'Inde. Tout fait croire que D. Manuel avait déjà fait fabriquer des portugais en or, et que D. Vasco da Gama en a apporté dans l'Inde. Il existe, dans le Cabinet de la Bibliothèque nationale de Lisbonne, un modèle authentique, à ce qu'il paraît, qui porte, à l'avers : AD. VALOREM. EMANVEL. REG. PORTVGAL. MONETA AVREA .... AT. SWOL. Ecrit en deux cercles; au centre, les armoiries du royaume entre six points. R IN CHRISTO. CRVCIFIXO. NOSTRA. SAL. Croix de l'ordre du Christ, trois points au-dessus et la contre-marque 10 U avec une petite couronne. Ces monnaies sont peut-être les premiers portugais en or, et, à ce qu'il paraît, frappés hors du Portugal.*

574. *Crusado.* + EMANVEL : P : R : P : ET : A : D : GVINE. Armoiries du royaume entre quatre arcs. R*. La même légende avec une croix de Saint-Georges, au centre d'une ogive; étoile dans le champ. AV.

575. *Tostao.* + I : EMANVEL : R : P : ET : AL : D : GVINEE. Armoiries du royaume; à droite, L. R* IN : HOC. SINO VINCES. Croix de l'ordre du Christ, surmontée de trois points. AR.

576. Quatre autres exemplaires, variés dans les légendes et les lettres : V—L et O—V. AR.

577. — + EMANVEL : R : P : ET : A : DNS : GVINNEE. Écusson du royaume ; sur les côtés, P—V; cette dernière lettre entourée par trois points. R* IN. HOC. SVIGNO. VENCIEES. Croix de l'ordre du Christ, ayant dans les angles quatre étoiles, et au-dessus deux points. AR.

578. — Autre, variée dans la légende, d'un diamètre moindre et d'une plus grande épaisseur. AR.

579. *Demi-Tostao.* + I : EMANVEL : R : P : ET : A : D : GINE. Quines ; grènetis. R*. + I : EMANVEL. R. P. ET. A. D. G. Croix de Saint-Georges, ayant dans les angles quatre anneaux; au-dessous, un point; grènetis. AR.

580. *Réal d'argent* ou *vintem.* + I : EMANVEL: R : P : ET : A : D : G. Écusson du royaume entre deux anneaux. R*. + I : EMANVEL : R : P : ET : A : D : G. Au centre, M couronné, entre deux anneaux; au-dessus, un point; à droite, la lettre monétaire L (Lisbonne). AR.

581. — Neuf autres exemplaires variés dans les légendes, et lettres dans le champ. AR.

582. — +MANVELIS. P. R. P. ET. A. D. GVI. Armoiries du royaume. R*. La même légende avec un M gothique couronné au centre entre deux anneaux, et au-dessous, P (Porto). AR.

583. Trois autres exemplaires frappés à Porto, mais variés dans les légendes; un d'eux avec l'M non gothique. AR.

584. *Demi-réal de prata* ou *demi-vintem*. + EMANVEL. P. R. P. ET. AL. D. G. Quines. R*. La même légende entourant la croix d'Avis. AR.

585. — Quatre autres exemplaires variés dans les légendes. AR.

586. — *Cinquinho*. + I : EMANVEL. P. R. P. Quines. R* + EMANVEL. P. R. P. ET. A. Au centre, un M couronné. AR. Elle valait la moitié de la précédente et pèse 0.50 grammes. (Très-rare.)

587. *Réal de cuivre* + EMANVEL. R. P. ET. A. D. GVINEE. Quines. R*. La même légende entourant un R couronné entre deux étoiles; au-dessous, la lettre monétaire L (Lisbonne). Æ. (Très-rare.)

588. — Même avers. R*. La même légende. Au centre, un R gothique et à gauche un P (Porto), à droite, une étoile. Æ. (Variété très-rare et inédite.)

589. *Demi-réal de cuivre* (?) + I : EMANVEL. P. R. P. ET. A. D. GVINEE. Quines. R*. La même légende; au centre, un M couronné entre deux étoiles; au-dessous entre deux points, un L (Lisbonne). Æ. (Très-rare et inédite.)

590. — Autre semblable, avec la lettre monétaire P (Porto). Æ. *Elle est très-rare et inédite. C'est avec toutes réserves que nous appelons ces deux dernières monnaies* DEMI-RÉAL DE CUIVRE ; *les auteurs n'en font point mention ; elles ont un diamètre beaucoup plus petit et ne pèsent presque que la moitié du poids des précédentes. C'est peut-être, le* RÉAL DE CUIVRE RÉDUIT, *dont le peuple se plaignit beaucoup, à cause de l'élévation de prix des denrées, comme dit le chroniqueur Damiao de Goes : ce qui valait un* CEITIL *en vint à valoir 1 réal, et pour cela on en frappa très-peu.*

591. *Ceitil.* + IEMANVEL. R. P. ET. A. Écusson avec les quines, ayant dans les angles quatre châteaux entre trois anneaux. R*. I. E-MANVEL. R. P. ET. A. Trois tours, sur une muraille baignée par la mer. Æ.

592. — Deux autres exemplaires variés dans les légendes et le poids; grammes 2,00 à 2,10. Æ.

D. IOAO III (1521—1557.)

593. *Portugais.* IOANES : 3 : R : PORTVGALIE : AL. C. VL. IN. A. D. G. C. — ETI. ARABIA. PSI. E. I. Écrit dans un cercle et en légende intérieure au bas de l'écusson des armoiries royales, qui sont au centre, ayant sur les côtés R—L ; grènetis. R*. IN* HOC* SIGNO*

VINCEES. Croix du Christ dans quatre arcs qui servent d'ornement. AV. *On soupçonne que ces monnaies ont été fabriquées en Hollande avec des coins fondus. D. Jean III fit faire d'autres portugais en or dans le royaume, par une loi du 14 octobre 1554; il en limita le nombre à 100, pareils pour le coin et le poids à ceux de D. Manuel, qui sont aujourd'hui très-rares.*

594. *Crusado.* IOANES III. R. PORTVGALI. Armoiries du royaume, avec les lettres L-R sur les côtés. R*. IN HOC SIGNO VINCES. Croix de Saint-Georges. AV.

594 *bis.* Autre exemplaire, sans lettres; à côté de l'écusson, AV.

595. *Calvario, crusado* + IOA ·.· III ·.· POR ·.· ET ·.· AL ·.· R : D : G. Armoiries du royaume. R*. IN HOC : SIGNO VINCS. Grande croix sur le Calvaire. AV. (Poids et valeur de la précédente.)

595 *bis.* Autre variée dans la légende, AV.

596. *Saint-Vincent.* IOANNES III. REX. PORTV. ET. AL. Armoiries du royaume. R*. ZELATOR FIDEI VSQVE AD MORTEM. Au centre, saint Vincent entre deux étoiles, avec la palme dans la main droite et un navire dans la gauche. AV. (Rare.)

597. *Demi Saint-Vincent.* IOANES III. REX. PORTV. Écusson du royaume. R*. ZELATOR. FIDEI. VSQVE. AD. MORT. Les mêmes symboles que sur la précédente. AV. Il existe des exemplaires avec les lettres P-O (Porto) sur les côtés de l'écusson. Ces monnaies furent frappées en vertu de la loi du 26 juin 1555, comme souvenir de l'institution du tribunal de l'Inquisition, en Portugal.

598. *Tostao.* +IOHANES. 3. R. P. ET. A D. GVINE. Écusson du royaume, avec V-L sur les côtés. R*. IN. HOC. SIGNO. VINCES. Croix de l'ordre du Christ, surmontée de trois points. AR.

599. — Autre exemplaire, avec les contre-marques de 200 et 250. AR.

600. *Demi-Tostao* + IOANES. 3º. R. P. ET. AL. D. G. Quines. R*. La même légende; croix de Saint-Georges ayant dans les angles quatre points. AR. Ces deux monnaies ont le poids et sont du même coin que celles de D. Manuel.

601. — Autre exemplaire, varié dans la légende. AR.

602. *Réal d'argent ou vintem.* + IOHANES 3.R. P. ET. A. D. G. Armoiries du royaume entre deux anneaux. R*. La même légende entourant un Y couronné; sur les côtés, L-O. AR.

603. *Tostao* (de fabrication nouvelle). IOANES. 3. R. PORTVGALIE. AL. D. G. C. VL. IN. A. Armoiries du royaume entre les lettres R-L et deux fleurons. R*. + IN. HOC. SIGNO. VINCES. Croix de l'ordre du Christ, ayant dans les angles quatre anneaux avec un point dans le centre; grènetis sur les côtés de la légende. AR.

604. — Quatre autres exemplaires variés dans les légendes et les lettres des côtés de l'écusson. AR.

605. — Autre, avec deux contre-marques de 120 et 200, une sur chaque face. AR.

606. *Vintem.* + IOANES. III. POR. A. Armoiries du royaume entre quatre points. R*. La même légende entourant un Y couronné, entre deux fleurons. AR.

607. — Sept autres exemplaires frappés à Lisbonne, variés dans la forme et les légendes. AR.

608. — + IOANES. 3. R. P. ET. A. D. GINE. Armoiries du royaume entre deux anneaux. R*. La même légende ; Y couronné, à gauche P, et à droite O (Porto). AR.

609. — Cinq autres exemplaires frappés à Porto, variés dans les légendes et dans les lettres des côtés de l'écusson. AR.

610. *Demi-vintem* + IOANES. III. R. POR. Quines. R*. La même légende entourant la croix d'Avis. AR. (Rare.)

611. — Autre variée dans le coin et la légende. AR. (Rare.)

612. *Cinquinho* ·.· IOAN : R. PORTVG. Quines. R*. + IOANES. 3. R PORTVG. Au centre, Y couronné; à droite, L. AR. (Très-rare.)

613. — Autre exemplaire, varié dans le coin et la légende. AR. Poids 60 centigrammes. (Très-rare.)

614. *Réal portugais.* + REX. PORTVGALIE. AL. Au centre, surmonté par une couronne, IO+III et dessous, XXXX. R*. IN. HOC. SIGNO. VINCES. Croix de Saint-Georges ayant dans les angles quatre anneaux. AR. (Loi du 27 novembre 1538.)

615. — Sept autres exemplaires variés dans le coin et les légendes. AR.

616. — Deux autres avec la contre-marque SO. AR.

617. *Réal portugais dobrado* ou *quatre vintems*. REX. PORTVGALIE. AL. D. G. Au centre, surmonté d'une couronne, IO : III ; au-dessous, LXXX ; grènetis. R*. IN. HOC. SIGNO VINCES. Croix de Saint-George ayant dans les angles quatre anneaux ; grènetis. AR. (Loi du 20 novembre 1539.)

618. — Deux autres exemplaires, variés dans le coin et les légendes. AR.

619. — Autre avec la contre-marque 100. AR.

620. — *Tostao.* IOANNES. III. REX. PORTV. ET. AL. Armoiries du royaume. R*. IN. HOC. SIGNO. VINCES. Croix d'Avis ayant dans les angles quatre étoiles. AR. (Loi du 26 juin 1855.)

621. — Deux autres exemplaires différents dans les légendes et les coins. AR.

622. — Deux autres avec les contre-marques de 120 et 200. AR.

623. — Un autre avec les lettres P-O (Porto) sur les côtés de l'écusson. AR.

624. *Demi-Tostao.* IOANNES. III. REX. PORTV. Armoiries du royaume. R*. IN. HOC. SIGNO. VINCES. Croix d'Avis. AR.

625. — Autre exemplaire avec une petite modification dans le coin. AR. *Ces monnaies avec la croix d'Avis furent frappées après que le pape eut nommé D. Jean III maître d'Avis.*

626. *Vintem.* IOANNES. III. R. PORT. Armoiries du royaume. R*. Couronne de laurier et au centre, XX entre trois points. AR.

627. *Dix réaux.* + IOANNES. III. D. G. PORT. ET. ALGAR BIORVM. Armoiries du royaume avec cinq points de chaque côté. R*. REX. QVINTVS. DECIMUS. Au centre, un grand X entre deux fleurons; au-dessus et au-dessous, cinq points en croix; une série de demi-cercles marquant le champ; grènetis. Æ. (Loi du 16 octobre de 1550.)

628. — Trois autres exemplaires, variés dans la forme, la légende et le poids. Æ.

629. — Autre, avec la contre-marque du faucon, par D. Antoine, prieur du Crato. Æ. (Rare.)

630. *Trois réaux.* PORTVGAL. ET. ALGAB. R. AFFRIC. Au centre d'une grande couronne, IO. III. R*. Écusson du royaume; grènetis. Æ.

631. *Réal de cuivre*, IO. III. R. P. A. Écrit dans un parallélogramme dans le champ, entre des ornements; grènetis. R*. R couronné entre deux étoiles. Æ.

632. Autre exemplaire varié dans le type. Æ.

633. *Ceitil* + IOANES, REX. PO. Écusson des quines entre trois points. R*. + IOANES. 3. R. PORT. Trois tours sur des murailles baignées par la mer. Æ. Poids, 1gr60.

634. —Trois autres exemplaires variés dans les légendes et les poids. Æ. *On observe dans ces monnaies de D. Jean III, ainsi que dans les précédentes, des différences remarquables dans le poids, ce qui fut la cause de la publication de l'édit du 10 décembre de 1551, qui ordonnait (Liv. 1, pl. 6, verso), que toutes les monnaies de cuivre fussent égales, bien faites, et pesées une à une; celles de 10 réaux ne devaient avoir que la différence de 6 grains en plus ou en moins, celles de trois réaux 3 grains. Celles de 1 réal 2 grains et les* CEITIS *devaient être pesés par marcs, chaque marc ne devant avoir ni plus ni moins de 2 réaux.*
(*Mém. de M. Manuel Bernardo*, p. 138.)

D. SEBASTIAO I (1557—1578).

635. *Saint-Vincent.* + SEBASTIANVS : I : REX : PORTVGALLIAE : ET. Armoiries du royaume ayant sur les côtés, au-dessous de trois points, L-G. R* ZELATOR : FIDEI VSQVE AD MORTEM. Saint Vincent debout, entre deux étoiles, tenant dans la main gauche un navire et dans la droite la palme. AV. (Très-rare.)

635 bis. Autre exemplaire ayant sur les côtés de l'écusson, R. P. AV. (Très-rare.)

636. — + SEBASTIANVS. I. REX. PORTVGALIAE. I. Armoiries du royaume; sur les côtés, au-dessous de trois points, P-O (Porto); et deux flèches renversées, parallèles à l'écusson. R*. Comme le précédent. AV. (Variété inédite, et la seule que nous ayons vue.)

637. *Demi Saint-Vincent.*+SEBASTIANVS. I. REX. PORTVGALIAE ET. Armoiries du royaume. S*. ZELATOR FIDEIVSQVE AD MORTE. Buste du saint à droite, avec les insignes déjà décrits. AV.(Très-rare.)

638. *Mon. de 500 réaux.* + SEBASTIANVS. I. REX. PORTVG. Armoiries du royaume. R*. IN. HOC. SIGNO. VINCES. Croix de l'ordre du Christ. AV. C. (Loi du 2 janvier 1560.)

639. *Engenhoso.* SEBASTIANVS. I. R. PORTV. Armoiries du royaume ; et sur les côtés, G-A (*Guimarens*) ; grènetis. R*. + IN. HOC. SIGNO. VINCES. Écrit dans un cercle entre les bras de la croix de l'ordre du Christ, qui a dans le centre la date 1563 ; grènetis. AV. Même poids et valeur que la précédente. (Rare.) *Elle a un nouveau type et un grènetis, afin d'empêcher qu'elle soit rognée sans qu'on s'en aperçoive ; invention de Jean Gonsalves de Guimarens, appelé l'Ingénieux (Engenhoso), nom qu'on donna vulgairement après à cette monnaie. C'est la première en Portugal qui porta la date de sa fabrication.*

640. *Tortao.* SEBASTIANVS. I. REX. PORTVGAL. Armoiries du royaume. R*. IN. HOC. SIGNO. VINCES. Croix de l'ordre du Christ. AR. C.

641. Deux autres exemplaires variés dans le coin; l'un d'eux avec les contre-marques. 120 et 200 AR. C.

642. SEBASTIANVS. I. REX. PORTVGALLI AL. ET. Armoiries du royaume. R*. IN. HOC. SIGNO VINCES. Croix de l'ordre d'Avis, ayant dans les angles quatre étoiles ; contre-marque 120. AR. (Rare).

643. Autre exemplaire, ayant sur les côtés de l'écusson les lettres P. R., au-dessous de trois points. AR. (Rare.)

644. Autre exemplaire avec les lettres P. O. (Porto). AR. (Rare).

645. SEBASTIANVS. I. REX. POTVG. ET. AL. Armoiries du royaume avec la couronne fermée R*. IN. HOC. SIGNO VINCES. Croix de l'ordre du Christ AR. C.

D. Sébastien fut le premier roi du Portugal qui adopta la couronne fermée vers la fin de son règne, époque à laquelle cette monnaie doit avoir été frappée. Ces monnaies et les suivantes d'argent furent frappées en vertu de la loi du 27 juin 1558.

646. Autre exemplaire, avec les contre-marques. 150-200. AR.

647. *Demi-Tostao* * SEBASTIANVS. I. REX. PORT. Quines; grènetis. R*. IN HOC SIGNO VINCES. Croix de Saint-Georges, ayant quatre anneaux dans les angles. AR. C.

648. Trois autres exemplaires variés dans le coin et les légendes, dont un avec la contre-marque. 60. AR. C.

649. *SEBASTIANVS. I. REX. PORTV. Écusson avec les quines. R* Le même que sur les précédentes. AR. (Très-rare.)

650. Autre exemplaire varié dans la légende. AR. (Très-rare.)

651. SEBASTIANVS. I. REX. PORTVGALIAE. ET. Armoiries du royaume ; grènetis R*. IN HOC. SIGNO. VINCES. Croix d'Avis. AR. (Inédite et très-rare.)

652. *Vintem.* ꞏSEBASTIANVS. I. R. Au centre, un grand S couronné entre deux étoiles. R' PORTVG : ET : AL : D : G. Armoiries du royaume, et sur les côtés, L.-G., avec trois points au-dessus de chaque lettre. (Variété inédite et rare.)

653. Trois autres exemplaires, variés dans les coins et les légendes. AR. C.

654. SEBASTIANVS. I. REX. PO. Armoiries du royaume. R' XX dans une couronne de laurier. AR. (Très-rare.)

655. *Demi-vintem.* SEBASTIANVS. I. D. G. Croix d'Avis R'. PORTVGALIAE ET AL. Quines. AR. (Très-rare.)

656. *Dix réaux.* ꞏSEBASTIANVS. I. D. G. PORT. ET. ALCARBIORVM. Armoiries du royaume, ayant sur les côtés les lettres L.-G. R'. REX SEXTVS DECIMVS. Dans le champ, X entre deux étoiles ; au-dessus et au-dessous, cinq points en croix. AE. (Rare.)

657. Deux autres exemplaires, sans les lettres sur les côtés de l'écusson ; variés. AE.

658. Autre, avec la contre-marque du faucon, par D. Antonio. AE. (Rare.)

659. *Cinq réaux.* ꞏSEBASTIANVS. I. D. G. P. ET. ALGARBIORVM. Armoiries du royaume. R' REX. SEXTVS. DECIMVS. Dans le champ, V entre deux étoiles , grènetis. AE. (Très-c.)

660. Deux autres exemplaires variés dans le coin. AE. (Très-c.)

661. Autre, avec la contre-marque du faucon de D. Antoine. AE. (Rare.)

662. Autre, ayant pour contre-marque l'écusson portugais. AE.

663. *Trois réaux.* Dans le champ, au-dessous de la couronne royale, SEBASTIANVS. I. et sur le bord, PORTVG. ET. ALCARB. REX. AEFRC. R'. Écusson royal ; sur les côtés, 3-L, trois points au-dessus de chaque lettre ; grènetis. AE.

664. Deux exemplaires avec 3-L et III-L. AE.

665. Un autre, avec l'écusson seul, sans couronne ni lettres. AE. C.

666. *Réal de cuivre.* R. SEBASTIANVS. I. Écrit en quatre lignes dans le champ. R'. S entre deux étoiles ; au-dessus, une couronne ; grènetis. AE. C.

667. SEBASTIANVS. I. Écrit dans le champ en quatre lignes. R'. R entre deux étoiles et surmonté d'une couronne. AE.

668. *Ceitil.* SEBASTIANVS. I. R. Écussons des quines. R'. La même leg. entourant trois tours, sur des murailles baignées par la mer. *C'était la monnaie qui valait le moins, et probablement on cessa de la frapper quand D. Sébastien, par la loi du 3 mars 1568, diminua la valeur des monnaies de cuivre, à cause de la grande quantité de fausse monnaie qui existait alors. Elles paraissent coupées avec des cisailles, peut-être afin de leur donner leur véritable poids. Sous ce règne, eurent cours en Portugal les réaux d'argent de D. Fernando, 5ᵉ roi de Castille.*

D. HENRIQUE I. CARDINAL (1578 1580).

669. *Cinq tostoés* *HENRICVS. I. D G. REX. PORTV. Armoiries du royaume, avec la couronne fermée. R*. IN HOC SIGNO VINCES. Croix de l'ordre du Christ. AV. Poids et valeur comme ceux du règne précédent. Nous connaissons à peine deux autres exemplaires, dont un à la collec. de l'Acad. royale des sciences.

669 bis. Autre exemplaire, avec le nom HENRIQUS, AV. (Très-rare.)

670. *Dix réaux.* *HENRICVS. I. D. G. PORT. ET. ALCARB. Armoiries du royaume. R*. DECIMVS*REX*SEPT. Dans deux cercles et entre deux étoiles, un X ayant au-dessus et au-dessous cinq points en croix. AE. En Portugal, c'est le seul exemplaire connu. *D. Henri fit frapper en argent des vintems, des tostoés et des demi-tostoés; nous avons vu, à la Bibliothèque nationale de Lisbonne, un exemplaire inédit, avec le type et le poids de ceux de D. Sébastien; les monnaies de ce roi sont toutes extrêmement rares. Après la mort du cardinal-roi, les gouverneurs et défenseurs du royaume de Portugal frappèrent quelques monnaies d'argent, tostoés et demi-tostoés; nous n'avons vu qu'un seul exemplaire des derniers, dans la collection de M. Manuel Bernardo.*

D. ANTONIO. I. PRIEUR DE CRATO (1589).

671. *Tostao.* + ANTONIVS. I. D. G. REX. PORTVGALIÆ. AL. Armoiries du royaume. R* IN HOC SIGNO VINCES. Croix de l'ordre du Christ. AR. Nous ne connaissons que cet exemplaire, et un autre dans la collection de M. Manuel Bernardo.

672. *Demi-tostaó.* + ANTONIVS. I. D. G. REX. PORTV. E. AL. Quines, R*. IN. HOC. SIGNO. VINCES. Croix de Saint-George, au-dessous de trois points. AR. (Extrêmement rare.) (Loi du 14 juillet 1580.)

673. *Cinq tostoés* ANTONIVS. I. D. G. R. P. ET. AL. Armoiries du royaume; à gauche, A. et à droite, le faucon. R* IN. HOC. SIGNO VINCES. Croix d'Avis, ayant dans les angles la date 1582. Contre-marque du faucon. AV. Titre inférieur à celui des règnes précédents; *cette monnaie et les suivantes furent frappées dans l'île Terceira.* (Très-rare.)

674. *Crusado.* ANTONIVS. I. D. G. R. P. ET. AL. Armoiries du royaume entre deux faucons regardant l'écusson. R* + IN. HOC. SIGNO VINCES. Croix du Christ; contre-marque du faucon (*pour doubler la valeur*). AR. (Très-rare.)

675. *Tostaó.* ANTONIVS. I. D. G. REX. P. ET. AL. Armoiries du royaume; à gauche, A., et à droite, le faucon; grènetis. AR. (Très-rare.)

676. Autre exemplaire avec le faucon comme contremarque AR. (Rare.)

677. *Demi-tostaó.* + ANTONIVS. I. D. G. R. P. ET. A. Écusson

du royaume. R* IN. HOC. SIGNO VINCES. Croix de l'ordre du Christ. AR. (Rare.)

678. *Quatre réaux.* ANTONIVS. I. D. G. R. P. ET. A. Écusson du royaume ; à gauche, A ; à droite, le faucon ; grènetis. R* IN. HOC. SIGNO VINCES. Croix de l'ordre de Saint-Jacques ; grènetis. Æ. *Cette monnaie est curieuse en ce que c'est la seule qui porte la croix de Saint-Jacques-de-l'Epée.*

679. *Esphera.* ANTONIVS. I. D. G. R. P. ET. A. Armoiries du royaume R*. Sphère ayant au centre SPERO, et autour : IN. DEO. AE. (Très-rare.)

680. *Réal de cuivre.* + ANTONIVS. I. D. G. R. P. ET. A. Écusson du royaume. R* + IN. HOC. SIGNO VINCES. Grande croix sur le calvaire. Æ. (Très-rare.)

Ces monnaies avec les faucons étaient à peu près inconnues jusqu'en 1844 ; on en fit, dans l'île de Terceira, une trouvaille qui fut transportée sur le continent et divisée entre les principaux amateurs de Lisbonne. M. Pierre Othon Vander Chys, professeur à l'Université de Leyde, directeur du Cabinet numismatique de cette ville, membre correspondant de l'Académie des sciences de Lisbonne, envoya en 1863, à notre ami M. Manuel Bernardo, le dessin de cinq curieux coins de D. Antoine, qui existent dans le bâtiment de la monnaie de la petite ville de Gorcum, près de Rotterdam, où dans le XVIe siècle, on frappa de la monnaie et où resta pendant quelque temps D. Antoine, prieur du Crató. Deux de ces coins paraissent destinés à la monnaie d'or, et un d'eux offre, du côté de la croix, la légende TANDEM. BONA CAVSA. TRIVMPHAT. Du côté de l'écusson de Portugal + ANTONIVS. I REX. PORTVGAL. ET. AL.

OCCUPATION ESPAGNOLE.

D. PHILIPPE I DE PORTUGAL (1580-1598).

681. *Quatre crusados.* PHILIPPVS. D. G. REX. PORTVG. ALG. Écusson du royaume ; à gauche. L. (*Lisbonne*), à droite, IIII. (*nombre des crusados*) R* IN. HOC. SIGNO VINCES. Grènetis séparant le champ de la légende, et au centre, la croix de Saint-Georges, au-dessous de trois points. AV. (Très-rare.)

682. *Deux crusados.* PHILIPPVS. D. G. REX. PORTVGALI. AL. Écusson du royaume ; à gauche, entre deux points et au-dessous de trois L.; à droite de même. II. R*. Croix de Saint-Georges au-dessous de trois points ; cercle de grènetis. AV. (Très-rare et inédite.)

Philippe frappa des pièces de 500 réaux. Av. PHILIPPVS. D. G. REX. PORT. ET. AL. Armoiries du Portugal. R*. IN. HOC. SIGNO VINCES. Croix de l'ordre du Christ. (Inédite.) Nous en avons vu un exemplaire dans la collection de M. Régnault, à Noisy-le-Roy, près de Versailles.

683. *Tostao.* PHILIPPVS. D. G. REX. PORTVGALIÆ. AL. Armoi-

ries du royaume. R' + IN. HOC. SIGNO VINCES. Croix de l'ordre du Christ. AR.

684. Autre exemplaire, avec la croix du Christ dans un cercle de points. AR. Ces variétés sont inédites et rares.

685. Deux autres, variés. AR. (Loi du 1er février 1581.)

Auquel des Philippe appartiennent les six monnaies que nous venons de décrire? C'est ce que nous ne pouvons dire avec certitude, puisque le nom de Philippe y est inscrit seul, et sans date. Pour les deux exemplaires d'or, je me fonde sur la loi qui les fit frapper et sur la forme de l'écusson, et, pour les quatre d'argent, sur ce que le type en est pareil à celui des règnes de D. Sébastien et de D. Henri, ainsi que sur la ressemblance avec le tostao qui existe dans la collection de M. le Dr Cumano.

686. *Demi-tostao.* + PHILIPPVS I. D. G. REX. PORTVG. ET. AL. R' + IN. HOC. SIGNO VINCES. Dans un cercle de grènetis, croix de l'ordre de Saint-Georges, ayant dans les angles quatre anneaux. AR. (Inédite et très-rare.)

687. Autre exemplaire varié et avec la contre-marque, 60. (Inédit et très-rare). (Loi du 7 décembre 1595.)

688. *Vintem.* PHILIPPVS. D. G. REX. POR. Armoiries du royaume. R'. ALGARBIORVM AFFRICAE. Dans le champ, entre trois points et dans un cercle ponctué XX. AR. (Rare.) (Loi du 15 décembre 1582, et du 7 décembre 1595.)

689. *Dix réaux.* + PHILIPPVS. D. G. REX. PORTVGALLE ET. Écusson du royaume entre les lettres L. B. entourées chacune par quatre points. R' DECIMVS OCTAVVS. Au centre, X entre deux fleurons ; au-dessus et au-dessous, cinq points en croix ; grènetis. Æ. *C'est la seule monnaie de cuivre des Philippes d'Espagne qui existe, croyons-nous, frappée en Portugal.*

D. PHILIPPE II DE PORTUGAL (1598-1621).

690. *Quatre crusados.* + PHILIPPVS D. G. REX. PORTVGALIA. Écusson du royaume, à gauche LB. (Lisbonne) ; à droite, entre huit points, IIII ; deux cercles de grènetis accompagnant la légende. R' X IN. HOC. SIGNO VINCES. Croix de Saint-Georges ayant dans les angles vingt points formant quatre croix de deux cercles de grènetis accompagnant la légende. AV. (Très-rare.) *On ne connaît aucune loi spéciale qui les fit frapper ; on continua probablement à le faire en vertu de celle du règne précédent.*

691. Autre exemplaire varié dans les légendes. Al. (Rare.)

692. *Tostao.* PHILIPPVS : D : G : REX : PORTVGALIA ET. Écusson du royaume sur les côtés, entre quatre points, les lettres L — B ; grènetis entourant la légende. R' + IN HOC SIGNO VINCES. Croix du Christ ayant dans les angles vingt points formant quatre croix : deux grènetis entourant la lég. AR. (Loi du 13 janvier 1603.) C.

693. Trois autres exemplaires, avec des variétés dans le coin et dans les légendes.

694. Deux autres, avec les contre-marques 120, 200. AR. C.

695. Demi-tostao. PHILIPPVS : D : G · REX : PORT : Quines ; deux cercles de grènetis accompagnant la légende R*+IN HOC SIGNO VINCES. Croix de Saint-Georges ayant dans les angles vingt points formant quatre croix ; deux grènetis contenant la lég. AR. C.

696. Quatre autres variées, dans les légendes et les coins. AR. C.

697. Deux autres, avec la contre-marque 60. AR.

698. *Vintem.* PHILIPPUS : D : G : R. Écusson du royaume, grènetis. R* +ALGARA-BIORVM. REX. Dans le champ, entre quinze points, l'initiale du nom du roi F., et au-dessous, entre trois points, XX. AR.

699. Deux autres exemplaires variés. AR.

700. *Quatre vintens.* +PHILIPPVS : D : G. REX : PORTVGAL. Au centre, entre des points, et couronné un F ; au-dessous, avec des points séparant les nombres L.X.X.X. ; au-dessous, une croix formée par cinq points ; deux cercles de grènetis. R*. +IN HOC SIGNO+VINCES. Croix de saint George ayant dans les angles quatre anneaux ; deux grènetis. AR.

701. Deux autres, variées dans le coin et les légendes. AR.

702. Autre, avec la contre-marque 100. AR.

703. *Deux vintem.* Au centre, entre deux triangles, un F couronné ; au-dessous, XXXX ; points séparant les lettres ; sur le bord : +REX : PORTVGALIE : D : G : ET : AL ; deux grènetis. R* IN HOC SIGNO VINCES. Croix de Saint-George ayant dans les angles quatre anneaux. AR. (Rare.) (Loi du 15 novembre 1582.)

D. PHILIPPE III DE PORTUGAL (1621-1640),

Nous ne connaissons aucune loi monétaire de ce monarque, ni aucune monnaie portugaise qui ait été frappée sous son règne.

DYNASTIE DE BRAGANCE.

D. IOAO IV (1640-1656).

704. *Quatre crusados.* IOANNES IIII D. G. REX. PORTVGALI. L'écusson du royaume. R* +IN. HOC. SIGNO VINCES. Croix de Saint-George, ayant dans les angles la date 1641 ; deux grènetis. Al. (Loi du 27 mars 1641.)

705. Autre exemplaire, avec la date de 1642. Trois contre-marques ajoutées à différentes époques pour augmenter la valeur ; tranche canelée AR. *Par la même loi, on fit frapper des pièces de deux*

crusados et de une crusado, qui sont aujourd'hui très-rares; des premières, nous en avons vu un exemplaire au Musée de la ville de Porto, et des crusados, un exemplaire à la Bibliothèque impériale de Paris. Les types sont pareils à celui des quatre crusados.

705 bis. Conceiçao. IOANNES IIII. D. G, PORTVGALIE. ET. ALGARBIAE REX Croix de l'ordre du Christ, ayant au centre l'écusson du royaume. R* TVTELARIS REGNI. Image de Notre-Dame de la Conception; au-dessous, un globe avec la date de 1648 ; à gauche, le soleil, le jardin des Olives, la Maison d'or ; à droite le miroir, l'arche du sanctuaire AR.

Cette pièce fut frappée comme médaille, en mémoire du choix fait par D. Jean IV de Notre-Dame de la Conception pour protectrice du royaume. La loi du 7 octobre 1651 ordonna qu'elle eût cours comme monnaie : celle d'argent, avec la valeur de 600 reis, et celle d'or pour 12,000 reis. Nous n'avons jamais vu d'exemplaire en or. D. Pierre II continua à les faire frapper, conservant le nom de son père et la date; frappées avec des coins non fondus, qui sont plus parfaits, et qui existent à la Monnaie de Lisbonne. (Très-rare.)

706 Tostao. IOANNES IIII. D. G. REX PORTVGALIE. Écusson du royaume, sur les côtés L.-G. ; grènetis. R* IN HOC SIGNO VINCES. Croix de l'ordre du Christ, ayant dans les angles supérieurs deux petites croix, et dans les inférieurs, 16-41 : grènetis. AR. (Variété inédite et rare.)

707. Autre exemplaire, sans les lettres sur les côtés de l'écusson.

708. Autre, variée et avec la date de 1642.

709. *Demi-Tostao.* IOANNES IIII. D. G. R. P. Quines ayant dans les angles quatre croix et quatre points R* IN HOC SIGNO VINCES. Croix de Saint-Georges, ayant dans les angles la date 1641 ; grènetis. AR.

710. Autre, variée dans les légendes et le type. AR.

711. Deux autres, variées avec la date de 1642. AR. Elles furent frappées en argent, en vertu de la même loi du 27 mars 1641.

712. *Crusado* + IOANNES IIII. D. G. REX PORTVGALIE. Armoiries du royaume, ayant à gauche quatre points et à droite 400. R* + IN HOC SIGNO VINCES. Croix de l'ordre du Christ, ayant dans les angles quatre points; grènetis. AR. (Loi du 8 juin 1643.)

713. Autre exemplaire, avec la contre-marque 500. AR.

714. Autre, avec la contre-marque et tranche cannelée, ordonnées par la loi du 14 juin 1688. AR.

715. Autre variété, avec quatre PP dans les angles de la croix (Porto). AR.

716. Autre avec la contre-marque de 500. AR.

717. Deux autres, avec tranche cannelée et des contre-marques d'un autre règne. AR.

718. Autre avec quatre EE dans les angles de la croix (Évora). AR. (Rare.)

719. Deux autres, avec tranche cannelée et contre-marque, variées. AR. (Rares.)

720. *Demi-crusado*, ou *deux tostoés*. IOANNES IIII D. G. REX PORTVGALIE. Écusson du royaume ; à gauche, deux points ; à droite, 200. R* IN HOC SIGNO VINCES. Croix du Christ ayant dans les angles quatre points ; grènetis. AR.

721. Quatre autres, variées dans les légendes, tranche cannelée et contre-marques. AR.

722. Cinq autres variées, avec quatre PP dans les angles de la croix. AR.

723. Trois autres variées, avec quatre EE dans les angles de la croix. AR.

724. *Tostao*. IOANNES IIII. D. G. REX PORTVGA. Écusson du royaume. R* IN HOC SIGNO VINCES. Croix de Saint-Georges avec quatre points dans les angles. AR. (Loi du 8 juin 1643.)

725. Autre exemplaire, avec quatre PP dans les angles de la croix. AR.

726. Autre, avec quatre EE dans les angles de la croix. AR. (Rare.)

727. Trois exemplaires frappés, deux à Lisbonne et un à Porto, variés dans les légendes, et deux avec la contre-marque de 120. AR.

728. *Demi-tostao*. IOANNES IIII. D. G. REX POR. Quines avec quatre anneaux et un point dans les angles ; grènetis. R* IN HOC SIGNO VINCES. Croix de Saint-Georges. AR. (Loi du 8 juin 1643.)

729. Autre exemplaire, avec quatre PP dans les angles de la croix. AR.

730. Autre, avec quatre EE. AR.

731. Autre, avec quatre PP et la lég. de l'av. et rev. IN HOC SIGNO VINCES. AR. (Rare.)

732. Trois autres, variés dans les légendes et avec la contre-marque de 60. AR.

733. *Quatre vintems*. Dans le champ, IO. IIII surmonté d'une couronne, au-dessous, LXXX, et sur le bord : REX PORTVGALIE ALGAR BI. R*. IN HOC SIGNO VINCES. Croix de Saint-Georges, avec quatre anneaux dans les angles ; grènetis. AR. (Loi du 8 juin 1643.)

734. Autre exemplaire, avec quatre PP dans les angles de la croix. AR.

735. Autre, avec quatre EE dans les angles de la croix et la contre-marque 100. AR. (Rare.)

736. Trois autres exemplaires, avec de petites variétés dans le coin et les légendes. AR.

737. *Deux vintems*. IOANNES IIII. D. G. REX. PORT. Dans le champ, IO. IIII surmonté d'une couronne, et au-dessous, XXXX ;

grènetis. R* IN HOC SIGNO VINCES. Croix de Saint-Georges, ayant dans les angles quatre anneaux avec un point au centre; grènetis. AR. (Loi du 8 juin 1643.)

738. Autre, avec la contre-marque 50 = AR.

739. Autre, avec quatre PP dans les angles de la croix. AR.

740. Autre, frappée aussi à Porto et avec la contre-marque 50 = AR.

741. Autre, avec quatre EE dans les angles de la croix. AR.

742. *Vintem.* IOANNES. IIII. D. G. R. Au centre I; au-dessous, XX. R*. ALGARBIOR. Écusson du royaume. AR. (Loi du 8 juin 1643).

743. Autre exemplaire varié dans les légendes, et avec un P sous les XX. AR.

744. Autre, avec un E. (Rare.)

745. *Demi-vintem.* IOANNES. IIII. D. G. RE. P. Quines. R*. IN HOC SIGNO VINC. Croix d'Avis avec quatre points dans les angles. AR. *Elle est inédite et très-rare.* (Loi du 1er juillet 1641.)

746. *Cinq réaux.* IOANNES IIII. D. G. REX. PORTVGALI. Écusson du royaume. R* REX. X. VIII. Dans le champ, V avec un point au centre. AE.

747. Trois exemplaires, plus variés dans les coins. AE.

748. *Trois réaux.* IOANNES. IIII. D. G. R. PORTVGALI. Écusson du royaume. R* REX. X. VIII. Dans le champ, entre trois points. 3. AE.

749. *Réal et demi.* IOANNES IIII. D. G. REX. PORTVGALI. Écusson du royaume. R* REX. X. VIII. Dans le champ, I 1/2. AE.

750. Trois autres exemplaires, variés dans les légendes et le coin. AE.

D. ALFONSO VI (1656-1683).

751. *Quatre cruzados.* ALPHONSVS. VI. D. G. REX. PORTVG. Écusson du royaume. R* +IN HOC SIGNO VINCES. Croix de Saint-Georges, avec la date 1660 dans les angles et les contre-marques de 4000 et 4400. AV. *Semblable à ceux de Jean IV; c'est le seul exemplaire de cette monnaie que nous connaissions.*

Nous avons vu dans la collection de notre ami, M. le docteur Pedro Augusto Dias, de la ville de Porto, la monnaie de DEUX CRUSADOS. *ALPHONSUS VI. D. G. POR, REX. Ecusson du royaume. R* IN HOC SIGNO VINCES. Croix de Saint-Georges avec la date 1660 dans les angles et deux contre-marques 2,000 et 2,200. AV.*

Elle est inédite, et la seule que nous connaissions. Il est probable qu'Alphonse VI fit aussi frapper le crusado en or, qui est inconnu, de même que le crusado en argent, semblable à ceux de son père et dont on conserve un exemplaire dans le Cabinet de la bibliothèque de Lisbonne.

752. *Demi-cruzado ou deux tostoès* +ALPHONSUS VI. D. G.

REX. PORTV. Écusson du royaume ; à gauche deux points ; à droite, 200. R' + IN HOC SIGNO VINCES. Croix de l'ordre du Christ avec quatre points dans les angles ; grènetis. AR. (Rare.)

753. Autre exemplaire, avec la contre-marque 250.

754. *Tostao* + ALPHONSUS VI. D. G. REX. PORTVG. Écusson du royaume. R' + IN HOC SIGNO VINCES. Croix de Saint-Georges avec quatre points dans les angles ; grènetis. AR. (Rare.)

755. *Demi-tostao.* ALPHONSVS VI. D. G. R. Quines avec quatre points dans les angles. R' IN HOC SIGNO VINCES. Croix de Saint-George, avec quatre points dans les angles. AR. (Rare.)

756. *Quatre vintems.* Dans le champ, AL. VI. Au-dessus, une couronne et au-dessous, LXXX ; sur le bord, REX. PORTVGALIE ET. ALGAR. R' IN HOC SIGNO VINCES. Croix de Saint-Georges avec quatre anneaux dans les angles ; contre-marque 100 ; grènetis. AR. *Alphonse VI fit frapper aussi les deux vintems, avec le même type.*

757. *Vintem.* Au centre, A. Au-dessous, XX ; sur le bord, REX. PORTVGALI. ET. A. R'. ALGARBIORV. REX. Écusson du royaume. AR.

758. Autre exemplaire, avec la singularité d'avoir du côté de l'écusson le nom de D. Alphonse VI, et de l'autre celui de D. Jean IV. AR. (Rare). *Les monnaies de ce règne que nous avons décrites furent frappées en vertu de la loi du 8 juin 1643, et sont toutes rares.*

759. *Quatre cruzados.* ×ALPHONSVS VI. D. G. REX. PORTVGA. Écusson du royaume, à gauche, 1663, à droite, 4000 R' + IN. HOC. SIGNO VINCES. Croix de l'ordre du Christ, ayant dans les angles quatre anneaux ; grènetis. AV. *Même poids que les précédentes. Loi du 28 juin 1663, en changeant seulement les coins.* (Très-rare.)

760. *Deux cruzados.* ALPHONSVS VI. D. G. REX. PORTVGAL. Écusson du royaume ; à gauche 1663 ; à droite 2000. R. + IN. HOC. SIGNO VINCES. Croix de l'ordre du Christ ; contre-marque, 2200, et une sphère couronnée ; grènetis. AV. (Très-rare.)

761. *Cruzado en or.* ALPHONSVS VI. D. G. REX. Écusson du royaume, à gauche 1666, à droite 1000. R'. + IN. HOC. SIGNO VINCES. Croix du Christ avec quatre anneaux dans les angles ; grènetis ; contre-marque, 1100 et une sphère couronnée. (Très-rare.)

762. *Cruzado d'argent* + ALPHONSVS VI D. G. REX PORTVGALIE. Écusson du royaume ; à gauche, quatre points, et à droite, 400. R' IN HOC SIGNO VINCES. Croix de l'ordre du Christ, avec la date 1664, dans les angles. AR. (Rare.)

763. Autre exemplaire, avec la date de 1665. AR. (Rare.)

764. Deux autres variés, avec un nouveau bord et une tranche cannelée, ordonnés par la loi du 14 juin 1688. AR. (Rare.)

765. *Demi-cruzado ou deux tostoës* ALPHONSVS. VI. D. G. REX. PORTVGALI. Écusson du royaume ; à gauche, deux points, à droite. 200. R' + IN HOC SIGNO VINCES. Croix de l'ordre du Christ, avec la date de 1663 dans les angles. AR. C.

766. Trois autres exemplaires, variés dans les légendes et avec les dates 1664-1665-1666. AR. C.

767. Quatre autres de diverses années, avec le nouveau bord et tranche cannelée. AR. C.

768. ╋ ALPHONSVS. VI. D. G. REX. POR. Écusson du royaume ayant sur les côtés un ornement semblable à un S. R*. IN HOC SIGNO VINCES. Croix de l'ordre du Christ ; grènetis. AR. C.

769. *Demi-tostao.* ╋ ALPHONSVS. VI. D. G. REX. Écusson du royaume, avec les ornements comme dans le tostao. R* ╋ IN. HOC. SIGNO VINCES. Croix du Christ ; grènetis. AR. C.

770. *Quatre vintems.* ╋ ALPHONSVS VI. D. G. REX. P. Au centre, LXXX, surmonté d'une couronne. R*. ╋ IN HOC. SIGNO. VINCES. Croix du Christ, simple, avec quatre points dans les angles ; grènetis. AR. C.

771. *Deux vintems.* ╋ ALPHONSVS. VI. D. G. R. P. Au centre, XXXX, avec la couronne au-dessus. R*. ╋ IN HOC SIGNO VINCES. Croix simple du Christ, avec quatre points dans les angles. AR. C.

772. *Vintem.* ╋ ALPHONSVS. VI. D. G. R. Dans le champ, entre cinq points, XX. R*. ╋ IN HOC SIGNO VINCES. Croix de l'ordre du Christ simple ; grènetis. AR. C.

773. Deux autres exemplaires, variés dans les légendes. AR. C.

774. *Demi-vintem.* ALPHONSVS. D. G. R. Quines avec quatre points dans les angles R*. ╋ IN. HOC. SIGNO VIN. Croix de l'ordre du Christ, comme celle de la monnaie précédente ; grènetis. AR. (Rare.)

775. Autre exemplaire, avec un X, au lieu des quines. AR. (Rare).

776. Deux autres, avec de petites différences dans le type et les leg. AR. (Rare.)

777. *Réal et demi en cuivre.* ╋ ALPHONSVS. VI. D........ OR. Écusson du royaume, avec deux petites croix sur les côtés. R*. REX. .. X... Dans le champ, 1 1/2 entre cinq points. Æ. *Inédite, et le seul exemplaire que nous ayons vu. Cette monnaie, avec le même type de celles de D. Jean IV, fut probablement frappée au commencement du règne de D. Alphonse VI, avant la loi de 1663.*

D. PEDRO II (1683-1706).

778. *Quatre cruzados.* PETRVS. D. G. PORTUG LIÆ. ET. A. Écusson du royaume ; à gauche, 1669 ; à droite, 4400. Valeur avec laquelle on fit contre-marquer les précédentes. R*. ╋ IN. HOC. SIGNO VINCES Croix de l'ordre du Christ, entre quatre arcs et un cercle de grènetis. AV. (Rare). *D. Pierre étant régent fit, le 26 octobre, frapper les monnaies avec son nom et le titre de Prince.*

779. Autre, avec tranche cannelée et la contre-marque d'une sphère couronnée. AV. 1672. (Rare).

780. *Deux cruzados.* +PETRVS. D. G. PORTVGALIÆ. A. Écusson du royaume: à gauche, 1668 ; et à droite, 2200. R* + IN HOC SIGNO VINCES. Croix de l'ordre du Christ, entre quatre arcs et un cercle de grènetis. AV. (Très-rare.)

781 *Cruzado en or.* PETRVS. D. G. P. PORTVGALIÆ. Écusson du royaume; à gauche, 1668 ; à droite, 1100. R'. IN HOC SIGNO-VINCES. Croix de l'ordre du Christ, entre quatre arcs et un cercle de grènetis ; contre-marque d'une sphère couronnée. AV. (Très-rare.)

782. *Demi-tostao.* PETRVS. D. G. P. PORTVGALI. Écusson du royaume, ayant sur les côtés deux ornements semblables à un S. R'. IN HOC SIGNO VINCES. Croix du Christ dans un cercle de grènetis, et quatre points, avec quatre autres dans les angles. AR.

783. *Quatre vintems.* +PETRVS. D. G. PORTVGALI. Au centre, LXXX ; au-dessus, entre deux points, une couronne, R' + IN HOC SIGNO VINCES. Croix de l'ordre du Christ, avec quatre points dans les angles, grènetis. AR.

784. *Deux vintems.* + PETRVS. D. G. P. PORTVGA. Au centre, XXXX ; au-dessus, la couronne entre deux points. R*. Le même que le précédent. AR.

785. *Vintem.* +PETRVS. D. G. P. PORTVGA. Dans le champ, entre des points, XX ; grènetis. R'. Le même que sur les précédents. AR.

786. *Demi-vintem.* Semblable à la précédente, avec la seule différence qu'elle a un seul X. AR. *Les monnaies que nous venons de décrire, excepté le nom, sont en tout pareilles à celles de D. Alphonse VI, et sont assez rares.*

787. *Dix réaux.* + PETRVS. D. G. PRINCEPS. Écusson du royaume entre huit points. R'. PORTVGALIAE. 1677. Dans le champ, entre quatre anneaux, X. Æ. Type grossier. C.

788. *Cinq réaux.* Le même coin, ayant sur le R' un V entre quatre anneaux et quatre points, avec l'année 1676. Æ C.

789. *Trois réaux.* La même, ayant sur le R', le chiffre III entre deux anneaux et deux points. Æ.

790. *Réal et demi.* La même, ayant sur le R' 1 1,2, entre cinq points. Æ.

791. Deux autres exemplaires, variés dans les légendes et les types. Æ.

792. *Moeda d'or.* PETRVS. D. G. P. PORTVGALIÆ. ET. Écusson du royaume; à gauche, 4000, à droite, quatre rosettes. R'. IN HOC. SIGNO VINCES, 1680. Croix de l'ordre du Christ, avec quatre rosettes dans les angles; tranche crénelée. AV. (Rare.)

793. *Demi-moeda d'or.* Le même type, avec la différence qu'elle a 2000 et sur le revers, l'année 1681. AV. (Rare.)

794. *Quart de moeda d'or.* Semblable, avec 1000. AV. 1681. (Rare.)

795. *Crusado.* PETRVS. D. G. P. PORTVGALLE ET. AL. Écus-

son du royaume ; à gauche, 400 ; à droite, 1681. R* IN HOC SIGNO VINCES. Croix du Christ, avec quatre rosettes dans les angles ; tranche cannelée. AR. (Rare.)

796. *Demi-cruzado.* PETRVS. D. G. P. PORTVGALIÆ. Armoiries du royaume ; à gauche, 200 ; à droite, 1679. R* semblable à celui du Crusado. AR. (Rare.)

797. Autre exemplaire, avec la date de 1681. AR. (rare).

798. *Tostao.* PETRVS. D. G. P. PORTVGALIÆ. Écusson du royaume, entre six rosettes et quatre points. AR.

799. *Demi-tostao.* Pareille pour le coin, de moindre diamètre et de moitié du poids. AR.

800. *Quatre vintems.* PETRVS. D. G. P. PORTVGALIÆ. Au centre, LXXX ; au-dessus, entre deux rosettes, la couronne et au-dessous, entre deux points, une rosette. R* IN. HOC. SIGNO VINCES. Croix de Saint-Georges avec quatre rosettes dans les angles. A.R

801. *Deux vintems.* Semblable avec XXXX. AR.

802. *Essai monétaire.* PETVS. D. G. P. PORTVGAL. Dans le champ, dans une espèce d'écusson orné, surmonté par une couronne = XXXX. R* IN. HOC. SIGNO VINCES. 679. AR. (Inédite et très-rare.) *En 1682, on fit aussi des essais monétaires en cuivre de dix réaux, cinq réaux et trois réaux, qui sont aussi très-rares, et les deux derniers inédits.*

803. *Dix réaux.* PETRVS. D. G. P. PORTVGALLÆ. Écusson du royaume entouré d'ornements. R* ANNO SEXTO DECIMO REGIM. SVI. 1683 Dans le champ, entre quatre arcs et quatre rosettes, X. Æ. (Rare.)

804. *Cinq réaux.* Semblable, avec le V. sur le revers. Æ. (Rare.)

805. *Trois réaux.* Le même, différant seulement dans la marque de la valeur III. Æ. (Rare.)

806. *Réal et demi.* Le même, dans le champ du R*. 1 1/2. Æ. (Très-rare.)

807. *Moeda d'or.* PETRVS II D. G. PORT. ET. ALG. REX. Écusson du royaume ; à gauche, 4000 ; à droite, quatre rosettes. R*. IN. HOC. SIGNO VINCES. Croix du Christ, avec quatre rosettes dans les angles ; au-dessus, 1688. AV. *Toutes les monnaies d'or et d'argent, à partir de cette époque, ont la tranche cannelée. Celle-ci et les suivantes furent frappées en vertu de la loi du 4 août 1688, sous D. Pierre roi, D. Alphonse VI, étant mort.*

808. Autre, avec quatre RR. dans les angles de la croix. AV.

809. *Demi-moeda d'or.* Type semblable, différant seulement dans la marque de la valeur = 2000 = diamètre moindre et moitié du poids. AV.

810. Autre, avec quatre RR. dans les angles de la croix 1703. AV.

811. *Quart de moeda d'or.* Semblable = 1000 = AV.

812. *Cruzado nouveau.* PETRVS. II. D. G. PORTVG. ET. ALG.

REX. Écusson du royaume, flanqué de la valeur 400, et de la date 1688. R*. IN. HOC. SIGNO VINCES. Croix de l'ordre du Christ, avec quatre rosettes dans les angles. AR.

813. Six autres exemplaires, avec les dates 1689-1696-1697-1698-1701-1706. AR.

814. Six autres variés dans les légendes, avec quatre PP. dans les angles de la croix (Porto), et différentes dates, 1689-1690-1694-1696-1697-1700. AR.

815. *Douze vintems.* Le même coin, avec la marque de la valeur 200, 1688. AR.

816. Cinq autres exemplaires, avec différentes dates, et l'un d'eux avec la singularité de conserver la couronne telle que Pierre la portait étant prince. AR.

817. Trois autres, avec quatre PP. dans les angles de la croix, différentes dates. AR.

818. *Six vintems.* Semblable à la précédente, sans valeur ni date sur les côtés de l'écusson, mais six rosettes. AR.

819. Deux autres variétés, une avec la couronne de prince. AR.

820. Autre avec quatre PP dans les angles de la croix. AR.

821. *Vintem.* Coin pareil à celui de la précédente. AR.

822. Deux autres variétés, une avec quatre PP dans les angles de la croix. AR.

823. *Tostao.* PETRVS. II. D. G. P. ET.ALG. REX. Au centre, LXXX; au-dessus, entre deux rosettes, la couronne, et au-dessous, une rosette entre deux points. R* Croix de Saint-Georges avec quatre rosettes dans les angles. IN HOC SIGNO VINCES. AR.

824. Deux autres, variées dans les légendes et les coins. AR.

825. Huit autres exemplaires, avec quatre PP dans les angles de la croix et sous la valeur les dates : 1690-1691-1693-1695-1696-1698-1700-1701. AR.

826. *Demi-tostao.* Semblable, avec la valeur XXXX. AR.

827. Quatre autres, avec quatre PP dans les angles de la croix. AR

828. *Dix réaux.* Essai monétaire : PETRVS. II. D. G. PORT. ALG. REX. Écusson du royaume dans une couronne de laurier. R* QVARTO. ANNO. REGNI. 1688. Dans le champ entre quatre rosettes et quatre arcs, X. Æ. (Excessivement rares.)

829. *Cinq réaux.* Essai monétaire. Semblable, avec le V dans le champ. Æ. (Très-rare.)

830. *Trois réaux.* Essai monétaire. Semblable. Dans le champ, III. Æ. Inédite et très-rare. *Nous avons vu dans la collection de M. Regnault le réal et demi.*

831. *Dix réaux.* Dans le champ, sous la couronne royale, P : II et sur le bord, D. G. PORT. ET. ALG. REX. R*. VTILITATI. PU-

BLICAE. 1669. Dans le champ, dans une couronne et entre deux rosettes, X. Æ. C.

832. Quatre autres exemplaires variés dans les dates. Æ. C.

833. *Cinq réaux.* Semblables, avec le V dans le champ. 1669. Æ. C.

834. Cinq autres, avec différentes dates. Æ. C.

835. *Trois réaux.* Semblables; III dans le champ. 1699. Æ.

836. Cinq autres, variés dans les dates. Æ. C.

837. *Réal et demi.* Semblable; dans le champ 1 1/2. 1696. Æ.

838. Autre, avec la date 1703. Æ.

D. IOAO V (1706-1750).

839. *Moeda.* IOANNES. V. D. G. PORT. ET. ALG. REX. Écusson du royaume ; à gauche, 4000 ; à droite, quatre rosettes. B*. IN. HOC. SIGNO. VINCES. Croix de l'ordre du Christ, avec quatre rosettes dans les angles ; au-dessus, 1713. AV. Continuées par la loi de 1688.

840. Autre, avec quatre PP dans les angles. 1714. AV.

841. Autre, avec quatre RR dans les angles de la croix (Rio de Janeiro), 1722. Al.

842. Autre, avec quatre MM dans les angles de la croix (Minas Geraes) 1726. AV.

843. *Demi-Moeda.* Semblable au n° 839, avec la valeur dessus : 2,000. 1721. AV.

844. Autre, avec quatre PP dans les angles de la croix. 1712. AV.

845. Autre, avec quatre RR dans les angles de la croix. 1726. AV.

846. Autre, avec quatre BB dans les angles de la croix (Bahia). 1715. AV.

847. *Quarto* ou *Quartinho.* Semblable au n° 843, avec la valeur dessus. 1,000, sur le côté de l'écusson, 1709. AV.

848. Autre, avec quatre RR dans les angles de la croix. 1720. AV.

849. *Cruzado nouveau.* Dans le champ, sous la couronne royale et entre deux palmes, IOAN. V.; sur le bord, 400. R* pareil à celui des précédentes. 1721. AV.

850. Six autres exemplaires, variés dans les dates. AV.

851. *Dobrão.* IOANNES. V. D. PORT. ET. ALG. REX. Écusson du royaume, ayant sur les côtés, à gauche, la valeur 20,000 et à droite, cinq rosettes. R*. IN HOC SIGNO VINCES. 1827. Croix du Christ avec quatre MM dans les angles. AV. Frappé par l'ordre du conseil des colonies, à Minas Geraes, en l'an de 1721.

852. Autre exemplaire. 1726 avec la contre-marque des armoiries du royaume au centre, afin de lui donner la valeur de 30,000. (Loi du 21 juillet 1847.) AV.

853 *Demi-dobrao.* Semblable, avec la valeur 10,000 marquée sur le côté de l'écusson. 1824. AV.

854. *Dobra de vingt-quatre écus.* Essai monétaire. IOANNES. V. D. G. PORT. ET. ALG. REX. Buste du roi à droite, avec une grande perruque; couronne de laurier ; sur le bord, 1731. R*. Écusson du royaume avec beaucoup d'ornements. Poids, 96 grammes AV.

855. *Dobra de seize écus.* Essai monétaire. Semblable à la précédente ; poids, 64 grammes. AV. (Très-rare.)

856. *Dobra de huit écus.* Semblable: sur le bord R. 1729. AV.

857. Autre exemplaire, varié dans l'écusson du royaume. AV.

858 *Dobra de quatre écus*, vulgairement appelée *peça*, semblable ; variée dans l'écusson du royaume. AV. (Loi du 4 août. 1722.)

859. Autre exemplaire, varié dans le R*. AV. *La variété dans les revers de ces monnaies et leurs fractions fut si remarquable, que la loi du 29 novembre ordonna qu'une forme de coin certaine et invariable pour chacune des espèces de cette monnaie fût établie, et qu'elle serait commune à tous les ateliers monétaires, sans autre différence que l'indication du lieu et de l'année où on la frapperait.*

860. *Dobra de deux écus.* Semblable pour l'avers, avec la date de 1722, et sur le R* autour de l'écusson, IN HOC SIGNO VINCES.

Elles furent frappées en cette année, et sont très-rares, car nous n'en avons jamais vu un autre exemplaire. Quant à la dobra de quatre écus, nous n'en connaissons aucun.

861. Trois autres pièces variées, sans le IN HOC SIGNO VINCES. 1724-1731-1734. R ; M. AV.

862. *Écu.* Semblable au n° 860-1722. AV. (rare).

863. Trois autres exemplaires variés, frappés à Lisbonne, Rio-Janeiro, et Minas, semblables au n° 854. AV.

864. *Demi-écu.* Semblable au n° 860. AV.

865. Trois autres variétés, semblables au n° 854. AV.

866. Semblable au n° 860. AV.

867. Deux autres exemplaires variés, semblables au n° 854. AV.

868. *Quart d'écu ou cruzado :* IOAN. V. D. G. P. REX. Dans le champ, 1734 surmonté d'une couronne. R* Buste du roi couronné de laurier, à droite ; sur le bord, M. AV.

869. Autre exemplaire, avec un R sur le bord. AV.

870. *Cruzado nouveau.* IOANNES. V. D. G. PORT. ET. ALG. REX. Écusson du royaume ayant sur les côtés, à gauche la valeur 400, entre deux rosettes et à droite, la date 1707. R*. IN HOC SIGNO VINCES. Croix de l'ordre du Christ avec quatre rosettes dans les angles. AR. (*Rare, et frappée aussi en vertu de la loi de D. Pierre II et à raison de 6,400 réaux dans le marc*).

871. *Douze vintems.* Semblables, avec la valeur dessus, 200. 1707. AR.

872. Autre, de 1708. AR.

873. *Six vintems.* Semblable, sans la valeur, ni l'année, sur les côtés de l'écu. AR.

874. *Trois vintems.* Semblable. AR.

875. Autre avec la croix flanquée par quatre PP. AR.

876. *Tostao.* IOANNES. V. D. G. PORT. ET. ALG. REX. Au centre, LXXX; au-dessus, entre deux rosettes, la couronne royale. R*. IN HOC SIGNO VINCES. Croix de Saint-Georges avec quatre étoiles dans les angles. AR.

877. Autre, avec quatre PP dans les angles de la croix et la date 1707, placée sous la valeur. AR.

878. *Demi-tostao.* Semblable au n° 876. AR.

879. Autre, avec quatre PP dans les angles de la croix. AR.

880. *Vintem.* Sphère R* Croix du Christ avec quatre rosettes dans les angles. AR.

881. Autre, avec quatre PP dans les angles de la croix. AR. *D'autres monnaies d'argent furent frappées en vertu de la même loi, ayant toutes la date de* 1717.

882. *Cruzado nouveau.* IOANNES. V. D. G. PORT. ET. ALG. REX. Écusson du royaume ayant sur les côtés la date 1750 et la valeur 400. R*. IN HOC SIGNO VINCES. Croix de l'ordre du Christ avec quatre rosettes dans les angles. AR. (Loi du 7 août 1747, à raison de 7,500 réaux dans le marc d'argent.)

883. *Douze vintems.* Semblable. 200. 1747. AR.

884. *Six vintems.* Semblables, sans valeur ni date. AR.

885. *Trois vintems.* Semblables. AR.

886. *Tostao.* Semblable, dans le type à ceux décrits au n° 876, avec un poids moindre. AR.

887. *Demi-tostao.* Semblable. AR.

888. *Dix réaux.* Dans le champ, J. V. entre trois rosettes ayant au-dessus la couronne royale, et sur le bord, D. G. PORT. ET. ALG. REX. R* VTILITATI PUBLICÆ. 1713. Dans le champ, entre deux rosettes et dans une couronne, ×. Æ. C.

889. *Cinq réaux.* Semblable, avec un V sur le revers, 1712. Æ. C.

890. *Trois réaux.* Semblable, avec — III — sur le R*. Æ. C.

891. *Réal et demi.* Semblable; sur le revers 1 1|2. 1714. Æ. *On n'en frappa plus.*

892. *Dix réaux.* IOANNES. V. DEI. GRATIA. Écusson orné du royaume. R*. PORTUGALIÆ. ET. ALGARBIORUM. REX. Au centre, dans une couronne de laurier, entre deux rosettes, X, ayant au-dessous la date 1723. Æ.

893. *Cinq réaux.* Semblable. Æ.

894. *Trois réaux.* Semblable. Æ.

D. IOSE I (1750-1777).

895. *Dobra de quatre écus.* IOSEPHUS. I. D. G. PORT. ET. ALG. REX. Buste du roi, couronné de laurier, à droite; sur le bord, R—1776 R*. Écusson orné du royaume. AV. C. *(Continuée en vertu de la même loi du règne de D. Jean V, à raison de 102-400 réaux au marc.)*

896. *Dobra de deux écus.* Semblable. 1751. AV.

897. *Ecu.* Semblable. 1875. AV.

898. *Demi-écu.* Semblable. 1751. AV.

899. *Quartinho.* IOSEPHUS. I. D. G. PORT. ET. ALG. REX. Écusson du royaume; sur le côté, IOOO. R*. IN HOC SIGNO VINCES. Croix, du Christ, avec quatre rosettes dans les angles. 1768. AV.

900. *Cruzado nouveau.* Dans le champ, deux palmes IOZEI.; sur le bord, 400. R*. Le même que sur la précédente. AV. 1775.

901. *Cruzado nouveau.* IOSEPHUS. I. D. G. PORT. ET. ALG. REX. Écusson du royaume flanqué par l'année 1766 et le prix 400. R*. IN HOC SIGNO. VINCES. Croix de l'ordre du Christ, avec quatre rosettes dans les angles. AR. *Les monnaies d'argent de ce règne et du suivant, jusqu'en 1837, furent frappées en vertu de la même loi de D. Jean V.*

902. *Douze vintems.* Semblable, avec la marque de la valeur.— 200. 1766. AR. C.

903. *Six vintems.* Semblable, sans date ni valeur. AR. C.

904. *Trois vintems.* Semblable. AR.

905. *Tostao.* Avec le même type que ceux du règne précédent. AR.

906. *Demi-tostao.* Semblable. AR.

907. *Dix réaux.* IOSEPHUS, I. DEI. GRATIA. Écusson du royaume avec ornements. R* PORTUGALIAE. ET. ALGARBIORUM. REX. Dans le champ, entre deux rosettes et une couronne de laurier, X; au-dessous, 1751.

908. — Autre, avec la date 1749. *Par erreur, on employa à l'atelier le revers du règne de D. Jean V.*

909. — Autre, avec la date 1751 sur le R* et IOANNES sur l'av. Il est à remarquer que ce revers, avec le nom de Jean V, figure ici sur une monnaie de Joseph Ier.

910. *Cinq réaux.* Semblable au n° 907, V. — 1767. Æ. C.

911. *Trois réaux.* Semblable. III. — 1756. Æ. C.

D. MARIA. I (1777-1779).

912. *Dobra de quatre écus. Peça.* MARIA. I. ET. PETRUS. III. D. G. PORT. ET. ALG. REGES. Bustes des souverains, couronnés de laurier, à droite; sur le bord, 1786. R. R*. Écusson du royaume. AV.

913. *Dobra de deux écus.* Semblable. 1784. AV.

914. *Écu.* Semblable. 1784. AV.

915. *Demi-écu.* Semblable. 1784. AV.

916. *Quartinho.* Semblable à ceux du règne précédent, avec la différence de nom. 1784. AV.

917. *Cruzado nouveau.* Semblable aux précédents, avec la différence des noms. 1784. AV.

918. — MARIA. I. ET. PETRUS. III. D. G. PORT. ET. ALG. REGES. Écusson du royaume, avec la date et la valeur 400 sur les côtés. R*. IN. HOC. SIGNO. VINCES. Croix de l'ordre du Christ, avec quatre rosettes dans les angles. AR.

919. *Douze vintems.* Semblable, valeur 200. — 1785.

920. *Six vintems.* Semblable, sans valeur ni date. AR.

921. *Trois vintems.* Semblable. AR.

922. *Tostao.* Semblable dans le type à ceux des règnes précédents, avec la différence des noms. AR.

923. *Demi-tostao.* Semblable. AR.

924. *Dix réaux.* MARIA. I. ET. PETRUS. III. DEI. GRATIA. Ecusson du royaume avec ornements. R*. PORTUGALIÆ. ALGARBIORUM. REGES. Dans le champ, dans une couronne de laurier et entre la date 17 — 77 X, ayant au-dessous une rosette, Æ. C.

925. *Cinq réaux.* Semblable. V. Æ.

926. *Trois réaux.* Semblable. III. Æ.

927. *Dobra de quatre écus. Peça.* MARIA. I. D. G. PORT. ET. ALG. REGINA. Buste de la reine, avec le voile de veuve, à droite ; sur le bord, 1788. — R. R*. Écusson du royaume. AV.

928. — Autre exemplaire, varié dans le buste, qui n'a pas de voile, mais des ornements de perles et de rubis. 1800. R. AV.

929. *Dobra de deux écus.* Semblable. AV. 1789.

930. *Écu.* Semblable. 1790. AV.

931. *Demi-écu.* Semblable. 1789. AV.

932. *Quartinho.* Semblable à ceux du temps de D. Pedro III, avec la différence de nom. 1792. AV.

933. *Cruzado nouveau.* Semblable. 1790. AV.

934. MARIA. I. D. G. PORT. ET. ALG. REGINA. Écusson du royaume, ayant sur les côtés la date 1797 et la valeur 400. R*. IN. HOC. SIGNO. VINCES. Croix de l'ordre du Christ, avec quatre rosettes dans les angles. AR. C.

935. *Douze vintems.* Semblable. 200. — 1796. AR. C.

936. *Six vintems.* Semblable ; mais sans date ni valeur. AR. C.

937. *Trois vintems.* Semblable. AR. C.

938. *Tostao.* MARIA. I. D. G. PORT. ET. ALG. REGINA. Dans

le champ, sous la couronne royale, — LXXX. R*. IN. HOC. SIGNO. VINCES. Croix de Saint-Georges, avec quatre rosettes dans les angles. AR. C.

939. *Demi-tostao*. Semblable. AR.

940. *Dix réaux*. MARIA. I. DEI. GRATIA. Écusson du royaume avec ornements. R*. PORTUGALLÆ ALGARBIORUM. REGINA. Dans le champ, dans une couronne de laurier et entre la date 17 — 97, X; au-dessous, une rosette. Æ.

941. *Cinq réaux*. Semblable. V. — 1799. Æ.

942. *Trois réaux*. Semblable. III. — 1797. Æ.

D. IOAO VI (1799-1826).

943. *Cruzado nouveau*. IOANNES. D. G. P. PORTUGALLÆ. ET. ALG. Écusson du royaume sans ornements, ayant sur les côtés la valeur 400 et l'année 1799. R*. IN HOC. SIGNO. VINCES. Croix de l'ordre du Christ, avec quatre rosettes dans les angles. AR.

944. — Autre exemplaire avec la date. — 1802.

945. *Six vintems*. Semblable, sans la valeur ni l'année. AR.

946. *Trois vintems*. Semblable. AR.

947. *Tostao*. Semblable pour le type à ceux des règnes précédents, avec les légendes décrites ci-dessus. AR.

948. *Demi-tostao*. Semblable. AR. *Ces monnaies d'argent furent frappées lorsque Jean n'était encore que prince, avant d'être régent, et par une concession spéciale de sa mère.*

949. *Dobra de quatre écus, Peça*. IOANNES. D. G. PORT. ET. ALG. P. REGENS. Buste du roi couronné de laurier, à droite; sur le bord, 1802. R*. Écusson du royaume, d'une forme oblongue et avec une ornementation spéciale. AV. *Cette variété est rare.*

950. — Semblable à l'avers et pour la légende, mais sur le R* l'écusson n'a pas d'ornements, et sur le bord, il y a une couronne de laurier. 1803. (*Essai monétaire en cuivre.*)

951. — Autre exemplaire, avec l'écusson du royaume varié. 1809. R. AV. C.

952. *Dobra de deux écus*. Semblable. 1809. AV.

953. *Écu*. Semblable. 1805. AV.

954. *Demi-écu*. Semblable. 1806. AV.

955. *Crusado nouveau*. Dans le champ, entre deux palmes, IOANNES. PR.; au-dessous, la couronne royale; sur le bord, 400. R*. Semblable aux précédents. AV. 1807. *On frappa aussi des quartinhos en or.*

956. *Crusado nouveau*, vulgairement *Pinto*. IOANNES. D. G. PORT. ET. ALG. P. REGENS. Écusson du royaume, avec la valeur

400 et la date 1816 sur les côtés. R*. IN HOC SIGNO VINCES. Croix de l'ordre du Christ avec quatre rosettes dans les angles. AR. C.

957. *Douze vintems* Semblable, avec la valeur 200. 1812. AR.

958. *Six vintems.* Semblable, mais sans date ni valeur. AR.

959. *Trois vintems.* Semblable. AR.

960. *Tostao.* Semblable à ceux que Jean VI frappa comme prince, et, avec REGENS. AR.

961. *Demi-tostao.* Semblable. AR.

962. *Dix réaux.* IOANNES. DEI. GRATIA. Écusson du royaume, avec ornements. R*. PORTUGALLÆ. ET. ALGARBIORUM. REGENS. Dans le champ, dans une couronne de laurier et entre l'année 1812, X, avec une rosette au-dessous. AE. C.

963. *Cinq réaux.* Semblable. V. 1813. Æ.

964. — Ayant sur l'avers MARIA. I. R*. Comme la précédente. 1812. Æ. Même remarque que pour le n° 909.

965. — Autre exemplaire, avec le R* de D. Maria I. REGINA. 1799. Æ.

966. *Trois réaux.* Semblable dans le coin au n° 962. — III. 1804. Æ. C.

967. *Deux vintems*, vulgairement, *Pataco.* IOANNES. D. G. PORT. ET. ALG. P. REGENS. Buste du prince, couronné de laurier, à droite; sur le bord, 1811. R*. UTILITATI PUBLICÆ. Écusson du royaume, sur le bord, 40. BR. *Il est rare, en parfait état de conservation.* (Arrêté du Gouvernement, au nom du Régent, du 29 octobre 1811.)

968. *Trente réaux. Essai monétaire.* Le même avers. R* PORTUGALLÆ. Et. ALGARBIORUM. REGENS. Dans le champ, écusson du royaume, ayant au-dessus la valeur 30 et au-dessous, BRONZE. (Rare.)

969. *Vintem. Essai monétaire.* Semblable, avec la valeur marquée — 20 — 1811. BR. (Rare.)

970. *Dobra de quatre écus. Peça.* IOANNES VI. D. G. PORT. BRASIL. ET. ALG. REX. Buste du roi, à droite, couronné de laurier, sur le bord 1822. R*. Écusson du royaume de Portugal et du Brésil entre deux branches de laurier. AV. C.

971. *Dobra de deux écus. Demi-peça.* Semblable. 1822. AV. C.

972. *Écu.* Semblable. 1818. AV. C.

973. *Demi-écu.* Semblable. 1818. AV.

974. *Crusado nouveau.* Dans le champ, IOAN. VI entre deux palmes; sur le bord, 400. R*. IN HOC SIGNO VINCES. 1817. Croix de l'ordre du Christ, avec quatre rosettes dans les angles. AV. *On frappa aussi les Quartinhos, dont nous avons vu un exemplaire dans la collection de M. George Figanier. La dobra de 4 écus et la demi-dobra*

furent frappées en vertu de la loi du 6 *mars* 1822, *qui éleva le marc d'or à* 120,000 *réaux.*

975. *Crusado nouveau.* IOANNES.VI.D.G.PORTVG.BRASIL.ET. ALGAR.REX. Écusson du royaume-uni de Portugal et du Brésil ayant sur les côtés la valeur 400 et la date 1819. R*. IN HOC SIGNO VINCES. Croix de l'ordre du Christ, avec quatre rosettes dans les angles. AR. C.

976. *Douze vintems.* Semblable, avec la valeur 200 ; dessus, 1820. AR. C.

977. *Six vintems.* Semblable, sans valeur ni date. AR.

978. *Trois vintems.* Semblable. AR.

979. *Tostao.* Type pareil à celui que Jean VI employa comme prince et régent ; légendes comme les précédentes. AR.

980. *Demi-tostao.* Semblable. AR.

981. *Deux vintems ou pataco.* IOANNES.VI.D.G. PORT.BR.ALG. R. Buste du roi couronné de laurier, à droite ; sur le bord, 1822. R*. VTILITATI.PVBLICAE. Écusson du royaume-uni ; sur le bord, 40. BR. C.

982. *Essai monétaire.* Semblable ; tranche cannelée de feuilles de chêne, 1822. BR. (Rare.)

983. Autre varié et avec la tranche cannelée, 1822. BR. Rare.

984. *Dix réaux.* IOANNES.VI.DEI.GRATIA. Écusson du royaume-uni. R*. PORTVGALIAE. BRASILIAE.ET.ALGARB.REX. Au centre, dans une couronne et entre la date 1818, X.AE.

985. *Cinq réaux.* Semblable avec un V. 1818. AE.

986. *Trois réaux.* Semblable III. 1818. AE. *Depuis, on ne frappa plus de monnaies de trois réaux en Portugal.* (Rare.)

D. PEDRO IV (1826-1828).

987. *Dobra de quatre écus. Peça.* PETRVS.IV.D.G.PORT.ET. ALG.REX. Buste à droite, couronné de laurier ; sur le bord, 1826. R*. Écusson du royaume oblong, entre deux branches de laurier. AV.

988. *Dobra de quatre écus. Demi-peça.* Semblable. 1826. AV.

989. *Crusado nouveau.* PETRVS.IV.D.G.PORTVG.ET.ALGARB. REX. Écusson du royaume ayant sur les côtés la valeur 400 et l'année 1827. R*. IN.HOC.SIGNO.VINCES. Croix de l'ordre du Christ, avec quatre rosettes dans les angles. AR.

990. *Six vintems.* Semblable, sans la valeur ni la date. AR. Très-rare.

990 bis. *Trois vintens.* Semblable. AR.

991. *Tostao.* PETRVS.IV.D.G.PORTVG.ET.ALGARB.REX. Dans le champ, LXXX ; au-dessus, la couronne royale. AR. (Très-rare.)

Sous ce règne, on ne frappa ni les douze vintens, ni le demi-tostao, ni de monnaies de cuivre.

992. *Deux vintems* ou *pataco*. PETRVS.IV.D.G.PORT.ET.ALG. REX. Buste couronné de laurier, à droite; sur le bord, 1827. R*. VTILITATI PVBLICAE. Écusson du royaume oblong. BR.

D. MIGUEL (1828-1833).

993. *Dobra de quatre écus. Peça.* MICHAEL.I.D.G.PORTVGA-LIAE.ET.ALGARB.REX. Buste couronné de laurier; sur le bord, 1828. R*. Écusson du royaume, entre deux palmes. AN.

994. Autre exemplaire, varié dans le buste et dans les ornements de l'écusson du royaume. 1828. AV.

995. Essai monétaire, avec le buste radié. 1831. PL.

996. *Dobra de deux écus. Demi-peça.* Semblable au n° 993. 18 AV.

997. Semblable au n° 994. 18 AV.

998. *Crusado nouveau.* MICHAEL.I.D.G.PORTVG.ET.ALGARB. REX. Écusson du royaume, ayant sur les côtés la valeur 400 et la date 1828. R*. IN HOC SIGNO.VINCES. Croix de l'ordre du Christ, avec quatre rosettes dans les angles. AR.

999. *Douze vintems* Semblable, avec la valeur 200 et l'année 1830. AR.

1000. *Six vintems.* Semblable, sans valeur ni date. AR.

1001. *Trois vintems* Semblable. AR.

1002. *Tostao.* Type pareil à ceux que fit frapper D. Jean VI et D. Pierre IV, avec la seule différence du nom. AR.

1003. *Demi-tostao.* Semblable. AR.

1004. *Dix réaux.* MICHAEL.I.DEI.GRATIA. Écusson du royaume. R*. PORTVGALIAE.ET.ALGARBIORUM.REX. Dans le champ, au centre d'une couronne de laurier, X ; sur le bord, 1829. AE.

1004 bis. *Cinq réaux.* Semblable ; dans le champ, V. AE.

1004 ter. *Deux vintems* ou *pataco*. MICHAEL.I.D.G.PORTVG. R*. UTILITATI PUBLICÆ. Dans le champ, au milieu d'une couronne de laurier et de chêne, 40 ; dessous, 1829. Æ.

D. MARIA II. (1828-1853).

1005. *Dix réaux.* MARIA II. DEI.GRATIA. Écusson du royaume, avec ornements. R*. PORTUGALIAE.ET.ALGABIORUM. REGINA Dans le champ, dans une couronne de laurier, entre deux rosettes, X ; au-dessous, 1830. AE.

1006. *Cinq réaux.* Semblables. 1830. AE. *Ces deux monnaies de cuivre, frappées en Angleterre, eurent cours en vertu d'un décret de la régence de l'île Terceira, du 28 février 1831.*

1007. *Crusado nouveau. Essai monétaire.* MARIA II. D.G.PORTVG.ET.ALGARB.REGINA. Écusson du royaume, avec rebords dans la partie supérieure, et flanqué par la valeur 400 et l'année 1833. R*. IN HOC.SIGNO.VINCES. Croix de l'ordre du Christ, ayant dans les angles quatre rosettes. AR. (Excessivement rare.)

1008. *Deux vintems ou pataco.* MARIA II. D.G.PORT.ET.ALG. REGINA. Écusson du royaume de la forme des précédents. R*. UTILITATI. PUBLICAE. Dans le champ, dans une couronne de laurier et de chêne, 40; sur le bord, 1833. AE.

1009. *Vintem. Essai monétaire.* MARIA II. D.G.PORT.ET.ALG. REGINA. Écusson du royaume, pareil aux précédents; sur les côtés, 18-33. R*. UTILITATI PUBLICAE. Dans le champ, une couronne ducale entourée par une branche de laurier; sur le bord, 20. AE. (Rare.)

1010 *Dix réaux. Essai monétaire.* MARIA II. DEI.GRACIA. Écusson du royaume, pareil aux précédents. R*. PORTUGALIAE.ET. ALGARBIORUM.REGINA. Au centre, entre deux rosettes et dans une couronne de laurier, X, ayant au-dessous 1833. AE. (Excessivement rare.)

1011. *Cinq réaux. Essai monétaire.* Semblab'e, avec un V sur le R*. 1833. AE. (Très-rare.) *Ces monnaies et essais de 1833 furent frappés à Porto, pendant le siége, et sont inédits.*

1012. *Dobra de quatre écus. Peça.* MARIA II. D.G.PORTUG.ET. ALGARB. REGINA. Tête de la reine, avec une coiffure élevée, à droite; sur le bord, 1833. R*. Écusson du royaume, entre deux branches de chêne et de laurier. AV. (Rare.)

1013 Autre, avec le buste de la reine à gauche avec diadème et une autre coiffure pareille pour les lég. et R*. 1833. AV.

1014. Deux autres, variées dans les coiffures. 1834-1835. AV.

1105. *Crusado nouveau.* Pareil à ceux que la reine fit frapper durant le siége de Porto, avec la différence que l'écusson n'a pas de rebords à la partie supérieure. 1833. AR. C. *La reine ne fit pas frapper des fractions de peça ni de crusado nouveau en argent.*

1016. *Deux vintems ou Pataco.* Semblable à ceux de D. Miguel, avec la seule différence du nom et de la date. 1833. BR.

1017. *Dix réaux.* Semblable aussi à ceux du règne précédent. 1835. AE.

1018. *Cinq réaux.* Semblable. 1836. AE. Par un décret du 23 juin 1834, le papier-monnaie fut aboli en Portugal.

1019. *Couronne d'or.* MARIA II. PORTUG.ET.ALGARB. REGINA. Buste de la reine, avec diadème, à gauche; sur le bord, 1838. R*.

Écusson du royaume, avec ornements ; sur le bord, la valeur 5000. AV. (Rares.)

1020. *Demi-couronne d'or.* Semblable ; 1838. 2500. AV. (Rare.) (Loi du 24 avril 1835, adoptant le système décimal, conservant la valeur en proportion avec la monnaie en cours).

1021. *Couronne.* Semblable dans le coin, différente dans la grandeur et la valeur, 1000. 1838. AR.

1022. *Demi-couronne.* Semblable, 500. 1844. AR.

1023. *Deux tostaos.* Semblable ; 200. 1838. AR.

1024. *Tostao.* Semblable ; 100. 1839. AR. (Loi du 24 avril 1835, qui établit pour le marc d'argent la valeur de 7750.)

1025. *Dix réaux.* Semblable au n° 1010 avec la seule différence que l'écusson est accompagné d'ornements. AE. 1848. C.

1026. *Cinq réaux.* Semblable, AE. 1841. C.

1027. *Vintem.* Semblable aux précédents, avec deux XX dans le champ. AE. 1847. C. (Loi du 14 mai 1846.)

1028. *Deux vintems* ou *pataco.* Semblable au n° 1016. BR. 1847. *Frappé par la Junte de Porto.*

1029. Semblable, avec la contre-marque G.C.P. BR. 1837. *Par un décret du 16 mars 1847, ces monnaies furent prohibées comme fausses, ainsi que toutes celles que la Junte ferait frapper. A la fin de la guerre, elles furent reçues à la préfecture de Porto, où on leur apposa la contre-marque G. C. P. (Gouvernement civil du Porto), afin qu'elles pussent avoir cours.*

1030. *Couronne d'or.* Semblable au n° 1019, mais d'un poids moindre. 1851. (Loi du 15 février 1851 réglant l'augmentation de la valeur de l'or, décrétée le 3 mars 1847.)

1030 bis. *Demi-couronne.* Semblable. 1851. AV.

1031. *Cinquième de couronne d'or.* Semblable, avec la valeur dessus, 1000, 1851. AV. (Loi du 15 février 1851.)

D. PEDRO V (1853-1861).

1032. *Demi-couronne d'or.* PETRUS. V. PORTUG. ET. ALGARB. REX. Buste du roi, à droite ; sur le bord, 1857. R*. Écusson du royaume comme celui du règne de D. Maria II ; sur le bord, 5000 réis. AV. C. (Loi du 29 juillet 1854.) *On ne frappa comme essai que deux exemplaires de la couronne, avec valeur de 10,000 reis, pour l'Exposition universelle de Londres.*

1033. *Cinquième de couronne.* Semblable, avec la valeur 2,000 dessus. 1857. AV. C.

1034. *Dixième de couronne.* Semblable, 1000 reis. 1855. AV. C.

1035. *Cinq tostoes.* PETRUS. V. PORTUG. ET. ALGARB. REX.

Buste du roi à droite; sur le bord, 1854. R'. Écusson du royaume, au-dessous, 500 REIS. AR C. (Loi du 24 juillet 1854.)

1036. — Deux autres exemplaires, avec les bustes variés. 1857 et 1860. Æ. C.

1037. *Deux tostoes.* Semblable pour l'avers. R'. 200 REIS. Au centre, une couronne de laurier. 1854. AR. C.

1038. — Deux autres exemplaires variés dans les bustes. 1857 et 1860. AR. C.

1039. *Tostao.* Semblable, avec la valeur 100 REIS. 1854. AR. C

1040. — Deux autres exemplaires variés dans les bustes. 1857 et 1860. AR. C.

1041. *Demi-tostao.* PETRUS. V. PORTUG. ET ALGARB. REX. Au centre, entre trois étoiles. 1853, surmonté d'une couronne. R'. 50 REIS dans une couronne de laurier. AR. C.

D. LUIZ I (1861-

1042. *Demi-couronne.* LUDOVICUS. I. PORTUG. ET. ALGARB. REX. Buste du roi à gauche; sur le bord, 1865. R'. Écusson du royaume entre deux palmes, ayant au-dessous la valeur 5,000. AR.

1043. *Cinquième de couronne.* Semblable valeur; dessus, 2,000. 1866. AV.

1044. *Demi-couronne.* (Essai monétaire.) Type différent, avec l'écusson sur l'hermine. 1866. AV.

1045. *Cinq tostoes.* Mêmes coin et légendes. 1862. AR.

1046. *Deux tostoes.* R'. Entre deux branches, 200 REIS. AR.

1047. *Tostao.* Semblable; dessus, valeur, 100 REIS.

1048. *Demi-tostao.* Pareil à ceux que fit frapper D. Pierre V. AR.

1049. *Vintem.* (Essai monétaire.) LUDOVICUS I. DEI. GRATIA. REX. Dans le champ, XX REIS. R'. ENSAIO MONETARIO. Entre deux branches de laurier, l'écusson belge; sur les côtés, 2 1/2.—R. Æ.

1050. *Dix réaux.* (Essai monétaire.) Semblable; valeur X. Æ.

1051. *Cinq réaux.* (Essai monétaire.) Semblable, valeur V. Æ.

CINQUIÈME SÉRIE.

MONNAIES DE L'INDE PORTUGAISE.

D. MANUEL I (1495-1521).

1052. *Sphère* ou *demi-sphère*. MEA. Au-dessus, une couronne avec un point. R'. Sphère, grènetis. AV. (Rare.) *Le manque de loi monétaire pour les États de l'Inde portugaise est très-remarquable, et les notices que quelques historiens nous ont léguées sont en petit nombre et très-confuses.*

D. IOAO III. (1521-1557.)

1053. *Saint-Thomas*. IOA. III. POR. ET. AL. R. Écusson du royaume; R'. INDIA. TIBI CESSIT. Aux côtés du saint, les lettres S.T. ; grènetis. AV. (Très-rare.)

1054. *Quart de Saint-Thomas*. Écusson du royaume. A droite, trois points; à gauche, I° (Joao). R'. Le saint, assis à droite ; à côté, S. T. ; grènetis. AV. (Rare.)
Quelques auteurs appellent *Saint-Thomas double* la première de ces pièces, et *demi-Saint-Thomas* la seconde. Une loi de 1560 se borne à donner le poids et la valeur : 193 1/4 grains et 1.000 reis.

D. IOAO IV (1640-1656).

1055. *Demi-pardao*. S — I. 1653. Figure de face dans le champ. R. Écusson du royaume; sur les côtés, B — S ; grènetis. *Mauvais coin, comme sont presque tous ceux des monnaies de l'Inde.* AR. (Inédite et très-rare.)

D. PEDRO II (1683-1706).

1056. *Rupia*. Écusson du royaume ; sur les côtés, G — A ; grènetis. R'. Croix de l'ordre du Christ, avec la date 1682 dans les angles: grènetis. AR. (Rare.)

1057. *Moeda de Calaim*. Écusson du royaume ; sur les côtés. G—A (Goa). R'. Croix de l'ordre du Christ, entre quatre points. PL.

1058. *Bazaruco de cuivre*. Écusson du Portugal. R'. Croix de l'ordre du Christ, entre quatre points. Æ.

D. IOAO V (1706-1750).

1059. *Rupia*. Croix d'Avis, avec la date 171.. dans les angles. Le dernier chiffre de la date est effacé. R'. Écusson du Portugal. AR. (Très-rare.) (Décret du 3 septembre 1710.)

1060. — IOANNES V. R. P. Buste du roi à droite; au-dessous, 1730. R'. Écusson du Portugal. AR. (Rare.)

1061. *Pardao*. Semblable. 1730. AR. On l'appelait aussi *demi-rupia*.

1062. — Autre, varié dans le buste et la forme de la légende. 1747. AR.

1063. *Demi-pardao*. Semblable. 1737. AR. (Rare.)

1064. — IOANNES V. R. P. Entre deux cercles ; au centre, la croix de l'ordre du Christ, avec la date 1735 dans les angles. R'. Écusson du Portugal avec les lettres G. A. (Goa) sur les côtés. AR.
A cause de la croix du Christ, on les appelait demi-pardaos croisés, comme il existait, avec le même coin, des pardaos et rupias. (Règlement du 23 janvier 1735.)

1065. — Croix du Christ, avec la date 1726 dans les angles. R'. Écusson du royaume. AR. (Provision du 3 mars 1726.)

1066. *Tanga*. Deux palmes traversées; au-dessus, la couronne royale, au-dessous, 1726. R'. Dans une couronne de laurier, — 60 = (reis.) (Très-rare et inédite.)

1067. — IOANNES V. R. P. Buste du roi à droite ; au-dessous, 1746. R'. 60, surmonté de la couronne royale. AR. (Rare.)

1068. *Demi-tanga*. Buste du roi à droite, entre deux palmes ; au-dessous, 1749. R'. 30, surmonté de la couronne royale.

1069. *Demi-tanga de cuivre* ou *trente réaux*. I° V ; au-dessous, 30, dans deux cercles avec des points. R'. Écusson du Portugal. (Très-rare et inédite.)

1070. *Quinze réaux*. I° (IOAO) 15. Écusson du Portugal ; sur les côtés. M — E. .E. (Très-rare et inédite.)

1071. *Dix réaux*. I° 10. R. Écusson du Portugal; sur les côtés M — E. .E. (Très-rare.)

1072. *Quinze bazarucos*. I° 15. R'. Écusson du Portugal ; sur les côtés, G — A (Goa). PL.

1073. *Dix bazarucos*. I° 10. 1722. R'. Écusson du Portugal ; sur les côtés, G — A. PL.

1074. *Sept bazarucos et demi*. I° S° (Jean V). Au centre, un point; au-dessous, 7 1 2 ; sur le haut, une étoile. R'. Écusson du Portugal; sur les côtés, G — A. PL. *Toutes les monnaies de Calaïm, de ce règne, en bon état, sont très-rares.*

1075. *Cinq bazarucos*. Longue croix, ayant aux angles supérieurs la date 17—22, et aux inférieurs, une étoile et un S (5). R'. Écusson du Portugal. PL.

1076. *Roda.* Écusson du Portugal. R'. La Roue de sainte Catherine. — Elle valait deux bazarucos et demi. PL. *Soixante-cinq bazarucos valaient 60 réaux du royaume. Différentes lois, en différentes époques, en changèrent la valeur, ce qui fait qu'on en rencontre ayant la même valeur, mais un poids différent.*

D. IOSE I (1750-1777).

1077. *Deux xeraphins* (Saint Thomas de). Croix d'Avis, ayant aux angles supérieurs, 2—X, et aux inférieurs, la date 17 — 66. Écusson du Portugal. AV. (Très-rare et inédite.) (Arrêté du 11 novembre 1762.)

1078. *Rupia.* IOZEPH. I. R. P. Buste du roi à droite ; au-dessous, 1755. R. Écusson du Portugal, avec ornements. AR. (Rare.)

1079. *Demi-pardao.* Semblable ; 1756. AR. (Rare.)

1080. *Tanga.* Buste du roi à droite, entre deux palmes, sur le bord, 1755. R*. Écusson du Portugal. AR. (Très-rare.)

1081. — R*. 60, surmonté par la couronne royale. AR. (Très-rare.)

1082. *Demi-tanga.* Semblable ; valeur marquée — 30 — AR. (Très-rare.)

1083. *Tanga.* TANGA, dans une couronne de laurier ; au-dessus, une étoile. R*. Écusson du Portugal. Æ.

1084. — 60 REIS. Écrit en deux lignes dans une couronne de laurier. R*. Écusson du Portugal. Æ.

1085. *Demi-tanga.* Couronne de laurier ; au centre, MEIA TANGA ; au-dessus, deux étoiles. R. Écusson du Portugal. Æ.

1086. — 30 R*. G*. 1774, en trois lignes dans le champ. R*. Écusson du Portugal. Æ.

1087. *Vintem.* Dans le champ, en deux lignes, VINTE REIS. R. Écusson du Portugal. Æ.

1087 *bis.* — 20 — R*. G*. 1774. En trois lignes et dans une couronne de chêne. Écusson du Portugal. Æ.

1088. *Douze réaux.* Couronne de laurier. Au centre, en trois lignes, 12 R — G — 1768. R*. Écusson du Portugal. Æ.

1089. *Dix réaux.* Semblable ; valeur marquée, 10. Æ.

1090. *Dix réaux.* Croix du Christ, avec la date 1718 dans les angles. R*. Écusson du Portugal. Æ.

1091. *Bazaruco.* Croix du Christ, avec la date 1765 dans les angles. R*. Écusson du Portugal. PL.

1092. *Quinze bazarucos.* 15-1760, dans une couronne en deux lignes. R*. Dans un cercle de grènetis, écusson du Portugal, ayant sur les côtés, G — A. PL

1093. *Douze bazarucos.* Semblable; valeur marquée dessous, XII. 1769. PL.

1094. *Dix bazarucos.* Semblable; valeur marquée dessus, 10 — 1769. PL.

1095. *Six bazarucos.* Semblable; valeur marquée VI — 1769. PL.

1096. *Quatre bazarucos.* Semblable; valeur marquée, IV — 1769. PL.

1097. — Croix du Christ, avec la date 1765 dans les angles. R*. Écusson du Portugal. *C'est le même type du n° 1091, et nous lui donnons cette valeur de quatre bazarucos, parce qu'il a le même poids, ce qui n'est pas une raison suffisante, car les monnaies, dans la même année, changeaient de valeur si le vice-roi le croyait nécessaire.*

D. MARIA I (1779-1799).

1098. *Rupia.* RVPIA GOA. Bustes de D. Maria Ire et de D. Pedro III à droite, couronnés de laurier; sur le bord, 1785. R*. Écusson du Portugal, avec ornements. AR. (Rare.)

1099. *Pardao.* Semblable; AR. (Rare.)

1100. *Demi pardao.* Semblable. AR. (Rare.)

1101. *Bazarucos.* Croix du Christ, avec la date 1777 aux angles. R*. Écusson du Portugal. PL.

1102. Semblable, dans la même année; moindre diamètre et moitié du poids.

1103. *Saint-Thomas.* Croix d'Avis, cantonnée; au-dessus, 12-X et dessous, la date 17-91. R*. Ecusson du Portugal AV.

1104. *Rupia.* RVPIA.GOA. Buste de la reine à droite; à l'exergue, 1798. R*. Écusson du Portugal. AR.

1105. *Pardao.* PARDAO.GOA. Buste de la reine à droite; à l'exergue, 1798. R*. Écusson du Portugal. AR.

1106. *Demi-Pardao.* 150 RES.GOA. Buste à droite de la reine; à l'exergue, 1803. R*. Écusson du Portugal. AR.

1107. *Tanga.* TANGA.1781. Au centre d'une couronne de chêne. R*. Écusson du Portugal. AE.

1108. 60 REIS. R*. Écusson du Portugal. Æ.

1109. *Demi-Tanga.* Semblable; valeur 30 REIS. Æ.

1110. *Vintem.* Semblable; valeur 20 REIS. Æ.

1111. *Douze réaux.* Semblable. Æ.

1112. *Six réaux.* Semblable. Æ.

On voit sur quelques monnaies de ce règne les dates de 1803 et 1805. Au moment où D. Joao fut proclamé prince Régent, le 15 juillet 1799, il commença en cette qualité à faire frapper des monnaies ; la même chose eut lieu pour celles frappées au Brésil, et à cette circonstance seule peut être attribuée l'irrégularité des ateliers monétaires.

D. IOAO VI (1799-1826).

1113. *Saint-Thomas.* Croix d'Avis, ayant aux angles supérieurs 8-X (huit xérafins), et aux inférieurs, la date 18-19. R*. Armes du Portugal, avec écus oblongs. AV. (Arrêté du 10 octobre 1818.)

1114. *Rupia.* RVPIA D. GOA. Buste du prince à droite, couronné de laurier; à l'exergue, 1811. R*. Écusson du Portugal. AR.

1115. *Pardao.* PARDAO. GOA Buste à droite, comme le précédent, 1811. R*. le même. AR.

1116. *Rupia.* Croix d'Avis, cantonnée de la date 1806; au-dessus, 600; au-dessous, DIO. R*. Écusson du Portugal. AR.

1117. *Pardao.* 300 DIO 1806. Au centre, croix d'Avis. R*. Le même. AR.

1118. *Demi-Pardao.* 150-DIO-1806. Au centre, croix d'Avis. R*. Le même, AR.

1119. *Tanga.* AP. T. (Asie portugaise, Tanga), au milieu d'une couronne de chêne. R*. Écusson du Portugal. AE.

1119 bis. — Une autre pareille; avec la contre-marque. P. R. (Prince régent). AE.

1120 *Demi-tanga.* AP. 1 2. 1. Le même coin. AE.

1121. — Autre pareille, avec la contre-marque P. R. AE.

1122. *Tanga.* 60 REIS. R*. Écusson du Portugal. AE.

1123. *Quinze réaux.* Pareil. AE.

1124. *Douze réaux.* Pareil. AE.

1125. *Bazarucos.* Croix du Christ, cantonnée de l'an 1799. R*. Écusson du Portugal. PL.

1126. — Autre semblable, avec l'an 1800. PL.

1127. — Autre semblable, avec moitié du poids. 1800. PL.

1128. — Autre semblable, avec moitié du poids du précédent. 1800. PL.

1129. — Autre semblable, avec moitié du poids du précédent. 1800. PL.

Ignorant la loi en vertu de laquelle furent fabriquées ces monnaies, qui ne portent aucune indication de valeur, il est difficile de dire combien chacun de ces bazarucos représente.

1130. *Rupia.* RVPIA.GOA. Buste du roi à droite; à l'exergue, 1820. R*. Écusson du royaume-uni, Portugal et Brésil. AR.

1131. — Autre exemplaire, varié dans le coin. 1825. AR.

1132. *Pardao.* PARDAO.GOA. Buste du roi à droite; à l'exergue, 1821. R*. Le même. AR.

1133. *Demi-Pardao.* 150 REIS.GOA. Semblable dans le type. 1820. AR.

1134. *Tanga*. TANGA.GOA. Buste du roi à droite; à l'exergue, 1820. R*. Même écusson. AR.

1134 bis. *Demi-Tanga*. 30 REIS. R* Écusson du royaume-uni, Portugal et Brésil. AE.

1135. *Vintem*. 20 REIS. Type semblable. AE.

1136. *Quinze réaux*. 15 REIS. Type semblable. AE.

1137. *Douze réaux*. 12 REIS. Type semblable. AE.

1138. *Dix réaux*. 10 REIS. Type semblable AE.

1139. *Neuf réaux*. NOVE REIS. Type semblable. AE.

1140. — 9 REIS. Type semblable. AE.

1141. *Six réaux*. 6 REIS. Type semblable. AE.

1142. *Trois réaux*. 3 REIS. Type semblable. AE.

D. PEDRO IV (1826-1828).

1143. *Bazaruco*. Croix du Christ cantonnée, avec l'an 1828. B*. Écusson du Portugal. PL. (Rare.)

1144. —. Semblable, avec l'an 1827 et la quatrième partie du poids. PL. (Très-rare.)

D. MARIA II 1828-1852.

1145. *Rupia*. RVPIA GOA. Buste à droite, couronné de laurier; à l'exergue, 1831. R*. Écusson du Portugal sur la sphère. AR.

1146. — RVPIA DE GOA. Écusson du Portugal au milieu de six croix formées par cinq points et aeune. R*. 600 R., dans une couronne de laurier; à l'exergue, 1834 AR. (Inédite et rare.) C'est incontestablement le meilleur coin fabriqué à Goa.

1147. *Pardao* ou *Xarafin*. HUM XARAFIM DE GOA. Semblable quant au type. R*. 300 R. AR. (Inédite et très-rare.)

1148. *Demi-Pardao* ou *demi-Xarafin*. MEIO XARAFIM. Type semblable au précédent. R*. 150. R. 1834. AR. (Rare.)

1149. *Tanga*. Au milieu de deux palmes, 60 R. R*. Écusson du Portugal, également en re deux palmes; exergue, 1834. AE.

1150. *Demi-Tanga*. 30 R. Type semblable. 1834. AE.

1151. *Dix réaux*. 10 R. Type semblable. 1834. AE.

1152. *Cinq réaux*. 5 R. Type semblable. 1834. AE.

1153. *Trois réaux*. 3 R. Type semblable. 1834. AE. Toutes ces monnaies de cuivre, frappées en 1834, sont inédites et rares.

1154. *Rupia*. RVPIA DE GOA. Buste de la reine, à gauche; à l'exergue, 1839. R*. Écusson du Portugal, au milieu de deux palmes. AR.

1155. *Pardao.* PARDAO DE GOA. Type semblable. AR. *Les Rupias et Pardaos frappés en 1839 ont la singularité d'être faits de l'argent appartenant aux anciens couvents de Goa.*

1156. *Saint-Thomas.* Croix d'Avis, ayant aux angles supérieurs — 12 — X.; et aux inférieurs, l'an 1841. R*. Écusson du Portugal, entre deux palmes. AV.

1157. *Rupia.* MARIA II.PORTUG.ET.ALGARB.REGINA. Buste de la reine à gauche; à l'exergue, 1848. R*. RUPIA, au milieu de deux palmes. AR.

1158. *Pardao.* Semblable. R*. PARDAO. AR.

1159. *Demi-Pardao.* Semblable. R*. MEIO-P. AR.

1160. *Rupia.* Croix d'Avis, cantonnée, de l'an 1841; au-dessus, 600; dessous, DIO. R*. Écusson du Portugal. AR.

1161. *Quinze réaux.* 15 — R.—D. (Dio) R*. Écusson du Portugal entre deux fleurons; à l'exergue, 1847. — AE.

1162. *Tanga.* 60 R. Au centre de deux palmes. R*. Écusson du royaume, 1840. AE.

1163. *Demi-Tanga.* Semblable; 30 R. AE.

1164. *Demi-Tanga.* 30 R. 1/2 T. R*. Écusson du Portugal Æ.

1165. *Quinze réaux.* 15 R. R*. Écusson du Portugal Æ.

1166. *Douze réaux.* 12 R. R*. Semblable au précédent. 1048. Æ.

1167. *Dix réaux.* 10 R. R*. Semblable aux précédents. 1848. Æ.

1168. *Sept et demi-réaux.* 7 1/2 R. R*. Semblable. 1848. Æ.

1169. *Six réaux.* 6 R. R*. Semblable. 1848. Æ.

1170. *Quatre et demi-réaux.* 4 1/2 R. R*. Semblable. 1848. Æ.

1171. *Trois réaux.* 3 R. R*. Semblable. 1848. Æ.

1172. *Pardao.* (Essai monétaire.) MARIA II. PORTUG. ET ALGARB.REGINA. Buste de la reine à gauche; à l'exergue, 1851. R*. Écusson du Portugal avec ornements; dessous, PARDAO DE GOA. AR. (Rare.)
Ce coin fut gravé à Lisbonne, mais aux Indes, on ne pouvait pas en faire usage; faute d'outils nécessaires, on y employait encore le marteau.

D. PEDRO V. (1853-1861).

1173. *Rupia.* PETRUS.V.PORTUG.ET.ALGARB.REX. Buste du roi à droite; à l'exergue, 1857. R*.RVPIA-GOA, au centre de deux palmes. AR.

1174. *Pardao.* Même avers. R*. PARDAU-GOA, au centre de deux palmes. AR.

1175. *Demi-Pardao.* — R*. MEIO-P. AR.

1176. *Tanga.* Buste du roi à droite; dessous, 1858. R*. 60 R. AR (Rare.)

SIXIÈME SÉRIE.

MONNAIES POUR LE BRÉSIL.

D. PEDRO. II (1683-1706).

1177. *Quatre mille réaux*. PETRVS.II.D.G.PORTVG.REX. Écusson du Portugal des deux côtés; quatre rosettes et la valeur 4000. R*. ET BRASIAE.DOMINVS.ANNO 1695. Croix de Saint-Georges au centre de quatre arceaux. AV. (Loi du 8 mars 1694; dans la proportion de 105,600 réaux le marc d'or.)

1178. — Autre exemplaire varié dans le coin. 1700. AV.

1179. *Deux mille réaux*. Semblable; valeur marquée 2000. 1695.

1180. *Mille réaux*. Semblable; valeur marquée 1000. 1696. AV.

1181. *Quatre patacas*. (Essai monétaire.) PETRVS.II.D.G. PORTVG.REX.D.BR. Écusson du Portugal, des deux côtés, la valeur 640, au centre de deux rosettes et l'an 1695, au milieu de deux rosettes. R*. TERRA S.CRVCIS.SVBILL VICTRIX.1695. Cercle de feuillage; au centre, une croix latine sur un calvaire. AR. Inédite et unique.

1182. — PETRVS.II.D.G.PORT.REX ET BRAS.D. Les armes du Portugal; sur les côtés, trois rosettes et la valeur 640; des deux côtés de la couronne = 16-95. R*. SVBQ.SIGN.NATA.STAB. Croix de l'ordre du Christ, avec la sphère au centre. AR. C.

1183. — Un autre exemplaire ayant sur la sphère B. (Bahia). AR.

1184. *Deux patacas*. Pareil; valeur marquée 320 — 1696. AR.C.

1185. — Autre exemplaire, avec B. sur la sphère. AR. C.

1186. *Pataca*. Pareil; valeur marquée 160. 1695. AR.

1187. — Autre, avec un P. sur la sphère (Porto), 1701. AR.

1188. *Deux vintems*. Pareils; valeur marquée 40 = ne porte pas l'année AR.

1189. — Autre, varié. AR.

1190. *Vintem*. PETRVS.II.D.G.P.REX.B. Armes du royaume, aux côtés, six points. R*. Croix de l'ordre du Christ, avec la sphère et cantonnée par quatre rosettes. AR. (Rare.)

1191. — PETRVS.II.D.G.PORTVG.P.D. ÆTHIOP. Armes du Portugal, écusson avec ornements. R*. MODERATO.SPLENDEAT. VSV. 1697. Dans le champ, au milieu de quatre arceaux avec fleurons, aux points de jonction, quatre PP., et dans le centre, XX. Æ. C.

1192. *Dix réaux*. Pareil ; dans le champ, X. AE. C.

1193. *Cinq réaux*. Pareil ; dans le champ, V. — (Inédite et très-rare.)

D. IOAO V (1706-1750).

1194. *Quatre mille réaux*. IOANNES.V.D.G.PORTUG.REX. Armes du Portugal ; aux côtés, quatre rosettes et la valeur 4000. R*. ET BRASIAE.DOMINVS.ANNO. 1749. Croix de Saint-George au milieu de quatre arceaux. AV. (Loi du 12 septembre 1748.) (Rare.)

1195. *Deux mille réaux*. Pareil ; valeur marquée 200. 1749. AV. (Rare.)

1196. *Mille réaux*. Pareil ; valeur marquée 1000. 1749. AV. (Rare.)

1197 *Quatre patacas*. IOANNES.V.D.G.PORT.REX.ET.PRAS.D. Armes du Portugal ; aux côtés, quatre rosettes et la valeur 640 réaux aux côtés de a couronne 17—49. R. SVBQ.SIGN.NATA.STAB. Dans le champ, croix de l'ordre du Christ, avec la sphère. AR. C.

1198. *Deux patacas*. Pareil ; valeur marquée, 320. AR.C.

1199. *Pataca*. Pareil ; valeur marquée, 160. AR. C.

1200. *Demi-pataca*. Pareil aux précédents ; valeur marquée 80. AR. (Rare.) *Les deux vintems en argent ne furent pas frappés pendant ce règne.*

1201. *Vintem*. IOANNES. V. D. G. P. ET BRASIL. REX. Dans le champ, au milieu de trois rosettes, XX ; au dessus, la couronne royale ; dessous, 1743. R*. PECVNIA TOTVM CIRCVMIT. ORBEM. Sphère au milieu. Æ.

1202. *Dix réaux*. Pareil au précédent ; X. An 1715. Æ.

1203. Autre, avec contre-marque. 1715. Æ.

1204. *Cinq réaux*. Pareil ; V. 1749. (Très-rare.)

1205. *Deux vintems*. IOANNES. V. D. P. ET. BRASIL. REX. Écusson des quines couronné ; aux côtés, six rosettes. R*. ÆS. VSIBVS. APTIVS. AVRO. 1722. Dans le champ, au centre d'une couronne de myrte, XL, ayant au-dessus et au-dessous trois rosettes. Æ. C.
Cette monnaie et la suivante furent frappées pour la province de Minas-Geraes, au Brésil.

1206. *Vintem*. Pareil au précédent ; valeur marquée XX. 1722. AE. C.

D. IOSE I (1750-1777.)

1207. *Quatre mille réaux*. IOSEPHVS. I. D. G. PORTVG. REX. Armes du Portugal ; aux côtés, quatre rosettes et la valeur 4000. R*. ET. BRASI.Æ. DOMINVS. ANNO 1775. Croix de Saint-Georges au milieu de quatre arceaux. AV.

1208. *Deux mille réaux*. Pareil au précédent; valeur marquée 2000. 1773. AV.

1209. *Mille réaux*. Pareil, valeur marquée 1000. 1774. AV.

1210. Pareil pour le type, mais d'un plus petit diamètre et plus épais. 1774. AV.

1211. *Quatre patacas.* IOSEPHUS. I. D. G. PORT. REX. ET. BRAS. D. Armes du Portugal; aux côtés trois rosettes et la valeur 640. Aux côtés de la couronne, 17-71. R*. SUBQ. SIGN. NATA. STAB. Croix du Christ, avec la sphère au milieu. AR.

1212. *Deux patacas*. Pareille ; valeur marquée 320. 1768. AR.

1213. *Pataca*. Pareille ; valeur marquée 160. 1791. AR.

1214. *Demi-pataca*. Pareille ; valeur marquée 80. 1771. AR.

1215. *Six tostoès*. Au centre entre, deux rosettes, J ; au-dessus, la couronne royale ; à gauche, au milieu de deux points, 600 ; à droite, trois rosettes; dessous, 1756. R*. Même revers. B. (Bahia) AR.

1216. Pareil, avec un R (Rio de Janeiro). 1758. AR.

1217. — Pareil, avec contre-marque de l'écusson du Portugal, 1754. AR.

1718. *Trois tostoes*. Pareil ; valeur marquée 300. R sur la sphère, 1751. AR.

1219. — Pareil ; B. sur la sphère, 1758. AR.

1220. — Pareil; contre-marque de l'écusson de Portugal, 1764. AR.

1221. *Cent cinquante réaux*. Pareil, valeur marquée 150. R sur la sphère, 1754. AR.

1222. — Pareil ; B sur la sphère, 1753. AR.

1223. — Pareil; contre-marque de l'écusson du Portugal, 1754. AR.

1224. *Soixante-quinze réaux*. Pareil ; valeur marquée 75. R sur la sphère. 1755. AR.

1225. — Pareil ; B sur la sphère. 1754. AR.

1226. — Pareil; contre-marque de l'écusson du Portugal. 1755. AR.

1227. *Deux vintems*. IOSEPHUS. I. D. G. P. ET BRASILIAE. REX. Dans le champ, au milieu d'un cercle de grènetis et entre trois rosettes, XL ; au-dessus, la couronne royale ; dessous, 1753. R*. PECUNIA TOTUM CIRCUMIT ORBEM. Au centre, la sphère. Æ.

1228. — Trois exemplaires variés, dont l'un avec la contre-marque de l'écusson du Portugal, 1754-57-59. Æ.

1229. *Vintem*. Pareil ; valeur marquée XX. 1755. Æ.

1230. *Dix réaux*. Pareil ; valeur marquée X. 1757. Æ.

1231. *Cinq réaux*. Pareil ; valeur marquée V. 1758. Æ.

D. MARIA I (1777-1799).

1232. *Quatre mille réaux.* MARIA I. ET PETRUS III. D G, PORTUG. REGES. Armes du Portugal; aux côtés, quatre rosettes et la valeur 4000. R*. ET BRASIAE. DOMINVS ANNO 1783. Croix de Saint-Georges au milieu de quatre arceaux. AV.

1233. *Deux mille réaux.* Pareil; valeur marquée 2000. 1783. AV.

1234. *Mille réaux.* Pareil; valeur marquée 1000. 1782. AV.

1235. *Quatre patacas.* MARIA I. ET PETRUS III. D. G. PORT. REGES. ET BRAS. D. Armes du Portugal; aux côtés, trois rosettes et la valeur 640; aux côtés de la couronne, 17-83. R*. SUBQ. SIGN. NATA. STAB. Croix de l'ordre du Christ, ayant au milieu la sphère. AR. C.

1236. *Deux patacas.* Pareil; valeur marquée 320. 1782. AR. C.

1237. *Pataca.* Pareil; valeur marquée 160. 1780. AR. C.

1238. *Demi-pataca.* Pareil; valeur marquée 80. 1785. AR.

1239. *Deux vintems.* MARIA I. ET PETRUS III. D. G. P. ET BRASIL. REGES. Au milieu, dans un cercle de grènetis et entre trois rosettes, XL; au-dessus, la couronne royale, dessous, 1778. R*. PECUNIA. TOTUM. CIRCUMIT. ORBEM. Sphère. Æ.

1240. *Vintem.* Pareil; valeur marquée XX. Æ.

1241. — Autre exemplaire, avec contre-marque de l'écusson portugais. 1780. Æ.

1242. *Dix réaux.* Pareil valeur; marquée X. 1781. Æ.

1243. *Cinq réaux.* Pareil; valeur marquée V. 1780. Æ.

1244. *Quatre mille réaux.* MARIA I. D. G. PORTUG. REGINA. Armes du Portugal; aux côtés, quatre rosettes et la valeur 4000. R*. ET BRASILIE DOMINA. ANNO 1805. Croix de Saint-Georges, au milieu de quatre arceaux. AV.

1245. *Deux mille réaux.* Pareil; valeur marquée 2000. 1793. AV.

1246. *Mille réaux.* Pareil; valeur marquée 1000. 1787. AV

1247. *Quatre patacas.* MARIA I. D. G. PORT. REGINA ET BRAS. D. Armes du Portugal; aux côtés, quatre rosettes et la valeur 640, aux côtés de la couronne, 17-80. R*. SUBQ. SIGN. NATA. STAB. Croix de l'ordre du Christ, ayant au centre la sphère. AR.

1248. Autre exemplaire, avec B sur la sphère. 1800. AR.

1249. *Deux patacas.* Pareil; valeur marquée 320. 1800. AR. C.

1250. *Pataca.* Pareil; valeur marquée 160. 1799. AR.

1251. *Demi-pataca.* Pareil; valeur marquée 80. 1787. AR.

1252. *Deux vintems.* MARIA I. D. G. PORT. ET BRASIL. REGINA. Dans un cercle de grènetis et au milieu de trois rosettes.

XL ; au-dessus, la couronne royale ; dessous, 1778. R*. PECUNIA TOTVM CIRCUMIT ORBEM. Sphère au centre. Æ.

1253. Mêmes coin et valeur, mais d'un plus petit diamètre et de la moitié du poids. 1799. Æ.

1254. *Vintem.* Pareil ; valeur marquée XX. 1787. Æ.

1255. Pareil, mais d'un plus petit diamètre et de la moitié du poids. 1787. AE.

1256. *Dix réaux.* Pareil, valeur marquée X. 1787. Æ.

1257. Autre exemplaire, avec contre-marque. 1799. Æ.

1258. Autre, avec le même type, mais d'un plus petit diamètre et de la moitié du poids. 1799. Æ.

1259. *Cinq réaux.* Pareil ; valeur marquée V. 1786. Æ.

1260. Autre exemplaire, même type, mais plus petit et de la moitié du poids. 1799. Æ.

D. IOAO (1799-1825).

1261. *Quatre mille réaux.* IOANNES D. G. PORT. ET ALG. P. REGENS. Armes du Portugal ; aux côtés, quatre rosettes et la valeur, 4000. R*. ET BRASIAE. DOMINUS. ANNO 1817. Croix de Saint-Georges au milieu de quatre arceaux. AV. C.

1262. *Six patacas.* IOANNES D. G. PORT. P. REGENS ET BRAS. D. Armes du Portugal ; aux côtés, trois rosettes et la valeur, 960 ; aux côtés de la couronne, 18-13. R*. SUBQ. SIGN. NATA. STAB. Croix de l'ordre du Christ, ayant au centre la sphère avec un R. AR. C.

1263. *Quatre patacas.* Pareil ; valeur marquée 640. 1816. AR. C.

1264. *Deux patacas.* Pareil ; valeur marquée 320. 1812. AR. C.

1265. Autre exemplaire, avec contre-marque de l'écusson portugais, 1813. AR.

1266. *Pataca.* Pareil ; valeur marquée 160. 1813. Æ.

1267. *Demi-pataca.* Pareil ; valeur marquée 80. 1816. AR.

1268. *Quatre vintems.* IOANNES D. G. PORT. ET BRAS. P. REGENS. Dans le champ, au milieu de trois rosettes, LXXX ; au-dessus, la couronne royale ; dessous, 1811. R*. PECUNIA TOTUM. CIRCUMIT. ORBEM. Sphère au centre avec un R. Æ. (Inédite et rare.)

1269. Autre exemplaire d'un plus petit diamètre et de la moitié t poids ; contre-marque de 40. 1818. AE.

1270. *Deux vintems.* Pareil ; valeur marquée XL. 1812. Æ. C.

1271. *Vintem.* Pareil ; valeur marquée XX. 1812. Æ. C.

1272. *Dix réaux.* Pareil ; valeur marquée V. 1806. Æ. C.

1273. *Quatre mille réaux.* IOANNES VI. D. G. PORT. ET ALG. REX. Armes du royaume-uni de Portugal et du Brésil. R*. ET

BRASIAE. DOMINUS. ANNO 1822. Croix de Saint-Georges au milieu de quatre arceaux. AV.

1274. *Six patacas.* IOANNES VI. D. G. PORT. BRAS. ET ALG. REX. Dans le champ, au centre de deux rameaux, 960; au-dessus, la couronne royale; dessous, 1821.-R. R'. SUBQ. SIGN. NATA. STAB. Croix de l'ordre du Christ, avec la sphère au centre et l'écusson du Portugal. AR. C.

1275. *Quatre patacas.* Pareil; valeur marquée 640. 1820. AR. C.

1276. *Deux patacas.* Pareil; valeur marquée 320. 1818. AR. C.

1277. *Pataca.* Pareil; valeur marquée 160. 1821. AR. C.

1278. *Demi-pataca.* Pareil; valeur marquée 80. 1818. AR. Rare.

1279. *Quatre vintems.* IOANNES VI. D. G. PORT. BRAS. ET ALG. REX. Au milieu d'un cercle de grènetis et entre cinq rosettes, LXXX, au-dessus la couronne royale, dessous, 1822.-R. R'.PECUNIA. TOTUM CIRCUMIT. ORBEM. Au centre, la sphère, avec l'écusson du Portugal. Æ.

1280. Autre, avec un B. 1820. Æ.

1281. *Deux vintems.* Pareil; valeur marquée XL. 1822-R. Æ. C.

1282. *Vintem.* Pareil; valeur marquée XX. 1823. Æ. C.

1283. *Dix réaux.* Pareil; valeur marquée X. 1820. Æ. C.

1284. *Soixante-quinze réaux.* IOANNES VI. D. G. PORT. BRAS. ET ALG. REX. Dans le champ, au milieu d'un cercle de grènetis. 75; aux côtés, deux rosettes; au-dessus, la couronne royale; dessous, 1819-M. R'. PECUNIA TOTUM. CIRCUMIT. ORBEM. Au centre, la sphère avec l'écusson du Portugal. Æ. Elle est inédite et très-rare, frappée dans la province de Minas-Geraes, au Brésil, ainsi qu'une autre de la valeur de 37 1|2, dont nous avons vu un exemplaire dans la collection de M. Manoel Bernardo, avec le millésime 1821.

Le Brésil étant devenu indépendant et érigé en empire, on y continua à frapper les monnaies sous le nom de D. Pedro Ier (IVe de Portugal).

SEPTIÈME SÉRIE.

MONNAIES POUR LES ILES D'AÇORES.

D. IOSE I (1750-1777).

1285. *Dix réaux.* IOSEPHUS. I. D. G. PORT. ET. ALG. REX. Dans le champ II (Iose Ier), ayant au milieu un fleuron, aux côtés l'an 17-50; au-dessus, la couronne royale; dessus, X. R*. PECUNIA INSULANA. Les quines au centre de deux palmes, avec la couronne royale au-dessus. Æ. C.

1286. *Cinq réaux.* Pareil; valeur marquée V — 1751. — Æ. C.

1287. *Trois réaux.* Pareil; III — 1750. (Inédite et très-rare.)

D. MARIA I (1777-1799).

1288. *Trois tostoes.* MARIA. I. D. G. PORT. ET. ALG. REGINA. Armes du Portugal; aux côtés, la valeur 300 et l'an 1795. R*. IN. HOC. SIGNO. VINCES. Croix de l'ordre du Christ, cantonnée par quatre rosettes. AR. C. (Loi du 8 janvier 1795.)

1289. *Cent-cinquante réaux.* Pareil; valeur marquée 150.—1796. — AR. C.

1290. *Soixante-quinze réaux.* Pareil; valeur marquée 75. — 1795. — AR. C.

1291. *Vintem.* MARIA. I. DEI. GRATIA. Armes du Portugal, avec ornements. R*. PORTUGALLÆ. ET. ALGARBIORUM. REGINA. Dans le champ, au milieu d'une couronne de laurier, 20, ayant au-dessus un fleuron, et dessous, l'an 1795. Æ. C.

1292. *Dix réaux.* Pareil; valeur marquée 10. — 1796. — Æ. C.

1293. *Cinq réaux.* Pareil; valeur marquée 5. — 1795. — Æ. C.

D. IOAO VI (1799-1826).

1294. *Vintem.* IOANNES. DEI. GRATIA. Armes du Portugal avec ornements. R*. PORTUGALIÆ. ET. ALGARB. PRINCEPS. Dans le champ, au milieu d'une couronne de chêne, XX; dessous, 1800. — Æ. (Inédite et rare.)

1295. *Dix réaux.* Pareil; valeur marquée X; 1800. Æ. (Inédite et rare.)

1296. *Cinq réaux.* Pareil; valeur marquée V. — 1801. Æ. (Inédite et rare.)

D. MARIA II (1829-1853).

1297. *Maluco.* MARIA. II. D. G. PORT. ET. ALG. REGINA. Armes du Portugal très-ornementées. R*. UTILITATI + PUBLICÆ + ILHA + TERCEIRA. Dans le champ, 80 (reis), au milieu d'une couronne de chêne; dessous, 18-29. Monnaie obsidionale en bronze, fondue avec les cloches des couvents. Valeur un teston. (Décret de la Junte, 7 mai 1829.)

1298. *Vintem.* MARIA. II. DEI. GRATIA. Armes du Portugal avec ornements. R*. PORTUGALIÆ ET. ALGARBIORUM. REGINA. Dans le champ, au milieu d'une couronne de chêne, 20; au-dessus, un fleuron; dessous, 1843. Æ. C.

1299. *Dix réaux.* Pareil; valeur marquée 10. 1843. Æ. C.

1300. *Cinq réaux.* Pareil; valeur marquée V; 1843. Æ. C.

Pour l'île de Madère.

1301. *Vintem.* MARIA. II. D. G. PORTUG. ET. ALG. REGINA. Armes du Portugal. R*. PECUNIA MADEIRENSIS. Au milieu d'une couronne de vigne, XX; à l'exergue, 1842. Æ.

1302. *Dix réaux.* Pareil; valeur marquée X; 1842. Æ.

1303. *Cinq réaux.* Pareil; valeur marquée V: 1850. (Très-rare.)

Pour les Açores.

D. LUIZ I.

1304. *Vintem.* LUDOVICUS. I. DEI. GRATIA. Armes du Portugal avec ornements. R*. PORTUGALLE. ET. ALGARBIORUM REX. Au centre d'une couronne de chêne, 20; 1865. Æ.

1305. *Dix réaux.* Pareil; valeur marquée 10; 1865. Æ.

1306. *Cinq réaux.* Pareil: valeur marquée 5; 1865. Æ.

HUITIÈME SÉRIE.

MONNAIES POUR L'AFRIQUE PORTUGAISE.

D. IOSE I (1750-1777).

Mozambique.

1307. *Huit cruzados.* IOSEPHUS. I. D. G. PORT. REX. ET. D. AFOR. Armes du Portugal; aux côtés, trois rosettes et la valeur 800; aux côtés de la couronne, 17-55. R*. SUBQ. SIGN. NATA. STAB. Croix de l'ordre du Christ, avec la sphère au centre. AR. (Inédite et très-rare.)

1308. *Quatre crusados.* Pareil; valeur marquée 400 ; 1755. AR. (Inédite et très-rare.)

1309. *Deux crusados.* Pareil; valeur marquée 200; 1755. AR. (Inédite et très-rare.)

1310. *Crusado.* Pareil; valeur marquée 100; 1755. AR. (Inédite et très-rare.)

Angola.

1311. *Douze macutas.* IOSEPHUS. I. D. G. REX. P. ET D. GUINEÆ. Armes du Portugal. R*. AFRICA PORTUGUEZA. 1762. Dans le champ, au milieu d'une couronne de chêne, écrit en trois lignes, MACU — TAS — 12. AR.

1312. *Dix macutas.* Pareil; valeur marquée MACU — TAS — 10; 1763. AR.

1313. *Huit macutas.* Pareil; valeur marquée MACU—TAS — 8: 1770. AR.

1314. *Six macutas.* Pareil; valeur marquée MACU — TAS — 6: 1762. AR.

1315. *Quatre macutas.* Pareil; valeur marquée MACU — TAS — 4; 1763. AR.

1316. *Deux macutas.* Pareil; valeur marquée MACU — TAS — 2; 1762. AR.

1317. *Macuta.* IOSEPHUS. I. D. G. REX. P. ET. D. GUINEÆ. Armes du royaume uni du Portugal et du Brésil. R*. AFRICA. PORTUGUEZA. 1770. Dans le champ, au milieu d'un cercle de grènetis et de cinq fleurons, MACU—TA—1—Æ.

1318. — Trois autres exemplaires variés, deux avec contre-marque. Æ.

1319. *Demi-macuta.* Pareil; valeur marquée MACU—TA 1/2. 1770. Æ. C.

1320. — Autre avec contre-marque; 1763. Æ. C.

1321. *Equipaga.* Pareil; valeur marquée MACU — TA.1/4. 1763. Æ. C. (Valeur : douze et demi réaux.)

1322. *Pano.* Pareil ; valeur marquée V ; 1770. Æ.

D. MARIA I (1777-1799).

1323. *Douze macutas.* MARIA I. ET. PETRUS III. D. G. REGES. P. ET. D. GUINEÆ. R*. Armes du Portugal. Pareil aux précédents de D. Jo-e. 1783. AR.

1324. *Dix macutas.* Pareil ; 1783. AR.

1325. *Huit macutas.* Pareil; 1784. AR.

1326. *Six macutas.* Pareil ; 1785. AR.

1327. *Quatre macutas.* Pareil; 1785. AR.

1328. *Deux macutas.* Pareil ; 1784. AR.

1329. *Macuta.* MARIA. I. ET. PETRUS. III. D. G. REGES. P. ET. D. GUINEÆ. Armes du Portugal et du Brésil. R*. Pareil aux macutas précédentes de D. Jose ; 1785. Æ.

1330. *Demi-macuta.* Pareil ; 1784. Æ.

1331. — Autre, avec contre-marque; 1785. Æ.

1332. *Equipaga.* Pareil; 1784. Æ.

1333. — Autre, avec contre-marque. Æ.

1334. *Douze macutas.* MARIA. I. D. G. REGINA. P. ET. D. GUINEÆ. Armes du Portugal. R*. Comme les précédentes. 1796. AR.

1335. *Dix macutas.* Pareil ; 1797. AR.

1336. *Huit macutas.* Pareil; 1796. AR.

1337. *Six macutas.* Pareil ; 1795. AR.

1338. *Quatre macutas.* Pareil; 1797. AR.

1339. *Deux macutas.* Pareil; 1796. AR.

1340. *Macuta.* MARIA. I. D. G. REGINA. P. ET. D. GUINEÆ. Armes du Portugal et du Brésil. R*. Pareil aux précédentes de cuivre; 1796. Æ. C.

1341. — Autre exemplaire avec contre-marque d'Afrique ; 1797. Æ. C.

1342. *Demi-macuta* Pareil ; 1796 Æ. C.

1343. *Équipaga* ou *quart de macuta.* Pareil; 1796. Æ.

1344. — Autre, avec contre-marque; 1797. Æ. C.

D. IOAO VI (1799-1826).

1345. *Deux macutas.* IOANNES. D. G. PORT. P. REGENS. ET. D. GUINEÆ. Armes du Portugal et du Brésil. R*. AFRICA. PORTUGUZA. 1815. Dans le champ, au cent e d'un grènetis et entre cinq fleurons, MACU — TAS — 2. Æ. Quand on augmenta la valeur des *macutas*, on apposa des contre-marques sur quelques-unes, et on en frappa d'autres ayant le double de la valeur et la moitié du poids.

1346. *Macuta.* Pareil au précédent; 1814. Æ.

1347. *Demi-macuta.* Pareil; 1814. Æ.

1348. *Equipaga* ou *quart de macuta.* Pareil; 1814. Æ.

Pour les îles de Saint-Thomas et du Prince.

1349. *Quatre vintems.* IOANNES. D. G. PORT. ET. BRAS. P. REGENS. Dans un cercle de grènetis, et au milieu de deux fleurons, 80; au-dessus, la couronne royale; dessous, 1813. R*. PECUNIA TOTUM. CIRCUMIT. ORBEM. Au centre, la sphère avec R. (Rio de Janeiro). Æ. (Rare.)

1350. *Deux vintems.* Pareil; valeur marquée 40; 1814. Æ. (Rare.)

1351. *Vintem.* Pareil; valeur marquée, 20; 1814. Æ.

1352. *Quatre vintems.* IOANNES. VI. D. G. PORT. BRAS. ET. ALG. REX. Dans un cercle de grènetis, au milieu de deux fleurons, 80; au-dessus, la couronne royale; dessous, 1825. R*. Les mêmes légende et sphère des précédents, ayant au centre les armes du Portugal. Æ C.

1353. *Deux vintems.* Pareil; valeur marquée 40; 1820. Æ. C.

1354. *Vintem.* Pareil; valeur marquée 20; 1821; Æ. C.

D. MIGUEL I (1828-1833).

Pour Angola.

1355. *Deux macutas.* MIGUEL. 1. D. G. REX. PORT. ET. D. GUINEÆ. Armes du Portugal sur la sphère. R*. AFRICA. PORTUGUEZA 1833. Dans le champ, au centre d'un grènetis et entouré de cinq fleurons, MACU—TAS—2. Æ. (Inédite et très-rare.)

1356. *Macuta.* Pareil; 1833. Æ. (Inédite et rare.)

1357. *Demi-macuta.* Pareil; 1833. Æ. (Inédite et rare.)

1358. *Equipaga* ou *quart de macuta.* Pareil; 1833. Æ. (Inédite et rare.)

D. MARIA II (1833-1853).

1359. *Demi-macuta.* MARIA. II. D. G. REGINA. PORTUG. ET. D. GUINEÆ. Armes de Portugal sur la sphère. R*. AFRICA POR-

TUGUEZA. 1853 ; au centre d'un cercle de grènetis, MACUTA 1/2 ; au-dessus, trois rosettes; dessous, quatre fleurons. Æ. C.

Pour Mozambique.

1360. *Barrinha*, 2 1/2 *meticaes*. R*. M, trois rosettes en contremarque, celle du centre sur le M, et le tout entouré de grènetis. Ca ré long en or de mauvais aloi, — poids 4 gros — valeur 66 cruzades, AV. (Rare.)

1361. *Demi-barrinha*. Pareille, avec la moitié du poids et d'un or supérieur. (Très-rare.)

1362. *Pataca ou canello*. ONÇA — 6 Cr, dans un carré de grènetis, en dehors, aux angles, deux rosettes en contre-marque. R*. M— 1843. Trois rosettes en contre-marque, dont deux aux angles et une sur le M. carré long, en argent fin, avec la valeur de 6 cruzades et du poids de 1 once. AR. (Rare.)

1363. *Quatre vintems*. MARIA. II. D. G. PORTUG. ET. ALG. REGINA. Armes du Portugal. R*. PECUNIA TOTUM. CIRCUMIT. ORBEM. Dans une couronne de laurier et de chène. 80 ; dessous, 1840. Æ. *Cette pièce et les quatre suivantes ont été frappées à la Monnaie de Lisbonne.* (Très-rare.)

1364. *Deux vintems*. Pareil ; valeur marquée 40 ; 1840. Æ. (Rare.)

1365. *Vintem*. Pareil ; valeur marquée 20 ; 1840. Æ. (Rare.)

1366. *Deux réaux*. MARIA. II. DEI. GRATIA. Armes du Portugal avec ornements. R*. PORTUGALIÆ. ET. ALGARBIORUM. REGINA. 1853. Dans une couronne de laurier et chêne, II. Æ. C., ayant le poids proportionné aux monnaies de cuivre du royaume. C. (Loi du 29 décembre 1852);

1367. *Réal*. Pareil ; valeur marquée I ; 1853. Æ. C.

D. PEDRO V (1853-1861).

1368. *Macuta*. PETRUS. D. G. REX. PORT. ET. D. GUINEÆ. Armes du Portugal, avec l'écusson au milieu de la sphère. R*. AFRICA PORTUGUEZA. 1860. Dans le champ, dans un cercle de grènetis, MACUTA—1. — Æ.

1369. *Demi-macuta*. Pareil au précédent ; valeur marquée 1/2. 1860. Æ.

NEUVIÈME SÉRIE.

MÉDAILLES.

D. DUARTE.

1370. LEONORA FILIA EDUARDI. REG PORTUGAL FRID. III IMP. UXOR. Au centre d'un cercle d'ornements, l'Impératrice assise de face et couronnée ; le sceptre dans la main droite, et avec la gauche tenant le globe. R* UT. ROSA FLORES SPLENDORE CORUSCO PRÆFULGET. SIC. LEONORA VIRTUTUM AMATO CHORO PRAESTAT. Écrit dans deux cercles entre des grènetis et des ornements ; sur le champ une rose double, ouverte. 1454-1367. AV. (Très-rare.)

D. PHILIPPE III.

1371. Tabernacle avec la porte renversée de côté ; dessus, un ostensoir avec le saint sacrement. R* BEMDITO-E LOVVADO SE-IA OSANTISSI-MO SACRAM-ENTO, écrit sur le champ, en cinq lignes. Oblongue. Æ (dorée). *Médaille portée par la confrérie de la profanation de l'eglise de Sainte-en-Grâce.* (Rare.)

D. IOAO IV.

1371. *bis.* — IOANNES.IIII.D.G.REX.PORTVG. 1641. Buste du roi à droite ; à l'exergue, CLE. R*. VICI.MEA.FATA.SUPERSTES. Autel allumé ; au-dessus, une aigle éployé. AR. (Très-rare.)

1372. IOANNES IIII. D. G. PORTVGALLE. ET. ALGARBIÆ REX. Croix de l'ordre du Christ, ayant au centre les armes du royaume. R* TVTELARIS. REGNI. L'image de Notre-Dame de la Conception sur un globe et le croissant, avec la date 1648 ; sur les côtés, le soleil, la maison d'or, l'arche du tabernacle, le miroir, le jardin et la fontaine scellée. AR (Rare.) *Frappée en mémoire de Notre-Dame de la Conception, déclarée patronne du royaume par les Cortès de 1646. Elle eut cours comme pièce de monnaie de la valeur de 600 reis.*

1373. CATHER. D. G. MAG. BRIT. FRAN. ET. HIB. REGINA. A droite, le buste juvénile de Catherine, fille du roi D. Jean IV de Portugal. R* CAROLVS. II. D. G. MAG. BRIT. FRAN. ET. HIB. REX. Buste lauré, à droite, de Charles II d'Angleterre. AR. (Rare.)

D. IOAO V.

1374. IOANNES V. D. G. PORTUGALLÆ REX. Buste couronné de laurier à droite; à l'exergue, MDCCXV. R* NECTIT ET FIRMAT. Olivier avec trois branches jointes ensemble et portant deux couronnes (elles se réfèrent à celles des rois de Portugal et de France, qui célébraient la paix). A l'exergue, PAX TRAJECTENSIS. AR. (Rare.)

1375. IOANNES V. REX. PORTUG. ET. ALGARB. Buste du roi à droite. R* QUA DATA PORTA JUVAT. Un vaisseau sous voile, avec le pavillon portugais flottant, cinglant entre les deux colonnes du détroit de Gibraltar. A l'exergue, FUSIS. FUGATISQUE TURCIS. LUSIT. CLASSIS SUBSID. AD. TAENARUM. P. (*Portum*.) 1717. Æ.

1376. IOANNES. V. LUSITANORUM REX. A gauche, le buste du Roi couronné de laurier. R* HISTORIA RESURGENS. D. Jean V debout, habillé en empereur romain, tendant la main à une femme agenouillée qui représente l'Histoire; à l'exergue, REG. ACAD. HIST. LUSIT. INSTIT. VI. ID. DEC. CIƆIƆCCXX. Æ. (Fondation de l'Académie royale de l'histoire portugaise à Lisbonne = 8 décembre 1720.)

1377. IOANNES V. D. G. PORT. ET. ALG. REX. A droite, le buste du roi couronné de laurier; à l'exergue, 1731. R*. Les armes de Portugal, avec des ornements, et également sur les bords du grand médaillon AV.

1378. F. D. AN. MANOEL DE VILHENA M. M. A droite, le buste avec armes du grand maître; à l'exergue = MDCCXXV. R* INSIGNIS. GLORIA FACTI. La Religion, entourée de ses emblèmes, remettant à un guerrier, ayant à son côté un lion, le casque et des armes; auprès, divers ustensiles militaires. Æ. (Très-rare.)
Cette médaille rappelle le don d'un casque et d'une épée bénis par le pape Benoît XIII au grand maître, en témoignage de la grande estime où il le tenait lui et son ordre, pour ses victoires sur les infidèles.

1379. F. D. AN. MANOEL DE VILHENA M. M. Buste à droite du grand maître. R* En six lignes = ARX AD-MARSA MUCIETVM-INVALETTÆ = TUT ELAM ET SECVRITATEM-POSITA-AN. MDCCXXIII. Æ. (Rare.)

D. IOSE I.

1380. ERD. BEBEN. HIN. UND. WIEDER. MARCI 13. La ville de Lisbonne au moment du tremblement de terre; au-dessus, LISABON. Dessous, UNTERGANGEM AM. TAG. ALLER HEILIGEN. 1755. — R* DIE WASSERWOGEM WERDEN BRAUSEN. La mer agitée. AR. (Rare.)

1381. A. PERICULIS. CUNCTIS. LIBERA. NOS. Image de Notre-

Dame de la Délivrance, avec l'Enfant Jésus et saint Joseph. R* ACCEPTI. BENEFICII. HOC. POSUIT. MONUMENTUM. Temple avec colonnes et orné de statues; à l'exergue ANNO. DOMINI MDCCLX. AV. *Cette médaille et les deux suivantes furent frappées en commémoration de la tentative d'assassinat à laquelle échappa le roi, blessé dans la nuit du 2 septembre 1758 ; à cette occasion, il fit construire l'église de la Délivrance à l'endroit où l'on tira sur lui.*

1382. IN HONOREM. B. V. M. LIBERATRICIS. ET. S. IOSEPH. FUND. Place du temple; à l'exergue, BETHLEM. AN. DOM. MDCCLX. R* IOSEPHUS. I. PORT. ET. ALGARB. REX. Les armes de Portugal ; à l'exergue, ANNO REGNI SUI-X. AR.

1383. IOSEPHUS. I. PORTUGALLE REX. Buste du Roi, ceint de laurier et avec armure. R* B. V. M. LIBERATRICE ET. — IOSEPH. PROTECTORI-SUO ACCEPTI BENEFI-CI MONUMENTUM AN DOMINI MDCCIX, écrits en sept lignes dans le champ de la médaille.

1384. Notre-Dame de la Conception entourée de séraphins. R* COLLEGIO REAL DE N. S. DA CONCEIÇAO. Les armes de Portugal sur les emblèmes des sciences; à l'exergue, ANNO DOMINI MDCCLXVI. Æ. (Dorée.)

1385. CLEMENS XIV. PONT. M. A. II. A droite, buste du pape. R* REFULSIT SOL. Le pape tenant dans ses bras le Génie du Portugal, et foulant aux pieds une figure la face contre terre; du côté opposé, les armes portugaises; dans le champ, le soleil, et à l'exergue, CONCORDIA. A. MDCCLXX. AR.

1386. SEB. IOS. DE CARVALHO E MELLO MARCH DE POMBAL. A droite, le buste du marquis R* HAEC META LABORUM. Figure d'Hercule offrant les provinces d'or à la ville de Lisbonne; à gauche, les armes de Portugal, et dessus, la Renommée sonnant du clairon ; à l'exergue, MDCCLXXII. AR.

1387. Un autre exemplaire, d'un diamètre moindre. 1771. PL.

1388. Image de Notre-Dame de la Conception avec des séraphins. R* REAL COLLEGIO DE MAFRA, dans une espèce d'écusson très-orné; dessus, le soleil; à l'exergue, ANNO DOMINI. MDCCLXXII. Æ. (Dorée.)

1389. Ange sur un nuage, tenant un ruban sur lequel est écrit VICTORI, une palme et une couronne de lierre. R* HAEC IUVENUM DOCTO MAFRAE CERTAMINE PARTA. Dans le champ, le caducée entre des branches de laurier et d'yeuse. Æ. (Prix donné aux élèves.)

1390. MAGNANIMO RESTITUTORI. A gauche, la statue équestre du Roi, avec des figures allégoriques sur le piédestal; à l'exergue, MDCCLXXV. R* POST FATA RESURGENS. Bas-relief qui se trouve représenté sur une des faces du piédestal; à l'exergue, OLISIPO. AR.

1391. Un autre exemplaire de coin varié. AR.

1392. FUNDIDA EM 15 DE OUTUBRO DE 1774. SUSPENDIDA EM 20 DE MAIO DE 1775. COLLOCADA EM 26 DE MAIO DE 1775.

ABERTA COM ASSISTENCIA E DESANHO DO INVENTÔR 1775. Des appareils soutenant la statue ; devant, la Renommée; cadre rempli d'ornements. R* MAQUINA COM QUE SE SUSPENDEO-E ELEVOU POR UM ANGULO RECTO-FORA DA CASA DA FUNDI-ÇAO-PARA SE POR NO CARRO DE TRANS-PORTE A REAL ESTATUA EQUES-TRE DE S. MAGESTADE FIDELISSI-MA O SENHOR D. IOSE PRIMEIRO-FUNDIDA DE UMA SO VEZ SEM-A MENOR FENDA. EM A REAL FUN-DIÇAO DE ART^{ra} NA INT^{n}N-DENCIA-DOTENE^{te} GENERAL DA ARTR^a DO REINO MANUEL GOMES DE CARV^o-E SILVA, INVENTADA PE-LO BRI-GADEIRO BARTHOLOMEU DA COSTA, O PRIMEIRO QUE EM POR-TUGAL ACHOU PORCELANA E DES-COBRIO ESTA NO MESMO TEMPO-EM QUE IDEAVA E CONTINUAVA-OTRABALHO DE FUNDIR-A REAL ESTATUA. Inscription de vingt lignes dans le champ, dans un cadre orné; à l'exergue, LISBOA-GRAVADA NO ARCENAL R. DO EXERCITO POR IOAO DE FIGUEIREDO.

1393. REAL ESTATUA EQUESTRE DE S. MAGESTADE FIDE-LISSIMA D. IOZE I. A gauche, la statue du roi. R* Sur dix lignes, dans une espèce d'urne très-ornée : PRIMEIRA PORCELANA-ACHADA EM PORTUGAL-EM 1773 DESCUBERTA-PELO BRIGADEIRO. — BARTHOLOMEU DA-COSTA NO MESMO-TEMPO EM QUE CON-TINUAVA O TRABA-LHO DE FUNDIR A REAL ESTATUA. A l'exergue, GRAVADA NO ARSENAL REAL DO EXERCITO. IOAO DE FIGUEREDO. Porcelaine. (Très-rare et inédite.)

D. MARIA I.

1394. VESTIGIUM TEMPLI. Plan de l'église du Cœur-de-Jésus. R* ACCEPTI BENEFICII HOC POSSUIT MONUMENTUM. Ébauche primitive du fron i-pice du temple, modifié plus tard par deux tours; à l'exergue, ANNO DOMINI MDCCLXXIX. AR.

1395. IPSI CULTIS GLORIA ET IMPERIUM. Dans un cercle lu-mineux, avec sept séraphins, le cœur de Jésus avec plaie saignante, au centre d'une couronne d'épines. R* CUI BENEFICIUM-ACCEPTAE PROLIS-DEBETUR-AD IMPERII LUSITANI-FIRMIOREM-STABILI-TATEM.— AD MDCCLXXIX Dans le champ, écrit sur sept lignes. Dessus, des tentures de rideaux en guise d'ornement ; dessous, deux faisceaux d'épis et deux pieds de vigne portant des raisins: allusion l'institution du Saint-Sacrement. AR.

1396. Une autre du même temps, mais d'un moindre diamètre. AR.

1397. Une autre du même temps, mais du troisième module. AR.

1398. MARIA I. ET PETRO III PORTUGALIAE REGIBUS. Buste des souverains régnants, couronné de laurier, à droite. R* SANC-TISSIMO CORDI-IESU-PRIM.TEMPLUM-AEDIFICATUM PIO PAPA VI. Ecrit sur cinq lignes, au centre d'une corne avec des ornements, et sur une base sur laquelle on lit. ANNO DOMINI MDCCLXXIX. Æ.

1399. Une autre d'un moindre diamètre.

1400. Dans un nuage, un hibou, le caducée, l'écusson des armes portugaises et trois couronnes, faisant allusion aux trois classes de l'Académie des sciences de Lisbonne. R*. Devises des arts et sciences: colonne avec une lampe, symbole de la stabilité de l'Académie. AR. (Pièce de forme hexagone, et qui servait de jeton.)

1401. STABILITAS ARTIUM. La reine assise à gauche avec le manteau royal et la couronne, remettant une couronne de laurier à Minerve, qui représente l'Académie ; celle-ci étend la main droite pour recevoir la couronne, la gauche étant appuyée sur une colonne sur laquelle perce le hibou ; à droite, l'écusson des armes portugaises, ayant au dessous les emblèmes des sciences et des arts ; auprès du siége, la corne d'abondance ; à côté, I. FIG. ro (nom du graveur); à l'exergue, MDCCLXXXIII R*. Dans le champ, en six lignes : MARIÆ AVGVSTÆ-LVSITANORVM. REGINÆ. — FAVTRICI. ET. ORNATRICI. SVÆ. — ACADEMIA. SCIENT. OLISIP. — REGIO. AVCTA. ÆRE.— ET. NOMINE.—Dessus, trois couronnes, et dessous, deux branches de chêne. Æ.

1402. NISI VTILE. EST QVOD FACIMVS. STVLTA. EST. GLORIA. Minerve assise à gauche, tenant dans la main droite le caducée, et ayant la gauche appuyée sur l'écusson des armes portugaises; à ses pieds, le hibou ; à l'exergue, SVB. IMPERIO-MARIÆ. I. AUGUSTÆ, sur deux lignes. R*. Au centre d'une couronne de chêne sur quatre lignes, FOVENDIS ARTIBUS REG. ACADEMIA SCIENT. OLIS. (Pour récompenser les bons éleveurs de vers à soie.) AR. (Fondue.)

1403. Pareille pour l'avers R*. Dans une couronne de chêne, sur quatre lignes : VICTORI. ACAD. SCIENT. LUSITANA. (Cette variété servait à récompenser les mémoires présentés par les membres.) AR.

1404. LUIZ DE CAMOENS. Buste du poète couronné de laurier et revêtu d'une armure. R*. Dans une couronne de laurier, sur sept lignes. APOLLO PORTUGUEZ HONRA DE ESPANHA NASSCEO 1524 MORREO 1579. A l'exergue, OPTIMO POETÆ-I. T. BARO DE DILLON-DEDICAVID-1782. (Rare.)

1405. AUGUSTA CONNUBIA DIUTURNAE FELICITATIS PIGNORA. Deux Génies soutenant quatre cœurs unis ensemble sur un bûcher allumé, ayant à la base : 1785, et dessus, l'Hyménée les couronnant. Des deux côtés se trouvent les palais de Lisbonne et de Madrid, où furent célébrés les mariages ; aux pieds des Génies, deux urnes dont une avec TAG, et l'autre avec MANZ: à l'exergue, MATR. 27 MART OLISSIP 12 ABRIL. R*. GEMINATUM POPULORUM LAETITIAM GRATULATUR C. C. F. N. L. II., écrit sur cinq lignes, au centre d'une guirlande de roses. Æ.

1406. IN CONCEPTIONE TUA VIRGO IMMACULATA FUISTI. Dans le champ lumineux Notre-Dame de la Conception ; dessous, INTERVENI PROCLERO R*. sur quinze lignes : D. O. M. FIDEI. ACIPIETATIS-SIGNO-IN HONOREM DEI MATRIS. — IMMACULATÆ

EXCULPTO LISBON, PATRIARCHATUS-SEMINARIUM-PLACUIT INSIGNIRI-PIA MARIÆ I. REGINÆ-MUNIFICENTIA-INSTAURATUM SEMINARIUM.-AN: MDCCLXXX. — SIGNUM EXCULPTUM. — AN: MDCCXC. Dessous, deux branches de laurier. Æ.

1407. MARIA I. PORTUGAL ET ALGARB REG. Les armes de Portuga ; à l'exergue, sur deux lignes : AN. AB. ORB. REPAR. — CIƆIƆCCLXXXXI. R'. D. ANTONIO OLISIPON CONF. Plan du temple. Æ.

1408. IMPERII ET AVITAE RELIGIONIS HERES. Frontispice du temple ; à l'exergue, sur deux lignes : AN. AB. ORB. REPAR. CIƆƆCCLXXXXI. R'. LVSITANAE GENTIS DECVS ET PRAESIDIVM. Saint Antoine dans un nuage, sur l'autel ; dessous, la reine à genoux, montrant du doigt le plan du temple. AV. (Rare.)

1409. JOANNES EST NOMEN EJUS. Saint Jean-Baptiste assis dans le champ, ayant près de lui l'agneau ; à l'exergue, le nom du graveur, I. FIGdo R'. REGALE SEMINARIUM MAGNI PRIORATUS CRATENSIS. Les armes de Portugal avec la croix de Malte ; à l'exergue, sur deux lignes, ANNO DOMINI MDCCXCIPL. (Cette médaille était portée par les élèves du séminaire du Crato.)

D. IOAO VI.

1410. Une femme penchée en avant, représentant la ville de Porto, embrassant la main du prince, debout, ayant à gauche les armes de Portugal ; à l'exergue, MDCCXCIX. R' sur six lignes : IOANNI PO RTVG ET ALGARB. — PRINCIPI — SVSCEPTO INTER. PROCELLAS. — IMPERII CLAVO. — CIVITAS PORTUCALENSIS. — D. AR.

1411. MARIA I DEI GRATIA PORT. ET ALG. REGINA 1799. Buste de la Reine, à droite. R' Les armes de Portugal, avec la croix du Christ pendante ; sur le bord, un cercle de feuilles. Æ. Cette médaille et les deux suivantes furent des essais faits par le graveur José Antonio do Valle, avec les mêmes outils qu'il employait pour les pierres dures.

1412. MARIA I DEI GRA. PORT. ET A. REGINA. Buste de la Reine, couronnée de laurier, à droite. R'. Les armes de Portugal, dans le champ, avec le millésime 1800 dessous. AR.

1413. IOH. BRAS. PRINC. LVS. REG. Buste du prince régent, à droite. R'. Sur cinq lignes, et dans une couronne de chêne : QUEM AMES DICI-PATER ATQUE-PRINCEPS-1800. Æ.

1414. NO TEMPO DA FELIZ REGENCIA. Pamphilie assise à droite entre deux arbres, dévidant la soie, ayant près d'e e une corbeille avec des cocons. A l'exergue, MDCCCII. R' EM PREMIO DO MERECIMENTO ; dessous, les armes du Portugal très-ornées AR.

1415. VIVA A RESTAURAÇAO E O PRINCIPE R. N. S. Un grand O occupe le champ de la médaille (Olhao) R' Uni. AR. (Rare.)

1416. 18 DE JUNHO DE 1808. EXPECTATA DIES ADERAT. Trophée militaire avec les armes de Portugal, et dessus sur une

baudelette, DOM JOAO VI PRINCIPE REGENTE RESTAURADO. R*
Entre deux palmes, le buste du prince régent et l'écusson des armes
portugaises avec la couronne royale au centre ; de sus, en deux lignes : 18 DE JUNHO DE 1808 — EXPECTATA DIES ADERAT;
dessous : DON JOAO VI-PRINCIPE REGENTE-RESTAURADO
PL.

1417. R* A'S ARMAS PATRIOTAS VERDADEIROS!! Dans le
champ de la médaille sur dix lgnes : A'; ARMAS — PORTUGUEZES!! VAMOS-LIBERTAR-NOS DE HUNS — IMPIOS, RESTAURAR O NOSSO — PRINCIPE, CONSERVAR — A NOSSA RELIGIAO,
— E OS NOSSOS ALTARES. — A CASTIDADE DE NOSSAS —
MULHERES, E A LIBERDADE — DE NOSSA PATRIA. Sous deux
branches ; VIVA PORTUGAL. PL. (Rare.)

1418. Une autre, ayant au centre de la légende une petite croix.
PL. (Rare.)

1419. D. JOAM P: G: D: PRINC: REGEN: DE PORTUGAL, etc.
Buste du prince régent, couronné de laurier, à gauche; de-sous,
1809 et le nom du graveur, PIDGEON F. R* CAYENNA TOMADA A : OS FRANCEZES. Dans le champ, au centre d'une couronne
de laurier : 14 JAN 1809. AR.

1420. HISPANIAM ET LVSITANIAM RESTITVIT WELLINGTON.
Buste du général à gauche, couronné de laurier. R*. VIMIEIRA
AVG. 21 1808.—TALAVERA JULY 28 1809.—ALMEIDA MAY. 5
1811. Et dans le champ de la médaille, sur onze lign s : CIUDAD-RODRIGO, JAN. 19-1812 BADAJOZ APRIL. 2. 1812 — SALAMANCA
JULY 22-1812. etc. etc. Æ.

1421. R* Dans deux cercles extérieurs : VIMIEIRA AUG. 21-1808
— TALAVERA JULY 28-1809 - ALMEIDA MAY 5-1811—CIUDAD
RODRIGO JAN 19. 1812. BADAJOZ APRIL 2-1812. Dans le champ,
sur huit lignes : SALAMANCA JULY 22-1812 — MADRID AUG.
12 1812 — ST SEBASTIAN SEPT 8-1813 — PAMPLUNO — OCT.
31-1813. Æ. Rare.

1422. ART. COMES DE WELLINGTON. Buste du général à gauche. R*. Sur une couronne, en deux lignes : VOTA PVBLICA—PL.

1423. LIEUT. GEN. MARQUIS WELLINGTON K. B. etc. etc.;
à l'exergue : T. W. VON. F. MDCCCXII. R*. ENTER'D MADRID
AUGUST XII. Sur un piédestal entouré de trophées de guerre, VIMIEIRA-TALAVERA-BUSACO-CIUDAD-RODRIGO-BADAJOZ SALAMANCA. Dessus, et couronnés de laurier, trois écus, avec les armes
de Portugal, d'Espagne et d'Angleterre; à l'exergue : P.W. F. Æ.

1424. REG. FERDINANDVS ET ELISABET AVGVSTI CATHOLICI. Bustes de D. Ferdinand VII et de D. Marie-Isabelle. Infante
de Portugal. R*. SVPER MVROS TVOS CONSTITUI CUSTODES
ISAI. 62. Hercule avec deux lions entre deux colonnes, ornées de
deux bandelettes enroulées sur lesquelles est écrit : NON PLUS
ULTRA; à l'exergue, sur quatre lignes : HISPAN. ET LVSITAN.
FOEDVS — PERPET. AVGVSTO CON — NVBIO. GADIBVS. —
MDCCCXVI. AR.

1425. Un autre exemplaire. Æ.

1426. JOANNES VI. D. G. U. R. PORT. BRAS. ET ALG. REX. Buste du Roi, à gauche; dessous, le nom du graveur J. FERREZ. 1820 R*. Temple à quatre colonnes ; au centre, le buste du souverain régnant avec l'Abondance à gauche ; à l'exergue : JOANNI SEXTO SENATUS. — FLUMINENSIS. SEXTO — FEBR. ANNI. DOM. 1818. AR.

1427 Un autre exemplaire. Æ.

1428. PORTO XXIV D'ACOSTO DE MDCCCXX. CORTES GERAES, E POR ELLAS A CONSTITUI ÇAO. La Liberté debout, posant le bonnet sur une lance, et soutenant sur un piédestal à gauche un livre ouvert, sur la première page duq el on lit : MANTIDA A RELIG. CATHOL ; et sur la seconde : E A DYNASTIA DA CAZA DE BRAGANÇA. Sur le piédestal : NA PRAÇA ONDE SOOU O PRIMEIRO BRADO DA REGENER. PORTUG. SE LEVANTE HUM MONUMENTO. PORTARIA DA J. PROV. DE 23 DE XBR° DE 1820 R* Sur neuf lignes : NO ANNO DO SENHOR MDCCCXXII, XXII DO PONTIFICADO DE PIO VII; REINANDO D. JOAO VI. PRIMEIRO REI CONSTITUCIONAL DO REINO UNIDO DE PORTUG., BRASIL, E ALGARVES, ANNO II° DA Iᴬ LEGISLATURA EM XXIV D'AGOSTO FOI LANÇADA ESTA PRIMEIRA PEDRA. Æ. (Inédite et unique.)

1429. SALUS POPOLI SUPRAMA LEX ESTO. Au centre du champ, rayé, un triangle, et l'inscription : PATRIOTISMO-RAZAO-VERDADE; dessous, une balance. R*. Dans le champ, au centre d'une couronne de chêne, sur six lignes : DEPUTADO DA NAÇAO PORTUGUEZA EM CORTES. AR. (Très-rare et inédite.)

1430. Dans une couronne de laurier, le buste du Roi, à droite. R* Sur cinq lignes : FIDELIDADE AO REI E A' PATRIA 1823. Cercle de feuilles. AR.

1431. Une autre ; petit module. AR.

1432. DOM MIGUEL INFANT. DE PORTUGAL VISITA LA MONNAIE RLE DES MEDAILLES. Les armes de l'Infant de Portugal, et le nom du graveur : BARRE F. 28 JUILLET 1824. R* RERUM. GEST. FIDEI. ET. ÆTERN: Un poinçon avec deux figures allégoriques; à l'exergue : Æ. A. A. F. F. (Æ. ERI. AVRO. ARGENTO FLANDO FERIUNDO.) Æ. (Dorée.)

D. PEDRO IV.

1433. PETRVS IV. PORTUG. REX. Buste du Roi à gauche, couronné de laurier ; à l'exergue, le nom du graveur, DUBOIS. R*. REDUCE JUSTICIA LUSITANIA SOSPES. La Justice debout, tenant dans la main droite les tables de la loi, avec la légende: CARTA CONSTITUCIONAL. Elle tient de la main gauche le bras de la Lusitanie, qui est assise contre une muraille avec la lance et l'écusson des armes du royaume; à côté de la figure de la Justice, une balance; à l'exergue, sur deux lignes : REGN. LIBERT. RESTITUTA XXIX. APR. MDCCCXXVI. Æ. (Dorée.)

D. MIGUEL.

1434. Sur une pyramide XXII. FEV. MDCCCXXVIII. A gauche, la figure du fleuve du Tage, à genoux ; a droite, une femme couronnant la date ; à l'exe gue, L. C. OFFEREBAT; et le nom du graveur : FREIRE F. R*. Sur dix lignes : MICHAELI I.—LUSITAN, FELICITER — RESTITUTO — GLORIA LAUREATO — TAGO OBSTUPENTE — ATQUE EXULTANTE — CIVIUM FIDELITAS— NUMISMATICUM — HOC MONUMENTUM — DEDICAT. Æ. (Rare.)

1435. D. MIGUEL REGENTE DE PORTUGAL. Buste du régent à gauche; à l'exergue, le nom du graveur : D. CHARDIGNY. R*. Au centre d'une couronne de chêne, sur sept lignes : NASCEO — EM LISBOA EM — 26 DE OUTUBRO DE 1802 — NOMEADO REGENTE — DE PORTUGAL, EM — 3 DE JULHO DE — 1827. Æ. (rare).

1436. PROTEGIT AC PRÆSIDET. D. Miguel couronné, ayant le sceptre en main, assis à gauche, montrant du doigt le globe et des livres placés à côté de Minerve, qui tient de sa main droite une feuille, avec la légende : DECRETO DE 31 juillet 1828 ; dessous, l'écusson du royaume : R*. Sur onze lignes : MICHAELI I. PORTUGAL ET ALGARB. — REGI — ACADEMIA SCIENT. OLYSIPON. — CUI PRÆERAT INFANS. — ET — PRÆEST REX — SUMMUM INSOLITUM DECUS — GRATULANS PERENNANS F. C. — MDCCCXXIX. AR.

1437. Autre pareille. Æ.

1438. LUDOVICUS CAMOES. Buste du Camoëns, couronné de laurier, à droite; dessous, le nom du graveur : FREIRE.R*. Sur dix lignes : NATUS — OLYSSIPONE — IN LUSITANIA. — AN. D. M. D. XVII. — OBIT. — AN. M. D. LXXIX. — SERIES. NUMISMATICA — UNIVERSALIS VIRORUM. ILLUSTRIUM. — M. D. CCCXXI — DURANT EDIDID. Æ.

1439 Pareille, avec le nom du graveur : ALMEIDA. Æ

1440. Pareille, avec le nom du graveur : GONZAGA. Æ. *Ces médailles du Camoëns furent présentées à un concours pour un emploi de graveur à la monnaie de Lisbonne; une médaille gravée à Paris par CAQUÉ servit de modèle.*

1441. OMNIA VINCIT SAPIENTIA. Buste de Minerve à droite. R*. LUX ORIENS. Une plage ; au loin, le soleil et un navire; à l'exergue, MDCCCXXVI. Æ.

1442. — R*. Écrit sur un ruban, LUX ORIENS 1826. La mer, où se réfléchit le soleil ; à gauche, un castel. Æ.

D. MARIA II.

1443. D. MARIA. II. RAINHA DE PORTUGAL. Buste de la Reine à gauche; dessous, le nom du graveur : BARRE F¹ 1833. R*. GLORIA SALUS PATRIA LIBERTAS. Les armes du Portugal. Æ. C.

1444. Autre exemplaire d'un type semblable. Petit module.

1445. AMOR ET OBEDIENTIA SPES PUBLICA. Buste de la Reine à gauche; dessous, T.H. — F. R* RAINHA PATRIA LIBERDADE. Armes portugaises au centre. Æ.

1446. PETRUS IV. P. REX. BRASILIÆ. IMP. Buste de l'Empereur à gauche, couronné de laurier; dessous, le nom du graveur GONZAGA. F. R*, Au centre d'une couronne de laurier, sur sept lignes : A—DOM PEDRO — LIBERTADOR — DA LUSITANIA. — NA RESTAURAÇAO — DE — MDCCXXXIII. Æ.

1447. GLORIA SALUS PATRIA LIBERTAS. MDCCCXXXIII. Les armes de Portugal au centre. R*. Comme sur la médaille précédente. Æ.

1448. Minerve répandant des couronnes sur divers emblèmes des arts et du commerce ; dessous, les noms du dessinateur. — D. A. SEQUEIRA, et du graveur.—A. F. GERARD. F. R*. Sur cinq lignes AO — MERITO — Á SOCIEDADE — PROMOTORA — DA INDUSTRIA NACIONAL. — EM LISBOA. Dessus, une couronne de laurier. Æ.

1449. La Lusitanie, avec la lance et l'écusson des armes portugaises à côté d'elle ; à gauche, l'Espérance avec la corne d'abondance près d'elle; au loin, une sphère rayée, ayant au centre P. avec la couronne royale; dessus, REFULSIT SOL. À l'exergue : BENIGNI. NUMINIS. — ASTUM. Nom du graveur : FREIRE. F. R*. PETRUS. PRINC. MARIAE. II. ET. FERDIN. II. PORTUG. REG. AUGG. FILIUS. NASCITUR. DIE. XVI. SEPT. M.DCCCXXXVII. Dans le champ, sur quatre lignes et au centre d'une couronne de roses et de chêne : REGIA. PROLE. — SUSCEPTA. AD — FIRMIOREM. LUSIT. IMP. STABILIT. AR. (Inédite et très-rare.)

1450. CONSERVATORIO REAL DE LISBOA. Les armes de Portugal. R*. PREMIO DA ESCOLA DE MUSICA. Au centre, une lyre. AR.

1451. Rivage; sur la place, à côté d'une tour, un canot, un homme, des tonneaux et des ballots; au loin, une forteresse au milieu de la mer. R*. Entre une palme et une branche de vigne, sur quatre lignes : PREMIO — D'INDUSTRIA — MADEIRENSE. — 1850. (Inédite.)

1452. Leurs Majestés D. Marie II, les rois D. Ferdinand II, D. Pedro V et D. Louis. A droite, un guerrier, avec l'écusson des armes de la ville de Porto, étend la main; à gauche, une figure représentant le fleuve Douro; au loin, la *Serra do Pilar*. A l'exergue, sur cinq lignes : VISITA AO PORTO DE SS. MM. A RAINHA, — E ELREY, E DE SS. AA. O PRINCIPE — REAL, E O INFANTE DUQUE DO PORTO, — EM 29 DE ABRIL — 1852. R*. DEDICADA E OFFERE-

CIDA A S. M. ELREI O SENHOR D. FERNANDO. Entre deux branches de chêne, les écussons des maisons de Bragance et de Saxe-Cobourg-Gotha, avec la couronne de la ville de Porto; dessous: POR SEU AUTHOR — MANOEL DE MORAES SILVA RAMOS. AR. *Unique.*

1453. Une autre, variée quant au type et d'un plus petit module. AR. (Unique.)

1454. AO MINISTRO DA FAZENDA O COMMERCIO DO SAL. Mercure dans le champ; à l'exergue, le nom du graveur: JUVENEL. R*. V. DE AGOSTO DE M.D.CCC.LII. — TESTEMUNHO DE GRATIDAO. Dans le champ, sur trois lignes : A. M. DE FONTES PEREIRA DE MELLO. AR.

1455. Une autre pareille. Æ.

1455 *bis.* D. MARIA II. RAINHA DE PORTUGAL. Buste de la Reine à gauche; dessous, le nom du graveur: GERARD. F. R*. PHILANTROPIA, GENEROSIDADE. Dans le champ, sur cinq lignes, au centre d'une couronne de laurier: AO — MERITO — RAINHA — DE — PORTUGAL. AR.

1456. Un autre exemplaire, ayant à l'exergue : INSTITUIDA POR S. M. F. — A RAINHA A SENHORA D. MARIA II. Légende ajoutée par son fils, D. Pedro V.

1457. Une autre pareille, d'un plus petit module. AV.

1458. D. MARIA II. E D. FERNANDO II. Bustes à droite de la reine et du roi; dessous, le nom du graveur, F. B. FREIRE. F. R*. PRIMEIRA EXPOSIÇAO AGRICOLA PORTUGUEZA. Dans une couronne formée par une branche de vigne, avec des raisins et une gerbe d'épis de blé : AO MERITO. Dessous, des instruments d'agriculture. 1852. AR.

1459. Une autre pareille. Æ.

1460. A REAL SOCIEDADE HUMANITARIA. Les armes de la ville de Porto; dessous, AO MERITO, 1852. R*. CHARIDADE COM PERSEVERANÇA. Notre-Dame avec l'Enfant Jésus; à droite, la mer agitée et deux navires; à gauche, une maison en flammes; dessous, PORTO. Nom du graveur : MORAES. AR.

D. PEDRO V.

1461. FLORAE ET POMONAE SOCIETAS. Flore, Cérès et Pomone avec leurs attributs; à l'exergue, III JAN. MDCCCLIV. Dessous, le nom du graveur, F. B. FREIRE. R*. Dans une couronne de fruits, de fleurs et d'épis, sur quatre lignes : PRAEMIO — FOVET — ET — AUGET — AR.

1462. PETRUS V. D. G. PORTUG. ET ALGARB. REX. Buste du roi à droite; dessous, le nom du graveur : GERARD. F. 1856. R*. Sur quatre lignes, au centre d'une couronne de laurier : ESCOLA — REAL — DE MAFRA. AR.

1463. Une autre pareille. Æ.

1464. — Sur quatre lignes, au centre d'une couronne de laurier : ESCOLA — REAL DAS NECESSIDADES. AR.

1465. Une autre pareille. Æ.

1466. Colonne brisée, avec le buste du roi Charles-Albert ; dessous, l'écusson de ses armes ; auprès, une femme tenant une couronne et versant des larmes ; à droite, Mars avec l'écusson des armes de la ville de Porto. A l'exergue, sur trois lignes : A' MEMORIA DE S. M. ELREI CARLOS ALBERTO — FALECIDO NA CIDADE DO PORTO — AOS 28 DE JULHO DE 1849. R* DEDICADA E OFFERECIDA A S. M. ELREI DE SARDAHNA VICTOR MANUEL II. Dans le champ de la médaille, sur cinq lignes et entre deux branches de laurier :

AOS GLORIOSOS FEITOS JA' PASSADOS,
O CORTANTE BURIL RENOVA A FAMA ;
E NO MARMORE, CEDRO, OU BRONZE DURO,
VIVIFICA OS HEROES PARA O FUTURO
MDCCCLIV.

A l'exergue : POR SEU AUCTOR MANUEL DE MORAES SILVA RAMOS. Æ. (Très-rare.)

1467. DON PEDRO V ROI DE PORTUGAL ET DES ALGARVES. Buste du roi à gauche ; dessous, le nom du graveur : HART. FECIT. R*. LISBONNE XVI SEPTEMBRE MDCCCLV. Dans le champ, au centre d'un cercle de couronnes, les armes de Portugal. AV.

1468. Un autre exemplaire pareil. AR.
Ces deux exemplaires sont uniques en Portugal.

1469. ESCOLA POPULAR DE CANTO DA CAMARA MUNICIPAL DO PORTO. Les armes de la ville de Porto. R*. Une lyre entre deux branches de chêne ; dessus, AO MERITO. AR.

1470. — R*. Dans le champ, sur sept lignes, au centre d'une couronne de laurier : FUNDADA — POR — JACOPO CARLI — DE — VERONA — EM 1855. AR.

1471. Le patriarche de Lisbonne bénissant une locomotive. Les personnages royaux avec la cour ; à l'exergue, sur cinq lignes : INAUGURAÇÃO — DO — CAMINHO DE FERRO DE LESTE — EM LISBOA — 28 DE OUTUBRO 1856, et le nom du graveur : GERARD F· R*. Dans le champ, sur neuf lignes : PETRUS. V. — CORAMQUE. REGIA, STIRPE. E. E. AULA PRECATION. AB. OLISIPON. — CARD. PATRIARCH.— FACTIS.— FERREÆ. EX. OLISIPON. VIÆ. USQ JE.— AD. CARREGADO. V. KAL. NOVEMB. — M.D.CCCL.VI. A. D. — SOLEMNIS. FUIT. INAUGURATIO. AR.

1472. PETRVS. V. REX — 1857. Buste du Roi à droite ; dessous, AO MERITO. R*. ASSOCIAÇAO INDUSTRIAL PORTUENSE. EXPOSIÇAO. Les armes de la ville de Porto. Æ.

1473. SOCIEDADE AGRICOLA DO PORTO. — EXPOSIÇAO DE 1857. Dans le champ, entre deux branches de laurier et de chêne, : AO MERITO. R*. Les armes de Portugal et de la ville de Porto. AR.

1474. LYCEU DA CELESTIAL ORDEM TERCEIRA DA SS. TRINDADE. Les armes de l'ordre. R*. Entre deux palmes, un livre ouvert où se lit: INSTITUIÇAO — EM 1857; au-dessus: DISTINÇAO. AR.

1475. D. PEDRO V. REI DE PORTUGAL E DOS ALGARVES. D. STEPHANIA RAINHA DE PORTUGAL E DOS ALGARVES. Bustes à gauche du Roi et de la Reine; dessous, le nom du graveur : LEOPOLD WIENER, BRUXELLES. R*. D. Pedro V offrant le trône et la couronne à son auguste épouse, qui lui est présentée par l'Hyménée, au moment où elle débarque. Devant, le Génie avec l'écusson aux armes des deux époux : à l'exergue : 29 ABRIL 1858. et dessous, le nom du graveur : L. WIENER. AV.

1476. Une autre pareille. AR.

1477. D. STEPHANIA RAINHA. Buste couronné de roses, à droite. R* Uni. AR.

1478. LISBOA AGRADECIDA. La ville de Lisbonne couronnée de tours, répandant des couronnes de laurier avec la main droite, et la gauche appuyée sur l'écusson des armes de la ville; dessous, le nom du graveur, FREIRE; à l'exergue, 1858. R*. Au centre d'une couronne de laurier, sur trois lignes: A' — DEVOÇAO — HUMANITARIA. AR.

1479. Au centre d'une couronne de laurier et de chêne, les armes de la ville de Porto ; dessous, SOCIEDADE AGRICOLA DO PORTO. R*. Un champ avec des arbres, des arbrisseaux et une charrue; dessus, sur treize lignes: EM—COMMEMORAÇAO—DA—ABERTURA —DA—EXPOSIÇAO AGRICOLA—DO—PORTO — POR — S. M. F. ELREI. D. PEDRO V. — EM — 21 DE NOVEMBRO DE — 1860 ; à côté, le nom du graveur : GÉRARD. Æ.

1480. D. PEDRO V. REI DE PORTUGAL. Buste du Roi à gauche; dessous, le nom du graveur, MOLARINHO. R*. Au centre d'une couronne de laurier et de chêne, sur quatre lignes: EXPEDIÇAO—DE— ANGOLA — 1860. AR.

1481. Une autre du même type, mais avec le nom du graveur : F CAMPOS. Æ.

1482. D. PEDRO IV — D. MARIA II. Bustes à gauche des deux souverains. R*. CAMPANHAS DA LIBERDADE — 1826-1834. Dans le champ. Æ, 9.

1483. — R*. SERVIÇOS CIVIS. — 1826-1834. Au centre, 8.—Æ. *Ces deux médailles ont été gravées par Campos, graveur de la monnaie de Lisbonne.*

1484. D. PEDRO V. REI DE PORTUGAL. Buste du Roi à gauche, en uniforme de général ; dessous, le nom du graveur : J. A. N. MOLARINHO F. R*. Palais de Cristal de Porto ; dessus, PALACIO DE CRYSTAL PORTUENSE — INAUGURADO — POR; dessous,

ELREI D. PEDRO V. — EM — 3 DE SETEMBRO DE 1861 ; à l'exergue, MANDADA GRAVAR PELA DIRECÇAO. Æ.

D. LUIZ I.

1485. MARIA PIA DI SAVOJA LUIGII. RE DI PORTOCALO. Les bustes de Leurs Majestés à droite la Reine, avec une couronne de fleurs sur la tête ; dessous, le nom du graveur, P. TERMIGNON. F. R*. AGLI AUGUSTI SPOSI OMAGGIO E VOTI DELL'AUTORE. L'Italie donnant la main au Portugal, représenté par un vieux guerrier avec l'écu son des quines portugaises ; à l'exergue, XXVII SETTEBRE—MDCCCLXII. AV. *Offerte à Sa Majesté la Reine Marie Pie, en Italie, à l'occasion de son mariage.*

1486. D. LUIZ I REI DE PORTUGAL E DOS ALGARVES D. MARIA DE SABOYA RAINHA DE PORTUGAL—E DOS ALGARVES. Bustes à gauche de Leurs Majestés, celui de la Reine, couronné de roses; dessous, le nom du graveur, D. CANZANI. R*. L'Hymenée présentant au Roi Sa Majesté la reine Marie Pie de Savoie; à gauche, une table couverte d'un tapis, sur lequel se voient les armes de Portugal ; dessus, la couronne royale et le sceptre; à droite, un Génie, avec l'écusson des armes du royaume d'Italie; à l'exergue, XXVIII SETEMBRO MDCCCLXII. AV.

1487. Une autre, pareille. AR.

1488. D. MARIA PIA RAINHA. Buste de Sa Majesté la Reine à droite. R*. Uni. AR.

1489. D. IOAO IV REI DE PORTUGAL. Buste du Roi à droite, revêtu d'une armure. R*. AOS RESTAURADORES DE PORTUGAL DE 1640. Dans le champ, sur cinq lignes, 1º —DE DEZEMBRO—1862 — PORTO. Æ. Médaille commémorative, gravée par Nogueira Molarinho.

1490. D. LUIZ I. REI DE PORTUGAL. 1863. Buste du Roi à gauche. R*. MEDALHA MILITAR. Au centre, dans une couronne de laurier, BONS—SERVICOS. AV. *Par le graveur de la monnaie. Campos.*

1491. Une autre, ayant au centre d'une couronne de laurier: VALOR. AR.

1492. Une autre, ayant également au centre d'une couronne de laurier : COMPORTAMENTO EXEMPLAR. AR.

1493. Écussons couronnés des villes de Lisbonne et de Braga ; dessus, un astre ; dessous, le nom du graveur : MOLARINHO. R*. EXPOSIÇAO AGRICOLA DE BRAGA. Au centre, dans une couronne de laurier et de chêne, AO MÉRITO. AR.

1494. Une autre pareille, petit module. AR.

1495. ASSOCIAÇAO PROMOTORA DA INDUSTRIA FABRIL. Minerve répandant des couronnes sur divers objets d'art ; à l'exergue, LISBOA, et le nom du graveur, GÉRARD. R*. Dans une couronne de laurier, AO—MERITO—EXPOSIÇAO DE 1863. AR.

1496. Au milieu de deux branches de laurier et de chêne, le buste de D. Pedro V, à droite; dessous, le nom du graveur : MORAES. F. R*. A MEMORIA DE D. PEDRO V. DEDICAO OS ARTISTAS PORTUENSES. La statue du Roi sur un piédestal, orné d'écussons armoiriés et de la légende, OS ARTISTAS — PORTUENSES — POR GRATIDAO A D. PEDRO V; dessous, 1862, et le nom du graveur, MORAES. F. 1864. AV.

1497. GRATIDAO E RESPEITO. Emblèmes des sciences et des arts, le masque, la lyre; dessus, un livre où on lit le titre du drame, FORTUNA E TRABALHO. Couronne de laurier. R*. SOCIEDADE DE SOCCORROS DOS TYPOGRAPHOS PORTUENSES. Au centre d'une couronne, A — ERNESTO — BIESTER ; dessous, une couronne de laurier et une plume ; à l'exergue, 1864, et le nom du graveur, J. A. N. M. (Molarinho.)

1498. REAL ASSOCIAÇAO NAVAL. Au centre, l'écusson divisé en trois parties, avec une barque en construction, une ancre, des avirons et un yacht sous voiles; dessus, un argonaute; dessous, écrit sur une bandelette : NOS. VICTORIÆ. ARMA CUDIMUS. R*. Au milieu de deux branches de laurier et de chêne, la couronne royale, et dessous, sur six lignes, REGATA—DO—TEJO—PREMIO DE CONSTRUCÇAO. A l'exergue, le nom du graveur, JARRETT. AR.

1499. REAL ASSOCIAÇAO NAVAL. Dans le champ, TEMONEIRO; dessus, la couronne royale, et dessous, l'ancre. R*. Un yacht sous voiles à droite. AR.

1500. REAL ASSOCIAÇAO NAVAL. Dans le champ, un gouvernail avec deux avirons croisés, et dessous, la couronne royale. R*. REGATA DE REMOS. Au centre, une couronne de laurier. AR.

1501. SOCIEDADE PROMOTORA DAS BELLAS ARTES EM PORTUGAL. Dans le champ, AFFONSO DOMINGUES. J. M. DE CASTRO. — D. A. DE SEQUEIRA. Au centre, les bustes des trois artistes ; dessous, D'ANDRADE INV.—BASTOS SCULT.—CHARLES WIENER FECIT, 1866. R*. Deux branches de chêne. AR.

1502. A D. PEDRO IV A CIDADE DO PORTO. Statue équestre de l'Empereur et Roi, à droite, avec l'uniforme qu'il portait pendant le siége mémorable de Porto ; sur le piédestal, des écussons armoiriés et des cars représentant des faits militaires ; dessous le nom du graveur, MOLARINHO. F. R*. Au milieu de deux branches de laurier et de chêne, et sous des rayons solaires, sur treize lignes, 19— DE OUTUBRO—1866—S. M. EL—REI D. LUIZ 1º.—INAUGURA O MONUMENTO QUE AO PRINCIPE INSTAURADOR DA — LIBERDADE PORTUGUEZA ERIGIU—A CIDADE DO PORTO POR IMPULSO — E DIRECÇAO DA CAMARA MUNICIPAL—COADJUVADA POR UMA COMMISSAO — DE CIDADAOS PORTUENSES SEN — DO PRESIDENTE DO MUNICIPIO— O VISCONDE DE LAGOAÇA. AV.

1503. Couvent de Batalha. Dessous, sur quatre lignes, CONVENTO DE BATALHA — EDIFICADO POR VOTO DE DOM IOAO I — REI

DE PORTUGAL—NOS FINS DO XIV SECULO ; à l'exergue, le nom du graveur, J. WIENER. R*. Vue d'un cloître. Æ.

1504. GLORIA VICTORIBUS. Piédestal avec les armes du Portugal et de la ville de Porto, entouré de figures avec les emblèmes des Arts, de l'Industrie, de l'Agriculture et du Commerce ; dessus, un Génie tenant une torche de la main gauche et de la droite une couronne et une palme ; à côté, des livres sur les dos desquels on lit les noms de : CAMOES—LE SAGE—TASSO—RACINE—SCHIL—SHAKEPEA ; à l'exergue, le nom du graveur, C. WIENER F. LISBOA. R*. EXPOSIÇAO INTERNACIONAL—PORTO—1865. Couronne de laurier et de chêne dans une bandelette qui l'encadre. INDIA—1498. FONTES DO NILO—1500—1800—AUSTRALIA—1601—BRASIL—1500 ; autour, en dedans, E SE MAIS MUNDO HOUVERA, LA CHEGARA (CAMOENS). Dans le centre de rayons—SAGRES. Æ.

DIXIÈME SÉRIE.

MONNAIES DES GRANDS MAITRES DE MALTE PORTUGAIS.

F. D. MANUEL DE VILHENA (1719-1736).

1505. *Dix écus.* F. D. AN : MANOEL — DE VILHENA. Buste revêtu d'armure du grand maître à droite. R*. M. M. HOS. ET. S. S. HIERV. 1722. Écusson couronné et avec des ornements, écartelé par les deux croix de l'ordre et deux lions. AV.

1506. *Quatre tarins.* R*. Le même, ayant sur les côtés de l'écusson, T—4. AR.

1506 *bis. Deux tarins.* F. D. AN. MANOEL DE VILHENA M. M. H. H. Lion dans le champ ; aux côtés, T—2. R*. ONVS. MEVM LEVE EST. 1723. Au centre, la croix de Malte anglée par quatre étoiles. AR.

1507. *Quatrino.* F. D. AN. MANOEL DE VILHENA M. M. Dans le champ, l'aile d'oiseau et une main tenant une épée. R*. IN HOC SIGNO MILITAMVS. Croix de Malte, avec 1726 à l'angle. Æ.

1508. — La même légende ; au centre, l'aile et la main tenant l'épée. R*. NON AES SED FIDES. Dans le champ, deux mains l'une dans l'autre ; dessus, 1719 ; dessous, V. Æ.

F. D. MANUEL PINTO (1741-1773).

1509. *Dix écus.* F. EMMANVEL PINTO M. M. Buste du grand maître, revêtu d'armure à gauche. R*. HOSP. ET. S. SEP. HIER. Au centre, un écusson écartelé avec deux croix et cinq croissants. AV.

1510. *Dix écus.* F. EMMANVEL PINTO M. M. H. S. S, 1756. Écusson couronné et écartelé avec la croix de l'ordre et cinq croissants. R*. NON SVRREXIT MAIOR. Dans le champ, Saint Jean-Baptiste, avec la bannière et la brebis ; à l'exergue, S—X—AV.

1511. *Cinq écus.* Le même type, mais d'un moindre diamètre et de la moitié du poids ; la valeur est marquée à l'exergue S-V. — 1756. AV.

1512. *Trente tarins.* F. EMMANVEL PINTO M.M.H.S.S. 1757. Les mêmes armes. R*. NON SVRREXIT MAIOR. Au centre, Saint Jean avec la bannière et la brebis ; à l'exergue : T. XXX. AR.

1513. *Quinze tarins*. Le même type, mais d'un moindre diamètre et de la moitié du poids. La valeur est marquée à l'exergue : T. XV. AR.

1513 (*bis*). *Quatre tarins*. Semblable. — AR.

1514. *Un écu*. F. EMMANVEL PINTO M. M. H. Buste à gauche. R*. Des armes pareilles aux précédentes ; dessus, 17-64 ; dessous, S-I. AR.

1515. *Quatre tarins*. F. EMMANVEL PINTO M. M. Buste revêtu d armure à droite: à l'exergue , 1768. R*. M. M. H. ET. S. SEP. HIERVS. Les armes du grand maître, sur les côtés : T-4. AR.

1516. F. EMMANVEL PINTO M. M. H. H. Écusson couronné de cinq croissants. R*. ONVS. MEVM LEVE EST. 1741. Croix de Malte anglée par quatre croisettes. AR.

1517. *Vingt grains*. CONCVTIATIS NEMINEM. Tête de Saint Jean-Baptiste à gauche. R*. NON. AES. SED. FIDES. Des mains se serrant entre deux couronnes; dessus, 1762; dessous, XX. Æ.

1518. *Dix grains*. F. EMMANVEL PINTO. M. M. H. H. Écusson avec croissants, couronné. R*. NON. AES. SED. FIDES. Une petite croix de Malte entre deux croissants ; dans le champ, deux mains l'une dans l'autre ; dessus, 1748 ; dessous, X. AE.

1519. + F. EMMANVEL PINTO. M. M. NN. Dans le champ, les cinq croissants. R*. IN HOC SIGNO MILITAMVS.

Croix de Malte, avec le millésime 1755 à l'angle. AE.

ONZIÈME SÈRIE.

JETONS:

Ces pièces en laiton ou en cuivre, frappées et quelquefois fondues, avec des légendes et des types variés, étaient connues sous le nom de jetons. On commença à en faire usage en Portugal à la fin du XIVe siècle, usage qui dura jusqu'au XVIe siècle. Ils servaient comme arithmétique pratique parmi les négociants peu au fait de la comptabilité. Quelques anciens auteurs parlent de ce système, quoique d'une manière peu explicite, et dans le traité d'arithmétique de Fr. Lucas, de San-Francisco, manuscrit cité par Gaspar Nicolas (1557), dans la troisième édition de son ouvrage sur le même sujet, se trouve une table à l'usage des jetons, qu'il nomme *tentos* (fiches). D'autres auteurs français et espagnols décrivent le procédé employé pour cette façon de compter, fréquente dans leur pays. Il existait des *jetons* spéciaux à l'usage des corporations religieuses, sous le nom de *mereaux* servant à indiquer la présence des membres à certains offices divins; d'autres pour les fêtes publiques, etc. Dans les temps modernes ils ont été adoptés comme contre-marques, et à la fin de ce Catalogue, nous en donnons quelques exemplaires.

D. IOAO I.

1520. AVE*MARIA*GRA*PLENA. Au centre, couronnée et au milieu de quatre étoiles, Y. R*. ADIVTORIVN*NOSTRV*. Les quines croisées avec quatre étoiles aux angles. Æ.

1521. *IHNS*DEI*GRA*REX. Quines en croix coupant la légende, et quatre étoiles aux angles. R*. La même légende; dans le champ, la croix de l'ordre du Christ couronnée par quatre étoiles. Æ.

1522. AO*GALARDON COMO OXO. Quines en croix anglées par quatre étoiles. R*. EN LATOR A BON SERVICO. Croix de l'ordre du Christ, anglée par quatre étoiles. Æ.

1523. Une autre, d'un type divers. Æ.

D. ALFONSO V.

1524. + CONSERVATIO REX PVBLICE RE RECT. Croix de l'ordre d'Avis; au centre, un cercle avec les quines en croix. R*. Une roue à aubes. Æ.

1525. RV*XV*RT*OS. Croix de Saint-Georges dans une ogive. R* Roue à aubes. Æ.

D. IOAO II.

1526. CONTVS CONTVS CONTVS CONTVS. Un pélican sur son

nid. R*. DIN I AOS. DEL CONTVS. D. Croix de l'ordre d'Avis, coupant la légende, et au centre, les armes portugaises avec quatorze tours.

1527. TIMO EGOMI....CTVS PERMALETIVS EO. Les armes de Portugal, avec les quines *pendantes* et neuf tours. R*. NI DEO MANET ET QVM ALEA IN CARITATE. Pélican s'ouvrant la poitrine pour nourrir ses petits.

D. MANUEL I.

1528. EMANVEL. R. P. ET. A. DNS. GVINNE. Les armes de Portugal (la couronne ouverte); des deux côtés P-V. R*. DIVISA. D. R. P. E. PARA METES. Une sphère au centre.

1529. PORTVGALIE. DOMINO. Au centre M. anglé par quatre tours. R*. OMNIS. SPES EIVS IN DE. Sphère.

1530. EOIIT. EOII. EOII. E)IIT. La croix de l'ordre d'Avis à travers la légende; un cercle de petits points; entre deux SS, l'écusson couronné de trois tours et de cinq étoiles à la place des quines. R*. CONTV. CONTV. CONTV. CONTV. La croix d'Avis; au centre également au milieu d'un cercle de points, la sphère.

1531. CONTV. UOPTO. UTEAR. E. CONTAR. La croix d'Avis à travers la légende; au centre, les armes de Portugal avec dix tours. R*. DEVISA. DE. R. DE. PORTVGAL. Sphère.

1532. Deux autres de divers types.

1533. CONTV CONTAR ET ETEAR. ACREIN. Étoile au centre, anglée par quatre quines et quatre tours entourées de seize annelets. R*. Pareil au précédent.

1534. CONTV. UOPTO UTEAR E COTAR. Les armes de Portugal, avec onze tours. R*. DEVISA MAPVS OSEIRA. Croix d'Avis à travers la légende; au centre, un cercle avec une sphère entourée d'arabesques.

D. IOAO III.

1535. D. N. IOANES III. PORTVGA. Les armes du royaume, avec dix tours. R*. OMNIS. SPES EIVS IN DEO. Sphère.

1536. D. N. IOANNES III. PO. Au milieu d'une ogive, une tour anglée par quatre petits écussons. R*. Pareil au précédent.

1537. IOHANES. 3. R. P. ET. A. D. GVINEE. Les armes de Portugal; des deux côtés P.O. R*. DEVISA D. R. P. E. PARA METES PARVR. Sphère.

1538. CONTOS PERA CONTRAR. Les armes portugaises. R*. CONTV. CONTV. CONTV. CONTV. Sphère.

1539. CONTV. CONTV. CONTV. CONTVS. La croix d'Avis à travers la légende; au centre, dans un cercle et entre deux SS, l'écusson avec neuf petits écussons superposés. R*. Pareil au précédent.

1540. Écrit dans deux cercles : CVNTVS. PERA CONTAR. CON-

CONTVS. PERA CONTA. Quines croisées, anglées par quatre étoiles. R*. Le même que les précédents.

1541. CONTOS. PERA CONTAR. Écusson couronné de quatre branches. R*. CONTOS PERA CONTAAR. Sphère.

1542. Un autre exemplaire, mais au lieu des branches, cinq étoiles.

1543. CONTVS. PERA. CONTAR. C. La croix d'Avis à travers la légende; au centre, les armes de Portugal avec quatorze tours, et les quines *pendantes*. R*. CONTVS PERA CONTVS P. La croix d'Avis à travers la légende ; au centre dans un cercle, six étoiles et la sphère.

S. XVIII et XIX siècle.

1544. Trois jetons d'entrée à la monnaie de Lisbonne, frappés pour son propre usage au XVIIIe siècle. Æ.

1545. INSPECÇAO GERAL DOS INCENDIOS. Écrit dans le champ. R*. Vaisseau à trois mâts, toutes voiles dehors. Æ.

1546. SENHA DE 5 REIS. 1864. Dans le champ, au milieu de deux branches de chêne. R*. PONTE PENSIL. PORTO. Au centre d'un ornement, le pont sur le fleuve Douro, avec deux bateaux dessous. Æ.

ABRÉVIATIONS

Employées dans cette partie du Catalogue

LL... Longueur.
D.. Diamètre.
H.. Hauteur.
L.. Largeur.
M.. Mètre.
S.. Siècle.

CATALOGUE

DES OBJETS D'ART ET D'INDUSTRIE

FORMANT

L'HISTOIRE DU TRAVAIL DE PORTUGAL

A

L'EXPOSITION UNIVERSELLE DE PARIS

EN 1867.

DIVISION (1).

1. Orfèvrerie en or et en argent.
2. Objets en cuivre, bronze, fer et en laiton.
3. Objets en pierre et en marbre.
4. Objets en bois.
5. Objets divers; harnais.
6. Verrerie, poterie et faïences.
7. Habits sacerdotaux, broderies, soie, dentelles.
8. Manuscrits.
9. Imprimerie.
10. Modèles et photographies.

1° ORFÉVRERIE EN OR ET EN ARGENT.

1. *Collier* en or tressé; aux extrémités, deux olives ouvrées avec de petits pendants.
Époque romaine. LL. 0^m.34.

---

(1) La classification que nous avons établie dans cette partie du Catalogue n'est peut-être pas très-méthodique, mais elle est du moins la meilleure que nous puissions faire, concernant la variété des objets qui forment cette section et vu le peu d'instants que nous avons eus à consacrer à ce travail.
'12 juillet 1867.'

TEIXEIRA DE ARAGÃO.

Exposé par la Société archéologique portugaise, et trouvé dans les fouilles faites à *Troia* (Cétobriga), en face de Sétubal.

2. *Bague* en or avec pierre dure, où se trouvent gravés des instruments de sacrifice.

De la même provenance que le précédent.

3. *Bague* en or, avec la face dorsale plus large et à jour.

De la même provenance que les deux objets qui précèdent.

4. *Anse* en argent d'un vase ; elle représente en bas-relief un Génie, avec la corne d'abo dance sous le bras gauche, et dans la main droite la patère qu'elle étend sur l'autel allumé ; du côté du vase, elle se prolonge en forme semi-lunaire, se terminant par deux têtes d'éléphant ; sous la figure, les lettres en or — C. C. PI. (*Caius Calpurnius Piso.*)

Époque romaine. LL. 0^m. 11 E. Exposé par M. le marquis de Souza.

5. *Croix* latine en or destinée à être posée sur une hampe. La face principale est enchâssée de 17 rubis et saphirs, et 56 perles fines ; sur les premiers, se trouvent des signes arabes, appelés tal smans ; dans tout le reste, un grand travail de burin. Sur la face postérieure, les symboles des quatre évangélistes ; au centre, l'Agnus Dei.

En lisant de haut en bas — DNS — SANCIVS — REX — JVSSIT — FIERI — HAC ✣ ANO — ICARNATIOIS. — M — CC : XII. — A l'extrémité inférieure, se voit une sphère couverte de filigrane.

XIII. S.

H. 0^m. 60. Exposé par S. M. le roi D. Louis Ier.

6. *Calice* en vermeil ; au centre, le nœud sphérique, couvert de filigrane et de pierres précieuses ; sur une large base, également de filigrane, la croix de l'ordre d'Avis, et sur la face intérieure, la légende suivante :—✚IN NNE : DNI : HRI : IHV : X : HVNI : CALICE : DEDIT : REGINA : DVLCIA : ALCVBACIE : IN : HONORE : DEI : ET : GIOSE : VIRGINIS : MARIE · AO : SVIENDV : IN MAIORE : ALTARI :

Dona Dulce était la femme de D. Sanche Ier.

Fin du XIIe siècle. H. 0^m. 22 1/2 D. 0^m. 19 1 2.

Ce calice faisait autrefois partie du trésor des couvents, et est conservé aujourd'hui dans le cabinet archéologique de l'Académie des beaux-arts.

7. *Calice* en vermeil uni ; à la base, la légende ✚CALIXIS ET AD. HONOREM DEI ET SCE MARIE DE ALCOBACIA FACTVS : EST. ✚ Sous la légende, la croix de l'ordre du Christ, entourée de quatre cercles.

XIV. S. H. 0^m 17. — D. 0^m. 15 1/2 (*à la base*).

Propriété des anciens couvents et appartenant aujourd'hui au cabinet de l'Académie des beaux-arts.

8. *Fruitier* en vermeil, rond. Dans deux cercles en bas-relief, sont représentés des palmiers, des éléphants, des chasses et des motifs africains. Au centre, les armes de Portugal avec la couronne *ouverte.* Autour du pied, très-court, se trouvent des dessins pareils.

XV—S. D. 0^m. 32

Cette pièce fait partie de la vaisselle de S. M. le roi D. Luiz Iᵉʳ.

9. *Paix.* — *Osculatorium* en argent. Il représente un portique élégant ; au fond, sur le rosier mystique, un croissant dans lequel on voit la Vierge à genoux, tenant dans ses bras l'Enfant Jésus et lui offrant une poire : en haut, deux anges soutiennent la couronne. Les colonnes latérales, ornées des images de Saint Pierre, Saint Paul, Saint Jérôme, Saint Augustin, David et Moïse, dans des niches, servent de soutien à la coupole, majestueuse, finement ciselée et ornée de petites houppes, ayant au sommet le Père Éternel debout, tenant le globe de la main gauche, la main droite bénissant. A la base, IHS ; deux anges tenant l'écusson des cinq plaies, couronné d'épines ; sur la face postérieure, une tige noueuse sans feuilles, et courbée en arc, sert d'anneau.

Cette belle pièce d'orfèvrerie, du style *Manuelin* (époque de D. Manuel) nous paraît être de la fin du XVᵉ siècle. H. 0ᵐ. 55. — L. 0ᵐ. 29.

Propriété des anciens couvents, exposé par le cabinet archéologique de l'Académie des beaux-arts.

10. *Coffret* en vermeil, soutenu par quatre anges les ailes déployées, embelli de ciselures, et ayant sur le couvercle une croix ornée de sept grains de corail très-fin.

XV. S. H. 0ᵐ 15, — LL. 0ᵐ 18 1/2.

Appartenant autrefois à l'ancien couvent de Saint-Dominique d'Aveiro, et actuellement placé dans le cabinet archéologique de l'Académie des beaux-arts.

11. *Ostensoir* en or fin. Ce chef-d'œuvre de l'art portugais, exécuté à Lisbonne par ordre du roi D. Manuel Iᵉʳ, avec l'or payé par les premiers tributaires des Indes à la suite du vasselage qui leur fut imposé par Vasco de Gama, se compose de trois parties distinctes. — Le pied est à base ovale, sur la frise de laquelle on lit en lettres d'émail blanc la légende suivante. — ✝. O˙MVITO˙ALTO ˙PRICIPE˙E˙PODEROSO˙SEHOR˙REI˙DO˙MANVEL˙AMDOV˙ FAZER ˙DO˙OVRO˙I˙DAS˙PARIAS˙DE˙QILVA˙AQVABOV˙E˙CCCCC VI. —La face supérieure de la base est divisée en six petits cadres couverts de fleurs et d'oiseaux, en haut-relief et en émail très-fin, et séparés les uns des autres par des chainettes en émail bleu ; le nœud est entouré de six sphères. La partie centrale a deux pilastres latéraux à jour, le long desquels se trouvent, sur des niches, des anges jouant de divers instruments. Au centre, la boîte circulaire fermée par des verres et destinée à l'hostie, entourée des douze apôtres à genoux, en adoration, et couronnée d'un dais de séraphins. La partie supérieure, soutenue par des colonnes à jour, forme la coupole, sur le faîte de laquelle se dresse la croix ; au milieu des arabesques s'ouvrent deux espaces : dans celui d'en haut, on voit le Père Éternel, avec le globe dans la main gauche, avec la droite dans l'acte de bénir, et dans l'espace inférieur, est suspendue une colombe blanche. Ce somptueux chef-d'œuvre historique, qui attire et fixe l'attention par la splendeur, la beauté et la délicatesse du travail, par l'éclat des émaux et l'originalité du dessin, appartient au style architectonique portugais nommé *Manuelin*, pareil à celui de l'édifice pour lequel il fut destiné, et qui est un de nos mo-

numents artisto-historiques les plus élégants et les plus dignes d'admiration.

XVI. S. — H. 0m 84.

Dans le testament du roi D. Manuel, on lit :

« Item :

« J'ordonne que l'ostensoir fait par Gil Vicente pour le monastère de Bellem soit livré à adite maison, de même que la grande croix qui a été gardée dans ma trésorerie, faite aussi par le même Gil Vicente, et aussi les Bibles écrites à la plume, qui ont fait partie de ma garderobe, lesquelles sont garnies d'argent, avec couverture en velours cramoisi. »

Au moment de la suppression des couvents, en 1833, cet ostensoir fut déposé à la Monnaie. Exposé par S. M. le roi D. Louis 1er.

12. Calice en vermeil; autour de la coupe, on voit gravé : SALVTARIS— ACIPIAM—EN CALYC. Sous la legende, six niches contenant chacune deux apôtres en haut-relief; dans les intervalles, six campanules, *tintinnabula*, des ornementations remarquables et des pierres précieuses. Le pied et la base représentent en haut-relief des images de saints, et dans des petits cadres, les scènes de la passion de Jésus-Chris. Cette pièce est d'un travail artistique admirable.

XVI— S. H. 0m 35 1/2. D. 0m 23 1/2 (à la base).

Appartient à la chapelle royale du palais de Ajuda. Exposé par S. M. le roi D. Luis Ier.

13. *Fruitier* en vermeil, de forme ronde; avec les bords découpés. Dans deux cercles, est représenté en haut-relief le triomphe d'Alexandre, dans un char précédé de l'enseigne avec la légende — ALEXANDRE — Les intervalles, la partie inférieure et le pied sont couverts d'une ornementation variée et élégante. Au centre, l'écusson avec les armes de la famille Alcoforado.

XVI. S. D. 0m 35. — H. 0m 27 1/2.

Fait partie de la vaisselle de S. M. le roi D. Louis Ier.

14. *Paix* ou *Osculatorium*, en vermeil. Il représente un portique distyle, soutenant le fronton, sur lequel est placée de face une colombe; dans un cadre, Jésus-Christ mort, et des deux côtés, la Vierge, Saint Joseph et l'ange. Dans le fond, une croix, les tours et les murailles de Jérusalem; dessous, l'écusson avec les cinq plaies.

XVI. S. H. 0m 19 1/2. L. 0m 14.

Appartenait aux anciens couvents. Aujourd'hui conservé dans le cabinet archéologique de l'Académie des beaux-arts à Lisbonne.

15. *Calice* en vermeil; autour de la coupe =+CALICEM × SALVTARIS × ACIPIAM × ET × NOMINE. Le pied et la base sont remplis d'ornements avec la légende = ESTE CALIZ DEIXOV × VASCO × FERNANDES QVARTANARIO DA SE. Le nœud, à jour, forme une niche, au centre de laquelle est placée l'image de Saint Vincent.

XVI. S. H. 0m29.

Exposé par la cathédrale de Lisbonne.

16. *Crosse* en vermeil; la volute ciselée et incrustée de quarante et une pierres fines; le nœud formé par deux espaces ouvrés à jour, avec les douze Apôtres; sur le faîte, l'image de la Vierge.

XVI. S. (Avec la hampe) H. 2ᵐ 21.

Appartenait, quand il était archevêque d'Évora, au cardinal-infant D. Henri, plus tard roi. Aujourd'hui, propriété de la cathédrale de la même ville, peut-être par donation de l'infant.

17. *Ostensoir* en vermeil, composé de deux morceaux; un calice sur lequel s'adapte un portique d'un beau travail, ayant au centre la boîte circulaire close de verres dans laquelle se place le saint sacrement par-dessus, une coupole élevée couverte d'ornements, d'où se détache un Christ en croix.

XVI. S. H. 0ᵐ 77 1/2.

Appartient à la la cathédrale d'Évora.

18. *Calice* en vermeil; le pied, avec sa base couverte de bas-reliefs, et divisée en espaces égaux, avec six images de saints séparés par des ornements. Le nœud, formé par six niches de pilastres gothiques, représente des cadres avec les bustes des docteurs de l'Église. A la coupe, replie d'une ornementation variée et de séraphins, sont attachés quatre pendants et quatre clochettes, *tintinnabula*; autour : HOC FACITE IN MEAM COMEMORACIOEZ.

XVI. S. H. 0ᵐ 32 1/2.

Appartenait aux anciens couvents. Actuellement déposé à l'Académie des beaux-arts de Lisbonne.

19. *Calice* en vermeil, ciselé. La base, en bas-relief, contient deux petits cadres en émail; dans l'un, un Christ en croix entre deux images, légende IHSRE; dessus, le soleil et la lune; dans l'autre, un ange debout et de face, tenant dans les mains une bandelette couverte de caractères gothiques indéchiffrables. Le nœud forme un édifice, et la coupe, ornée de fleurs et de *tintinnabula*, est entourée de la légende: ✣ CALYSCENO ✣ SALVTARIS AC ✣ YPIAM YM ✣ NOMEN DOMI.

Dessus, dans un hexagone, AHA. *Latin barbare, comme probablement l'est aussi l'inscription de la base.*

XVI. S. H. 0ᵐ 26.

Propriété des anciens couvents. Exposé par l'Académie des beaux-arts.

20. *Croix* latine portative, en vermeil, couverte de fleurs et d'ornements ciselés et à jour. La partie inférieure représente un édifice gothique avec des fenêtres, portes et colonnes très-enjolivées, et dessus, six niches avec des images de saints. Au centre des bras, un cadre anglé des quatre symboles des évangélistes: l'aigle, l'ange, le lion et le bœuf, chacun avec les légendes interverties et mal écrites: IHS = SMA = AM = LVCI. Tout autour du cadre dans lequel est représenté le Christ assis : IHS — NAZAIRENV IREX IVDEORU. Sur la face postérieure, la même profusion d'ornementation, et dessus: IHS —. NAZIRENV. REX. IVDEORV.

XVI — S. H. 1ᵐ 26 — L (bras) 0ᵐ 57.

Autrefois propriété du couvent d'Alcobaca ; exposé par l'Académie des beaux-arts.

21. *Paix* ou *osculatorium* en vermeil.

Il représente un portique avec la descente de croix. L'exécution de ce haut-relief est admirable. Sur le fronton, une coquille soutenant la croix. Sur la face postérieure, divers ornements ciselés et entre deux oiseaux, le millésime 1534.

XVI — S — H. 0ᵐ 28 — L. 0ᵐ 17.

Appartenait à un des anciens couvents de l'Alemtejo, et conservé aujourd'hui à l'Académie des beaux-arts.

22. *Calice* en vermeil avec divers ornements. Sur la base, la légende suivante : ESTE CALES × DEIXOV × OBISPO DON IORIE DALMEIDA. AO SANTO SACRAMENTO × DA SE × ERA × 1551. Dessus, quatre écussons avec les armes de l'évêque, et intercalé NE — QVED × NI — NIS. Le nœud et la coupe légèrement ornés.

XVI. S. H. 0ᵐ 26 1/2.

Appartenait aux anciens couvents ; exposé par l'Académie des beaux-arts.

23. *Croix* latine en vermeil, portative, figurant à la base un édifice avec des fenêtres à jour et des tours en style gothique ; sur les bras, diverses ornementations avec des étoiles. Les deux faces sont ciselées et pareilles.

XVI. S. — H. 0ᵐ 97. — L. 0ᵐ 45 1/2.

Propriété de l'ancien couvent de Saint-Dominique de Elvas. Exposé par l'Académie des beaux-arts.

24. *Coffret* en filigrane d'argent, avec un rubis dans le fermoir.

XVI. S. H. 0ᵐ 12. — L. 0ᵐ 15 1/2.

Appartenait aux anciens couvents. Conservé actuellement dans le cabinet archéologique de l'Académie des beaux-arts.

25. *Coupe* en vermeil, au fond de laquelle est représentée, en bas-relief, la flotte de Vasco de Gama s'approchant de Mélinde, où la Renommée sonnant du cor vient à sa rencontre, dans un char traîné par deux éléphants. Sur les bords, les initiales de l'artiste A. C., et un petit navire, contre-marqué du contrôle de Lisbonne. Le pied est formé par trois sirènes entrelacées de leurs queues, et posées sur la convexité d'une coquille.

XVII. S. H. 0ᵐ 24. D. 0ᵐ 24 1/2.

Exposé par S. M. le roi D. Louis Iᵉʳ.

26. *Fruitier* en vermeil, rond et découpé sur les bords. La face supérieure est formée de deux cercles en bas-relief, avec des figures mythologiques. Au centre, l'écusson des armes portugaises de la forme usitée sous le roi D. Jean V, et dessus, le chapeau de cardinal. Sur les côtés, deux petits écus ont avec la croix de l'ordre du Christ. La face inférieure et le pied avec des ornements en relief.

XVII. S. H. 0ᵐ 20. — D. 0ᵐ 31.

Fait partie de la vaisselle de S. M. le roi D. Louis Iᵉʳ.

27. *Fruitier* en vermeil, rond, découpé sur les bords, sur lequel

sont représentés en bas-relief, des animaux mythologiques entrelacés dans des ramages.

XVII. S. H. 0^m 4 1/2. — D. 0^m 26.
Fait partie de la vaisselle de S. M. le roi D. Louis Ier.

28. *Fruitier* en vermeil, rond, découpé aux bords, couvert d'ornements en bas-relief. Au centre se détache un médaillon où est représenté un cavalier combattant un taureau qui fond sur lui; dans le lointain, plusieurs figures courant dans l'arène. La face inférieure et le pied ornés de divers bas-reliefs.

XVII. S. D. 0^m 27 — H. 0^m 26.
Fait partie de la vaisselle de S. M. le roi D. Louis Ier.

29. *Plateau* en vermeil, rond, représentant dans trois cercles en haut-relief, des scènes guerrières et religieuses. Le centre, plus élevé, est couronné par un médaillon dans lequel on voit deux cavaliers combattant à l'épée.

XVII. S. D. 0^m 53
Fait partie de la vaisselle de S. M. le roi D. Louis Ier.

30. *Plateau* en vermeil, rond, orné sur les bords de fleurs, d'épis, de limaçons et d'animaux fabuleux. Le centre, plus élevé, est entouré de huit médaillons représentant, en haut relief, des cavaliers et des piétons se battant à l'épée et à la lance. Sur le faîte, un écusson uni, couronné d'un aigle.

XVII. S. D. 0^m 44.
Fait partie de la vaisselle de S. M. le roi D. Louis Ier.

31. *Aiguière* en vermeil, ornée d'un élégant travail de fleurs et de mascarons. L'anse est formée par un serpent.

XVII. S. H. 0^m 44.
Exposée par S. M. le roi D. Louis Ier.

32. *Plateau* en argent, avec des ornements au burin. Au centre, un médaillon avec un buste en haut-relief, étreignant avec la main droite la poignée d'une épée enfoncée dans la poitrine.
Exposé par S. M. le roi D. Louis Ier.
XVII. S. D. 0^m 42 1/2.

33. *Plateau* en argent, rond, avec ornements en fleurs et en mascarons. Au centre, un médaillon avec un vaisseau naviguant à pleines voiles et entouré de poissons.

XVII. S. D. 0^m 60.
Appartient à la cathédrale de Lisbonne.

34. *Plateau* en argent, rond, avec des fleurs, des feuilles et des oiseaux en relief. Au centre, un médaillon représentant les mêmes objets.

XVII. S. D. 0^m 45.
Exposé par M. le baron de Pombeiro.

35. *Curette* en argent, ronde, avec des oiseaux et des feuillages en relief. Au centre, un médaillon dans lequel on voit un homme lançant son javelot à un lion.

XVII. S. D. 0m 41.
Appartient à M. le baron de Pombeiro.

36. *Croix d'autel* en vermeil. La base, soutenue par quatre têtes de taureau, représente des scènes de l'histoire sainte, ciselées avec une perfection admirable ; sur les bras, couverts d'ornements, l'image du Christ fixé par trois clous. Sur la face postérieure, des ornements dans le même goût.
XVII. S. H. 0m 89. L. 0m 57.
Elle a appartenu à l'ancien couvent de l'ordre de Saint-Jérôme de Belem ; actuellement à l'Académie des beaux-arts de Lisbonne.

37. *Cuvette* en vermeil, ovale et en courbes ; sur les bords, des ornements accompagnés de mascarons jetant de l'eau par la bouche ; au centre, un médaillon avec des fleurs et la mitre patriarcale.
XVIII. S. L. L. 0m 48 1/2.
Appartient à la cathédrale de Lisbonne.

38. *Flambeau* en vermeil à trois faces, couvert d'ornements ; en bas, entre une feuille de palmier et une branche, la mitre patriarcale.
XVIII. S. H 0m 65 1/2.
Exposé par la cathédrale de Lisbonne.

39. *Calice* en vermeil, orné d'anges avec des instruments de martyre, des épis et des branches de vigne, d'où pendent des grappes de raisin.
XVIII. S. H. 0m 27.
Appartient à la cathédrale de Lisbonne.

40. *Vase sacré* en vermeil. Sur la base, sont assises quatre figures avec leurs emblèmes, représentant la Foi, l'Espérance, la Charité et la Religion. Le pied est d'un travail très-fin. Sur la base, un nuage avec des anges tenant à la main des épis, une couronne, des grappes de raisin et des emblèmes de martyre, et sur le tout, des rayons solaires. Le couvercle se termine par une espèce de couronne formée d'anges ; et du centre, orné d'épis et de branches de vigne, se détache la croix.
Cette pièce d'orfévrerie, du XVIIIe siècle, est d'une exécution parfaite. — H. 0m 37.
Exposé par la cathédrale de Lisbonne.

41. *Plateau* en vermeil, rond, représentant en bas-relief des poissons, des coquilles, et divers ornements de fantaisie.
XVIII. S. D. 0m 57.
Appartient à la cathédrale de Lisbonne.

42. *Aiguière* en vermeil, couverte de poissons, fleurs, fruits, séraphins, et de divers ornements de fantaisie en bas-relief.
XVIII S. H. 0m 47.
Exposée par la cathédrale de Lisbonne.

43. *Calice* en vermeil, couvert de divers ornements.
XVIII. S. H. 0m 27.
Appartenait jadis aux anciens couvents, et figure aujourd'hui dans le cabinet archéologique de l'Académie des beaux-arts.

2° OBJETS EN CUIVRE, BRONZE, FER ET LAITON.

44. *Statuette* en bronze de Junon, debout sur une colonne. Dans un carré long, se trouve écrit sur trois lignes IVΣΟ-ΦΛVΟ-ΣIA. A gauche, un paon.
Cette charmante pièce de sculpture fut trouvée dans des fouilles aux environs de Lisbonne. Époque romaine : H 0ᵐ 27 1|2. Appartient à l'Académie royale des sciences de Lisbonne.

45. *Buste* d'homme en bronze. Sur le haut de la tête, une ouverture circulaire ; tout autour, des vestiges d'anneaux qui retenaient l'anse et le couvercle. Le fond était fermé de manière à contenir l'huile qui servait aux bains dans les grandes cérémonies.
Époque romaine. H. 0ᵐ 8. Exposé par M. le marquis de Souza, et trouvé dans les mines d'Odemira, exploités jadis par les Romains.

46. *Sanglier* debout ; il lui manque une partie des jambes. Beau style.
Époque romaine : H. 0ᵐ 6.
Appartient à la bibliothèque d'Évora, et trouvé dans des fouilles entreprises par l'archevêque Cenaculo.

47. *Chèvre* debout. Travail grossier. Époque romaine. H. 0ᵐ 6 1|2. Appartient au même établissement, et provient de la même origine

48. *Objets trouvés dans l'intérieur de la mine de S.-Domingos, province de l'Alemtejo.*

1° *Trente et une monnaies* de divers empereurs, depuis Auguste jusqu'à Honorius, dans un mauvais état de conservation.
2° D'autres *monnaies* arabes, espagnoles et portugaises, jusqu'au XIVᵉ siècle
3° Une *statuette* de femme, avec les cheveux attachés. Beau style. H. 0ᵐ 12.
4° Une *aiguille* en cuivre avec deux trous. L. L. 0ᵐ 11.
5° Un *filtre* avec un manche. D. 0ᵐ 14.
6° Une *barre* de fer. A l'une des extrémités, la tête en bronze d'un sanglier. Très-beau travail. L. L. 0ᵐ 25.

49. *Croix grecque* portative en cuivre doré. En bas, le lion, l'aigle et le taureau, symboles des trois évangélistes. Le Christ, étendu est crucifié avec quatre clous ; sur la tête, l'antique couronne royale une mince ceinture entoure les reins ; sur la tête : JHS NAZARENUS REX IUDEORUM. Sur la face postérieure, on voit gravée une tresse bordant les marges, et au point de jonction des deux bras dans un cercle, l'Agnus Dei ; les extrémités des bras se terminent par de petites boules.
XI. S. H. 0ᵐ 40. L. 0ᵐ 31.
Exposé par M. le marquis de Souza.

50. *Croix grecque* portative. Tout le travail, fait au burin, représente aux extrémités les emblèmes des évangélistes, et au centre le Christ cloué par quatre clous, les pieds sur un support; dessus, la légende IHESVS-NAZAREN-REX-IVDEORVOS. Sur l'autre face, quelques ornements, et à la jonction des bras, l'Agnus Dei.

VI. S. H. 0^m 55. L. 0^m 39.

51. *Croix latine* en cuivre, portative, fleurie aux extrémités, et les deux faces couvertes d'ornements au burin; traces de dorure. Style hispano-arabe. XII. S. H. 0^m 63. L. 0^m 37.

Ces deux croix appartiennent à M. le marquis de Souza.

52. *Poids* en bronze, boîte fermée et contenant les fractions. Sur le couvercle est attaché à deux sphères un anneau ciselé. Des deux côtés du fermoir, qui se termine en tête d'animal, les armes de Portugal avec la couronne ouverte et neuf tours. Entourant la boîte, la légende : ME MANDO·FAZERE·DOM·EMANVEL·REI·DE·PORTVGAL·ANO· 1499. XV. S. H. 0^m 15. D. 0^m 22.

Exposé par la municipalité de Lisbonne.

53. *Plaque sépulcrale* en bronze, représentant deux figures, homme et femme, debout et les mains jointes. Le fond arborisé, et dessous, en caractères gothiques : ESTA SEPVLTVRA HE DE FVI PAEZ E-DE SVA MOLHER ET SEVS ERDEIROS.

XV. S. LL. 0^{m}90. L. 0^m 53.

Exposé par M. le duc de Cadaval.

54. *Pièce d'artillerie* en fer, unie et forée. Une plaque en fer introduite transversalement sert de culasse. Sur une frise, autour de l'ouverture, en lettres d'argent très-effacées : ...... RTDHI OM FVCOMES AFESE.. ..

XV.S. L.L. 1^m 18.

Appartient à l'Arsenal de l'armée.

55. *Mesure de capacité* en bronze, ronde. Flèche traversant une étiquette, avec la légende SEBAS-TIANVS, cantonnée par les lettres R-L-V-I; dessous, A. S. 1575; une anse de chaque côté. Sur la partie postérieure, les armes de Portugal, et sur les bords, avec l'étalonnement : DE-LISBOA.

XVI. S. H. 0^m 20 1|2. D. 0^m 11 1|2.

56. Une autre pareille, demie de la précédente.

Ces deux mesures appartiennent à l'Académie royale des sciences de Lisbonne.

57. *Mesure de capacité* en bronze. Sur le devant, dans un médaillon, les armes de Portugal, et dessous ,la légende : SEBASTIANVS. I. R. P. REGNOR-SVOR. MENSVRAS AEQVAVIT. ANO. M.D.LXXV; sur le bord supérieur, l'étalonnement avec un petit navire; une anse de chaque côté ; sur la face postérieure, dans un cercle, un navire sous voiles, avec deux corbeaux (armes de Lisbonne), et dessous : ALQVEIRE. XVI.S. 0^m 24. L 0^m 26 1|2 et 0^m 27.

Exposé par l'Académie royale des sciences de Lisbonne.

58. *Canon en bronze* couvert d'ornements et de trophées mili-

taires : la lumière en forme de coquille, ayant derrière une sphère, et devant, la date 1595 ; sur une bandelette avec deux séraphins sonnant du cor, la légende : DVQVE*D'ALVARO, la marque 1-16 et sur la croix de Saint-Jacques, avec les armes de Portugal, quatre mascarons avec des anneaux.

XVI. S.L. L. I^m 44.
Appartient à l'Arsenal de l'armée.

59. *Pièce d'artillerie* en bronze, couverte de nombreux bas-reliefs et posée sur un affût de bois ; des armes, et sur la culasse : IO. PRA. (Joao Pereira). 1640. L. L. I^m 00.
Appartient à l'Arsenal de l'armée.

60. *Méridienne* en laiton doré, avec profusion d'ornements ; des deux côtés du soleil, sur un ruban ondulant, la légende : DUM LEVIS UMBRA FUGIT FUGITIVAS DENOTAT HORAS. Autour du verre qui protége l'aiguille : CADRAN EQUINOXIAL UNIVERSEL, FAIT PAR JOSEPH GASPART, A LISBONNE. Des demi-cercles marquent les degrés.

XVIII. S. D. 0^m 12.
Appartient à l'Académie royale des sciences de Lisbonne.

61. *Modèle* en petit et en bronze, du monument équestre du roi D. Joseph Ier, inauguré sur la place du Commerce de Lisbonne, le 6 juin 1775. L'idée et le dessin sont dus à Joachim Machado de Castro, comme aussi le beau bas-relief et les fameux groupes en marbre dont est orné le piédestal. La statue fut fondue d'un seul jet sous la direction du général de brigade Barthélemy da Costa, qui y employa 38,077 kilos de métal. Vingt-huit heures furent nécessaires pour fondre cette masse dans le fourneau de l'Arsenal. Après la fonte, la statue pesait 29,000 kilos de bronze, et les accessoires 5,800 kilos. Les fêtes d'inauguration furent splendides : un souper public, coûtant 270,000 francs, fut servi aux frais des négociants et des marchands de Lisbonne. A cette occasion, furent frappées et répandues une quantité de médailles en or, argent, cuivre et porcelaine, qui se trouvent décrites aux n°s 1390, 1392 et 1393.

XVIII. S. H. 0^m 90. L.L. 0^m 69. Appartient à l'Arsenal de Lisbonne.

62. *Poids* en bronze, boîte fermée et contenant les fractions ; sur le couvercle, figures d'animaux fabuleux, dont deux soutiennent l'anneau sur lequel sont gravées les armes de Portugal. Autour de la boîte : ESTE PADRAO HE DA CAMARA DESTA CIDADE DE-LIXBOA TEM CENTO E VINTOITO ARATEIZ. Le reste de l'espace, orné d'écailles de poisson, présente deux médaillons avec les armes de la ville. De chaque côté, un corbeau ayant chacun un L dans le bec ; derrière, une tête d'animal de grande dimension.

XVIII. S. H. 0^m 31. D. 0^m 23.
Appartient à la municipalité de Lisbonne.

63. *Poids* en bronze, boîte fermée et contenant les fractions. Sur le couvercle, les armes de Portugal et deux sphères, auxquelles sont

attachées deux dauphins formant l'anneau ; au centre, le millésime 1780 ; le fermoir en forme d'oiseau. XVIII. S. H. 0ᵐ 16. D. 0ᵐ 21.

Appartient à la municipalité de Portalègre.

64. *Pièce d'artillerie* en bronze. La face supérieure avec des ornements, et les armes de Portugal ; sur la culasse : BENTO. AFFONSO-FRa ME FEZ ; devant sur deux lignes : MANOEL COMES DE CARVALHO E SILVA — TENENTE GENERAL DE ARTRa DO REINO. Au centre, 1750, et deux dauphins servant d'anneaux.

XVIII. S. L.L. 1ᵐ 20. Appartient à S. M. le roi D. Louis Iᵉʳ.

65. *Écritoire* en bronze doré représentant une base soutenue par quatre lions, avec divers ornements et deux tiroirs; un de ces tiroirs contient l'encrier et le sablier en argent ; sur le couvercle, le dragon terrassé par un Génie avec les armes de Portugal et la lance au poing.

XVIII. S. H. 0ᵐ 61. L. 0ᵐ 41.

Cette écritoire appartenait au grand homme d'État, le marquis de Pombal; elle servit quelquefois au roi D. Joseph Iᵉʳ, dans les occasions où il habitait le palais du marquis, à Oeiras. Actuellement, elle est conservée comme monument historique par l'héritier de son nom.

66. *Echantillons* de la fonderie de l'Arsenal de Lisbonne.
Les armes royales portugaises. XVIII. S. H. 0ᵐ 20.
Balustre délicatement orné. XVIII. S. H. 0ᵐ 39.
Base circulaire à jour. XVIII. S. D. 0ᵐ 26.
Casque de Mercure, avec une lance en fer. XVIII. S.
Presse en laiton et fer pour timbrer. XVIII. S. L. L. 0ᵐ55. H. 0ᵐ 35.

67. *Épée* avec la garde semi-sphérique en fer; sur la lame, damasquinée, on lit, d'un côté: VIVA DOM IOAO QVINTO, et de l'autre, EL REY DE PORTVGAL ; le fourreau est en cuir, avec le bout en fer.

Exposé par S. M. le roi D. Louis Iᵉʳ.

68. *Épée*. La garde en fer finement ciselée, et la poignée en bois de cerf. La garde, en forme de coquille, se replie sur la lame cachant un petit pistolet qu'on peut décharger tout en tenant l'épée en main ; sur la batterie, le millésime 1779.

L. L. 0ᵐ 82.

69. *Fleuret*. La garde fermée, en laiton ; le fourreau en cuir, avec un bout également en laiton.

XVIII. S. L. L. 1ᵐ 16.

Ces deux épées appartiennent à l'Arsenal de Lisbonne.

70. *Fusil* ancien à mèche; le canon lisse et évasé.

XVI. S. L. L. 1ᵐ83.

71. *Idem* à pierre; divers ornements sur le canon et sur les attaches; sur la batterie: XAVIER DO REIS—LISBOA — 1744 — H. 0ᵐ90.

72. *Idem* à pierre ; ornements d'incrustation en or sur le canon

et les lettres également incrustées, FABRICA REAL. — 1752. — H. 1ᵐ59.

73. *Fusil* ancien, à pierre ; la culasse, la plaque de la crosse et les attaches sont couvertes d'ornements délicats, de bustes, de mascarons, de trophées militaires, etc., sur un fond d'or; sur la batterie, le millésime 1769 ; au centre, V — DE MEIRA. Travail très-remarquable. H. 1ᵐ60.

74. *Idem* à pierre; le canon orné d'incrustations en or et de la légende : ARCENAL REAL DO EXERCITO LXᵃ, 1796. La batterie ciselée et couverte d'or ; sur le chien, IACINTO XAVIER—LISBOA, 1796. H. 1ᵐ43.

75. *Idem*, du même armurier, millésime 1797. Varié dans les ornements. H. 1ᵐ37.

76. *Idem*, même armurier; travail plus considérable de ciselure; légende sur la batterie; millésime, 1790. H. 1ᵐ42.

77. *Idem*, même armurier, ornements très-variés couverts d'or ; 1801. H. 1ᵐ41.

Ces huit armes à feu appartiennent à S. M. le roi D. Louis Iᵉʳ.

78. *Fusil* à pierre et à trois canons; celui du centre plus long que les deux autres, qui ont 0ᵐ55, et qui servent de réservoir l'un pour la poudre et l'autre pour le plomb. En élevant les canons et en leur imprimant un mouvement de rotation, d'abord à droite, puis à gauche, ils déposent, par l'intervention de ressorts, la charge nécessaire dans le canon principal, d'où part le coup. On peut tirer quinze coups dans quelques minutes. Inventé par un moine et fabriqué à l'Arsenal de l'armée au commencement de ce siècle. H. 1ᵐ40.

79. *Carabine* à pierre. Canon en laiton évasé, avec baïonnette fixe qui se double et se ferme sur le canon par un ressort; sur la base, entre divers ornements: LISBOA — 1799. Avec la baïonnette. H. 1ᵐ02.

80. *Idem ;* le canon en fer et la plaque de la crosse couverts de nombreux ornements ciselés et en or, représentant des trophées militaires; travail très-délicat; la légende, ARCENAL REAL DO EXERCITO — LXᵃ. 1805; attenant à la batterie: IACINTO XAVIER; sur le canon, dans un petit cercle: ANT. IOAO DE FIGʳᵒ GRAV.—La crosse, par un ressort ingénieux, s'ouvre. Avec la baïonnette, 1 mètre.

Ces trois armes à feu appartiennent à l'Arsenal de l'armée de Lisbonne.

3° OBJETS EN PIERRE ET EN MARBRE.

81. *Téte* d'homme, imberbe, en marbre blanc, qui faisait partie d'une statue.
Époque romaine. H. 0m22.

82. *Téte* d'homme avec les cheveux frisés, imberbe, en marbre blanc, qui faisait partie d'une statue.
Époque romaine. H. 0m25.
Ces deux têtes, qui font partie aujourd'hui de l'intéressante collection du Cabinet archéologique de la Bibliothèque d'Évora, furent trouvées dans les fouilles faites, au commencement de ce siècle, par l'archevêque D. Manuel Cenaculo, aux environs de Saint-Jacques-de-Cacem, province de l'Alemtejo.

83. *Buste* en pierre du roi D. Alphonse Ier, avec la couronne royale sur la tête, l'épée à la main et la croix du Christ sur la poitrine. Travail grossier.
XII. S. H. 0m62.
Appartient au Cabinet archéologique de la Société des architectes portugais, et fut trouvé dans des fouilles faites sur l'emplacement de l'ancien palais royal, à Santarem, ville que le même roi prit d'assaut sur les Maures, en 1154.

84. *Inscription* sur pierre, XV : K : MAII : OB : DONNA : MARIA : — DE ARCV : ERA : — M : CC : LXXX : VII. — (XV kalendas mai, obiit Dona Maria de Arco, era 1287), 0m16 1/2 par 0m15.
Exposée par la Société des architectes portugais.

85. *Chapiteau fleuri* en marbre blanc, provenant du cloître du couvent de Batalha.
XV. S. H. 0m30.

86. *Ornement* en haut-relief ; guirlande de fleurs en marbre blanc sur marbre rouge, provenant de l'église des Jésuites, à Lisbonne.
XVI. S. L. L. 0m70. L. 0m28.

87. *Deux anges* en marbre blanc, sculptés par Machado de Castro, pour orner le tombeau de la reine, épouse de D. Jean Ier.
XVIII. S. H. 0m68.

88. *Deux bas-reliefs* en jaspe blanc, représentant des groupes de l'histoire sainte. Travail grossier, exécuté aux Indes portugaises.
XVI. S. H. 0m42. — L. 0m27.

89. *Guirlande* en marbre blanc sur marbre rouge, — fragment des ornements de l'église des Jésuites, à Lisbonne.

XVI. S. H. 0m28. — L. 0m71.

Ces cinq morceaux de sculpture appartiennent à la Société des architectes portugais.

90. *Bas-relief* en marbre blanc, dont le sujet est l'Annonciation. Sous la légende : FIT DEVS HOMO VT HOMO FIAT DEVS.

XVIII. S. L. L. 0m98. — L. 0m49.

91. *Idem ;* la rencontre de la Vierge avec sainte Isabelle. Légende : GVADE TVTRAQVE, QVIA LATET VTERQUE.

Mêmes dimensions et de la même époque que le précédent.

92. *Idem ;* Naissance de Jésus-Christ. Dessous : INVIDEANT. PALEIS GEMÆ PRÆSEPIBVS AVLÆ.

Mêmes dimensions que les précédents.

93. *Idem ;* l'Adoration ; dessous : AD. HVC NOCTE NVNC DIEM STELLA NVNCIAT.

Idem, idem.

94. *Idem ;* la Présentation au Temple : PATRI QVID AMPLIVS NATO.

Idem. idem.

95. *Idem ;* la Fuite en Égypte ; dessous : SI VENISTI CVR FVGIS SI FVGIS CVR VENISTI.

Ces six bas-reliefs furent commandés à un Italien, à Lisbonne, par le roi D. Jean V, pour le couvent d'Odivellas, et appartiennent actuellement à Mme Marie de Conceiçao Serra e Silva.

4° OBJETS EN BOIS.

96. *Porte* en bois, divisée en quatre panneaux, où sont représentés en bas-relief : les Ames du Purgatoire, la Justice, Saint Élie, etc.
XVI. S. H. 1m91. — L. 0m80.
Appartient au chœur de la cathédrale d'Évora.

97. *Cadre* en palissandre richement taillé, représentant, en relief, des oiseaux, des feuilles et des fleurs ; sur le faîte, deux anges tenant des bouquets.
XVII. S. H. 0m85. — L. 0m71.

98. *Idem*, du même style, mais plus petit ; la taille moins profonde.
XVII. S. M. 0m70. — L. 0m59.

99. *Fauteuil* en palissandre ; travail de sculpture très-fin et très-délicat, aux pieds, sur les bras et au dos ; recouvert récemment en maroquin vert, attaché par des clous à tête de métal blanc.
XVII. S.
Ce fauteuil et les deux objets qui précèdent appartiennent à M. le conseiller Jean Palha Faria de Lacerda.

100. *Meuble* en palissandre et orné d'encadrements en frises, d'un aspect simple, mais élégant ; les pieds faits au tour, et les plaques et anneaux latéraux en argent.
XVIII. S. H. 1m38. — L. 0m90.

101. *Commode* du même bois, avec deux tiroirs ; les ornements taillés, les plaques des serrures et les anneaux latéraux en argent.
XVIII. S. H. 0m87. — L. 1m06.

102. *Chaise* du même bois. Quelque travail de sculpture ; étoffée en soie violette brodée en fils d'or.
XVIII. S.

103. *Idem* unie, couverte de damas cramoisi.
XVIII. S.
Ces quatre meubles appartiennent à Mme de Gérando.

5° OBJETS DIVERS. — HARNAIS.

104. *Selle à Marialva*, doublée de velours rouge, galonnée d'or et de cordonnets également en or, attachés par des clous de laiton.
XVIII. S.

105. *Houssé* en velours rouge, garnie de franges et de larges broderies en or, appartenant à la selle qui précède.
XVIII. S.

106. *Têtière* en maroquin rouge, couverte d'ornements en cuivre ciselé et doré ; galons, boutons et houppes en tissu de soie sur le front.
XVIII. S.

107. *Poitrail*. Maroquin et garnitures pareils.
XVIII. S.

108. *Couverture* en velours vert bordé de larges broderies en argent ; au centre, également brodées, avec leurs couleurs, les armes de Portugal entre deux anges sonnant du cor.
XVIII. S.
Appartient à la Maison du roi.

Appartenant à la Maison du roi.

109. *Étriers* en fer, couvert de laiton, unis et ouverts en dessous.
XVII. S. H. 0^m32.

110. *Cinq autres paires*, en laiton et en cuivre doré, d'un travail varié. Quelques-uns sont très-beaux et élégants.
XVIII. S.

111. *Une autre paire*, pour dame, en forme de pantoufle, et l'arc très-orné.
XVIII. S.

112. *Étriers* en bois couverts d'ornements de cuivre à jour et doré.
XVIII. S. L. L. 0^m22.

113. *Idem*, différents dans la forme, avec des aigles.
XVIII. S. L. L. 0^m22.

114. *Idem* pour dame, avec une ornementation délicate de bustes et de vases remplis de fleurs.
XVIII. S. L. L. 0^m22.

115. *Têtière* en cuir couverte de franges en soie rouge ; entre les yeux, des sphères avec les armes de Portugal.
XIX. S.

116. *Poitrail* en maroquin, avec des franges en soie rouge et orné de trente-deux grelots en laiton.

117. *Éperons* en laiton pour être vissés au talon, la pointe terminée en tête de coq, et la molette formant la crête.
XVIII. S.
Appartient à M. le marquis de Souza.

118. *Selle à Marialva* en basane verte avec des broderies rouges; coussinet doublé d'étoffe blanche à raies vertes, et plaque de métal doré sur l'arçon.
XVIII. S.

119. *Housse* en maroquin rouge et velours à raies vertes et blanches, appartenant à la selle précédente.

120. *Têtière* et *rênes* en tresses de soie verte et rouge; boucles et plaques dorés. Font partie des mêmes harnais, exposés par l'Arsenal de l'armée de Lisbonne.

6° VERRERIE, POTERIE ET FAIENCES.

121. *Verre* globulaire ; dans un portique, une figure debout et couronnée ; des deux côtés, des édifices à colonnades, ayant dessus : SOLARIV — THERMEAANI ; à gauche, THEAT, et à droite, THEATRVMRIPA. Attenant, un autre portique ; dans le portique, un Génie debout, tenant dans les mains la corne d'abondance et la patère. Dessous, l'autel allumé ; à côté entre deux colonnes avec des statues la lance au poing : P.
I.
L.
A.
S.

Suit encore un portique à deux arches, couronné par quatre bustes de cheval. (Le goulot cassé.)

Époque romaine. D. 0m10 1/2. Appartient à M. le marquis de Souza, et trouvé dans une mine près d'Odmira, jadis exploitée par les Romains.

Époque romaine. Trois objets trouvés dans la mine de Saint-Domingos, et appartenant à l'administration de la même mime.

122. *Lampe sépulcrale* en terre ; buste de face couronné par sept rayons ; sur le bord, grappes de raisin alternés avec des fleurons.

123. *Idem* avec deux cornes d'abondance.

124. *Idem*, unie.

125. *Lampe* en terre rouge, trouvée dans les ruines de Troie (*Cetobriga*).

Appartient à la Société archéologique portugaise, sous la direction de laquelle furent entreprises ces fouilles.

126. *Carreaux* en faïence de couleur, avec dessins variés, appartenant aux anciennes églises de Lisbonne.

XIV — XV — XVI. S.

Appartiennent à la Société des architectes portugais.

127. *Dix-huit autres carreaux* réunis dans un cadre, dont six en relief, émaux et dessins variés.

XIV — XV. S.

Appartiennent à l'Académie des beaux-arts.

128. *Carreaux* en faïence, réunis dans un cadre, représentant, sur un fond jaune, des anges, des fleurs et des ornements très-variés ; au centre, dans un carré long, entre deux anges, l'écusson de la maison de Bragance, avec le casque couronné et le dragon ; bordures sur les marges.

XVI. S. L. L. 1m35. H. 0m50.

129. *Un autre*, avec mêmes dimensions. Sur un fond jaune, se détachent diverses figures ; à droite, l'Hospitalité ; au fond, des habitations, des arbres et des montagnes.

Ces faïences appartenaient au palais royal de Villa Viçosa, ancien manoir de la famille de Bragance, et furent données par S. M. le roi D. Louis Ier à l'Académie des beaux-arts.

130. *Carreaux* en faïence formant deux cadres, de couleurs et dessins variés.

XVIII. S. H. 0^{m}65 — L. 0^{m}60.

131. *Un autre* de la même époque et d'un dessin différent, formé par seize carreaux.

Appartient à la Société des architectes portugais.

132. *Soupière* représentant une tête de porc, avec les couleurs naturelles.

XVIII. S. H. 0^{m}26. L. 0^{m}35.

Appartient à M. le marquis de Pombal.

133. *Plateau* en faïence. Sur fond blanc, des rameaux et ornements bleus ; les bords en couleur.

XVIII. S. 0^{m}60 par 0^{m}47.

Appartient à l'Académie royale des sciences.

134. *Assiette* avec des bouquets détachés. Au centre, une fontaine, et dessus, un médaillon tenu par deux oiseaux avec la légende : NA-REAL FABRICA DO CAVAQUINHO — PORTO. Les dessins sont bleus, jaunes, violets et verts sur fond blanc.

XVII. S. D. 0^{m}29.

135. *Idem*. Quatre bouquets détachés sur les bords ; au centre, un jardin entouré d'arcs de verdure, une fontaine et un escalier, sur les côtés duquel on voit Jupiter et Junon avec leurs attributs, et dessous, le nom.

XVII. S. D. 0^{m}38.

136. *Idem*, avec les même bouquets. Au centre, sur une plate-orme, deux figures ceignant de leurs bras une colonne entourée de fleurs.

XVIII. S. — D. 0^{m}38.

Ces trois assiettes appartiennent à M. le comte de Penafiel.

137. *Terrine* ronde, couleur paille foncée, avec des ornements blancs ; quatre anses, et sur le couvercle une brebis couchée sur un bouquet de roses. Fabrique de Rato, à Lisbonne.

XVIII. S. H. 0^{m}29. D. 0^{m}25.

138. *Assiette*. Qualité, couleur et ornements pareils à la précédente.

D. 0^{m}36.

139. *Théière* en faïence jaune, avec des ornements en relief de la même couleur.

H. 0^{m}17.

Ces trois objets appartiennent à l'Académie royale des sciences de Lisbonne.

140, *Tasse* en faïence. Sur fond blanc, des ramages et ornements bleus et violets; deux bustes, et un ange sonnant du cor. Peinture ordinaire.

XVIII. S. 0m24. Fabrique de Porto.

141. *Idem*. avec des bouquets et les armes d'un des ordres religieux abolis; dessous : FARIN. SISAN. Même hauteur et forme que le précédent. Fabrique de Porto.

XVIII. S.

142. *Idem*, avec deux daims; ramages et les armes de Portugal occupant presque toute la hauteur du vase. Fabrique de Porto.

XVIII. S.

Ces trois vases appartiennent à M. le baron d'Alcochete.

143. *Pot à fleurs*; au centre d'un bosquet, une habitation crénelée et peinte en vert, jaune et violet. (Le bord cassé.)

H. 0m18.

144. *Idem*, avec des ramages blancs sur fond jaune.

H. 0m23.

145. *Lavabo*. Bouquets et ornements bleus sur fond blanc ; mascaron percé par un robinet en étain.

H. 0m50.

Ces trois objets de la fabrique de Rato, appartiennent à l'Académie des beaux-arts.

146. *Vase* en faïence blanche, avec des ornements bleus. Au centre, un écusson avec les armes d'un des anciens ordres religieux; dessous : N. L.

XVIII. S. H. 0m33.

147. *Assiette*. Au fond, deux daims entre des fleurs et des ornements peints en bleu sur fond blanc.

XVIII. S. D.0m38.

148. *Pot à fleurs*. Bouquets et ornements en vert, jaune, bleu et violet sur fond blanc.

XVIII. S. H. 0m 27 1/2.

Ces faïences, des fabriques de Lisbonne, appartiennent à M. le marquis de Souza.

149. *Pot et plat à barbe*, avec des ornements et des bouquets peints en violet, vert, jaune et bleu, sur fond blanc.

Le plat : D. 0m29.

Le pot : H. 0m25.

150. *Cuvette* ovale, estampée de violet sur les bords découpés, et un bouquet bleu au fond.

L. L. 0m37.

151. *Assiette* longue en faïence blanche. Sur le fond, un paysage peint en violet, jaune et bleu.

L. L. 0m37.

Ces trois objets de la fabrique de Rato à Lisbonne, appartiennent à M. le baron d'Alcochete.

152. *Un Vieillard et une Vieille* de face, dans les bras l'un de l'autre; les vêtements de diverses couleurs. Fabrique de Rato.

XVIII. S. H. 0^m21.

153. *Tête* de nègre avec une espèce de turban qui sert de couvercle derrière une anse. Couleurs : noir, violet, blanc, vert et bleu. Fabrique de Rato.

XVIII. S. H. 0^m22.

154. *Vase* en faïence noire, garni à la partie supérieure de guirlandes et de douze têtes autour du l'ouverture. Fabrique de Caldas.

XVIII. S. H. 0^m27. — D. 0^m21.

Ces trois objets appartiennent à M. le baron d'Alcochete.

155. *Flambeau*. Le pied formé par un dauphin, la tête en bas, l'eau jaillissant par la bouche. Sur la base sont groupés des coquilles, des buccins, des plantes maritimes, et un médaillon avec les bustes des souverains régnants à droite, et la légende : MARIA I. ET PEDRO III PORTUGALLE REGIBUS. Ce flambeau est d'une élégance remarquable; les ornements s'en détachent en haut relief. Fabrique de Rato, de Lisbonne.

XVIII. S. H. 0^m30 1/2.

Appartient à l'Académie royale des sciences de Lisbonne.

156. *Ecritoire* noire en trois morceaux; celui du centre avec un vase à deux anses pour les plumes, et de chaque côté, l'encrier et le sablier. Fabrique de Coïmbre.

XVIII. S.

157. *Théière* sphérique des mêmes qualités, provenance et époque ; petite dimension.

XVIII. S.

Ces deux objets appartiennent à l'Académie royale des sciences de Lisbonne.

158. *Terrine*. Sur quatre griffes de lion sont les anses formées par des bustes d'enfants, couronnés et tenant des poissons dans les mains ; le couvercle est orné en relief de poissons et de légumes. Fabrique de Rato, à Lisbonne.

XVIII. S. L. L. 0^m35. H. 0^m24.

Appartient à l'Académie royale des sciences de Lisbonne.

159. *Vase de pharmacie*. Bouquets et oiseaux en bleu, sur fond blanc.

XVIII. S. H. 0^m30. D. 0^m11.

160. *Idem*. Ornements bleus sur fond blanc.

XVIII. S. H. 0^m20.

Ces deux vases, de la fabrique de Porto, appartiennent à l'Académie des beaux-arts de Lisbonne.

161. *Terrine* et son *assiette*, ovale; paysages et bouquets détachés en vert, jaune et violet sur fond blanc ; sur le couvercle, un dauphin. Fabrique de Rato.

XVIII. S. H. 0m26. L. L. 0m33.

162. *Vase* en faïence de diverses couleurs; ornements en relief et quatre anneaux tordus. Fabrique de Caldas.

XVIII. S. H. 0m26.

163. *Vase de pharmacie;* représente une tour ; figure et bouquets détachés en bleu et violet sur fond blanc; sur un ruban oblique : MIZERICORDIA.

H. 0m27.

Ces trois objets sont à M. le baron d'Alcochete.

164. *Deux cruches* avec des bas-reliefs bleus de feuilles et fleurs sur fond blanc ; dessous, un mascaron pour tenir le robinet; à côté du robinet, des ornements recourbés formant les anses.

Ces vases sont placées sur des piédestaux avec mêmes dessins et couleur. Les couvercles sont coniques. Fabrique de Saint-Antoine de Porto.

XVIII. S. H. 1m28.

Lion en faïence blanche, couché, la tête levée et les deux pattes sur une boule. Fabrique de Saint-Antoine de Porto.

XVIII. S. L. L. 0m86. H. 0m55.

165. *Siége* en faïence blanche, représentant un singe assis sur une base, mangeant un fruit qu'il tient de sa main droite ; la tête et le dos soutiennent un coussin avec quatre glands.

XVIII. S. H. 0m51.

Fabrique de Saint-Antoine de Porto.

Ces trois objets appartiennent à M. Joseph Palha Faria de Lacerda.

166. *Terrine*, représentant un baquet; le couvercle est formé de six poissons réunis en relief. Fabrique de Rato.

A M. le conseiller Joao Palha Faria de Lacerda.

167. *Une grande théière* en faïence noire avec des ornements et des figures en relief. Fabrique de Caldas.

A M. Joseph Palha Faria de Lacerda.

168. *Vase de pharmacie* blanc et bleu ; un écusson avec un lion.

XVIII. S.

A M. le marquis de Souza.

7° ORNEMENTS D'ÉGLISES, BRODERIES, DENTELLES, &.

169. *Dalmatique* brodée en or, divisée par raies en cadres couverts d'épaisses broderies en fils d'or et soies de couleur, sur fond blanc ; dessin de fantaisie. Cette dalmatique est remarquable par la beauté de l'exécution et par son poids. XVI. S.
Cathédrale de Lisbonne.

170. *Drap* de velours cramoisi brodé en or et soie de diverses couleurs, et entouré d'une large garniture.
XVI. S. L. L. 1m94, L. 1m38.
Cathédrale d'Évora.

171. *Pluvial* en velours cramoisi en relief avec des tissus en fils d'or et soie de couleur. Par devant, des bandes de 0m18 avec des images de saints brodés en soie torse de chaque côté ; sur le dos dans une espèce d'écusson garni de franges, la Vierge, assise sur un siége avec l'enfant Jésus dans les bras ; dessous, des galons en soie jaune, brodés en or.
XVI. S.
Appartient à l'église Sainte-Marie de Bellem.

172. *Devant d'autel* brodé à fil d'or en haut relief et divisé en quatre parties remplies d'oiseaux, d'anges et de beaucoup d'autres ornements, ces parties sont séparées par trois ordres de petits cadres dans lesquels sont brodés les douze apôtres.
XVI. S.

173. *Devant d'autel* en satin blanc encadré de bandelettes de velours cramoisi brodées en or, et, dessous, les armes de l'infante D. Marie, fille du roi D. Manuel. Ce travail fut fait par l'infante elle-même pour être offert à l'église de Notre-Dame da Luz, qu'elle fit reconstruire à ses frais.
XVI. S.
Appartient à la chapelle de Notre-Dame da Luz, près de Lisbonne.

174. *Chasuble*, fond vert sur étoffe lamée en argent remplie d'ornements divers brodés en or et en haut relief, d'un effet charmant.
XVIII. S.
A la cathédrale de Lisbonne.

175. *Grémial* brodé à galons et cordonnets d'or sur fond d'étoffe lamée violette.
XVIII. S.
A la cathédrale de Lisbonne.

176. *Chasuble* remplie de feuillages et autres nombreux ornements brodés en or sur fond d'étoffe lamée en argent.
XVIII. S.
A la cathédrale d'Évora.

178. *Idem*, rouge garnie de franges et tissée en fils d'or.
XVIII. S.
A la cathédrale de Lisbonne.

179. *Coussin* pour missel ; fond d'étoffe lamée en argent, chargée de broderies en or, de branches et de fleurs : aux coins, des glands en or.
XVIII. S.
A la cathédrale de Lisbonne.

180. *Manteau* de *faldistorum* chargé de broderies en relief sur étoffe lamée en argent. Il se compose de cinq carrés égaux ; franges en or.
XVIII. S.

181. *Idem* en brocart d'or sur fond cramoisi, ayant les armes du patriarche brodées sur le devant.
XVIII. S.
Tous les deux appartiennent à la cathédrale de Lisbonne.

182. *Échantillons de soie.*
1. *Velours*, unis et ouvrés.
2. *Soie et damas*, ouvrés et brodés en or.
3. *Etoffes* lamées en paillettes d'or et d'argent.
4. *Satins* de diverses couleurs, et broderies, quelques-uns en fils d'or.
5. *Gros grains*, quelques-uns brodés.
6. *Tuniques* en soie, etc., etc.

La plupart de ces échantillons proviennent de la fabrique royale de Rato, créée par le marquis de Pombal, vers le milieu du XVIIIe siècle. Cette fabrique parvint à un haut degré de perfection, et ses produits rivalisèrent avec les meilleurs des autres pays. A la mort du roi D. Joseph, qui eut lieu le 24 février 1777, le marquis fut privé de toutes ses charges d'État et exilé. Malgré les dépenses énormes faites sous son administration, on trouva dans les coffres publics au moment de sa disgrâce, 78 millions de cruzades.

Ses ennemis, qui le supplantèrent au pouvoir, ne donnèrent aucune impulsion aux belles institutions industrielles dont il fut le promoteur, et peut-être même ont-ils poussé à leur décadence. Quoi qu'il en soit, on reconnut plus tard les désastreux effets pour le pays de cette absurde politique, et on promulgua le décret du 6 Janvier 1802, réorganisant la Compagnie Royale de filature de soie et établissant en sa faveur des récompenses considérables pour la culture du mûrier et pour la vente des cocons.

Ces échantillons ont été fournis à la commission.

183. *Quatre-vingt-seize morceaux de dentelles* de fil et de coton, de largeurs et dessins divers, faits au fuseau.

Industrie très-répandue depuis longtemps sur le continent du Portugal et dans les îles.

Ces échantillons sont envoyés par la commission.

184. *Sept autres morceaux*, idem.
Appartiennent à madame de Gérando.

185. *Robe* en mousseline de fil, brodée à jour; travail très-délicat.
Appartient à M. Vilhena Barboza.

8° MANUSCRITS ET MINIATURES.

186. *Commentaires sur l'apocalypse.* Illustration des visions à la plume, coloriées jaune et rouge. *In fine.* Mª CCª XXª VIIª (an du Christ 1189). *Ego egeas qui hunc librum scripsi siin aliquibus a recto tramite exivi : delinquenti indulgeat karitas que omnia superat. Amen.*
En très-bel état de conservation.
Appartient aux archives du royaume.

187. *Pelagius (Fr.) Summa sermonium de festivitatibus per anni circulemi, membranaceus in-8° exaractus bona littera XII aut XIII sacculi fol-197.*
Les lettres en couleurs variées.
Anno 1250.
A la Bibliothèque nationale de Lisbonne.

188. *Chrisopolitanus Zacarias. De concordia Evangelistarum libri quator. Membranaceus in-fol magno sacculi XIII, exaratus,* fol. 206.
Les lettres initiales finement enluminées.
A la Bibliothèque nationale de Lisbonne.

189. *Le Koran,* écrit en arabe, en lettres de couleurs diverses, et quelques targes colorées et dorées. in-4°.
Appartient à la Bibliothèque de Lisbonne.

190. *Troisième livre du Koran,* mêmes ornements et type ; 8°.
A la Bibliothèque d'Évora.

191. *Breviarum Cisterciense Membranaceus* ; in-8°.
Lettres enluminées. Sans date. XIV. S.
A la Bibliothèque nationale de Lisbonne.

192. *Définition de l'Ordre de Cîteaux. Lettres de dom Jean, évêque de Lisbonne, au roi D. Denis.* Parchemin. in-fol. 1439.
A la Bibliothèque nationale de Lisbonne.

193. *Turrecremata. Johannes de expositio super regula beatissimi patris benedicti. Papyreus, in-fol.* 250.
Lettres initiales enluminées, année 1442.
A la Bibliothèque nationale de Lisbonne.

194. *La vie du Christ Notre-Seigneur, traduite en portugais par Fr Bernardo d'Alcobaca.*
Folio goth : sur parchemin, avec lettres initiales enluminées ; année 1445.
A la Bibliothèque nationale de Lisbonne.

195. *Nobiliaire d'Espagne écrit par D. Pedro, fils de D. Denis, 5ᵉ roi de Portugal.*
Frontispice, targes et lettres initiales enluminées; caractères de la

fin du 15ᵉ ou du commencement du 16ᵉ siècle. Vol., fol., reliure en velours cramoisi ; les armes royales avec des sphères aux coins, et les encoignures et clous de cuivre doré.
Appartient aux archives du royaume.

196. Ce livre *traite des forteresses situées à l'extrémité du Portugal et de la Castille, fait par Duarte d'armas, etc.*
Il contient le dessin et les plans des principales places de guerre, et l'index. Duarte d'Armas était l'écuyer du roi D. Manuel. XVI. S.
Aux Archives du royaume.

197. *Livre de la noblesse et perfection des armes des rois chrétiens et nobles lignées des royaumes et seigneuries de Portugal.*
Vol. infol. en parchemin avec targes et blasons enluminés. Reliure en velours rouge ; au centre, les armes portugaises en cuivre doré, ainsi que les encoignures et clous.
XVIᵉ siècle.
Aux Archives du royaume.

198. *Lamentations des Hébreux au moment d'être expulsés de l'Espagne et du Portugal.* Parchemin écrit en hébreu ; petit vol. in-16. XVIᵉ siècle.
A la Bibliothèque nationale de Lisbonne.

199. *Atlas hydrographique par Fernan vaz Dourado.*
Gôa, 1571.
En parchemin, contenant quinze cartes des régions alors connues, enluminées délicatement avec les armes de Portugal, ornements divers et figures, et trois autres cartes maritimes avec des renseignements historiques curieux. Ce bijou cartographique attire l'attention des hommes de science, et est considéré comme un des plus parfaits du XVIᵉ siècle. Les Portugais, dans leurs grandioses entreprises maritimes, n'oublièrent pas de tracer sur les cartes les points parcourus dans les parages lointains. C'était la grande idée de l'infant D. Henri dans son observatoire de Sagres. Appartenait primitivement au duc D. Theotonio de Bragance, archevêque d'Évora, oncle de D. Jean IV, qui le donna à l'ordre des chartreux d'Évora quand il l'institua. Après l'abolition des couvents, il fut déposé aux Archives du royaume.
Appartient aux Archives du royaume.

200. Atlas. A la fin, sous la Vierge tenant dans ses bras l'enfant Jésus ayant les trois clous sur la tête, les pieds percés et embrassant la croix: LAZARO LVIZ FES ESTE LIURO DE TODO HOV NIUERÇO E FOI FEITO NA ERA DE MIL HE QINHETOS HE SESENTA HE TRES ANOS. En parchemin ; treize cartes enluminées, avec des drapeaux, écussons des armes portugaises, vues de l'Afrique, forteresses des Indes, Chine, Japon, Canton, etc.. Diverses explications et tables de matière, etc.
Appartient à l'Académie royale des sciences de Lisbonne.

201. *Livre des Évangiles qui sert sur la table de l'assemblée générale du Saint-Office de l'Inquisition.* 1608.
Quatre feuilles enluminées représentant les quatre évangélistes. Reliure en velours rouge, encoignures et clous en argent avec les armes de l'Inquisition. Une croix sur le calvaire; dans un ovale, la légende

IN HOC SIGNO VINCES, entourée de têtes d'anges. Parchemin in-8°.
Appartient aux Archives du royaume.

202. Missel en parchemin. Commencé en 1610 par Étienne Gonsalves Neto, alors abbé de Sereüensis. Il est composé de 32 feuilles avec 58 pages, margées de targes de 0^m18 chacune, très-variées avec des dessins coloriés d'ornements divers et de paysages sacrés. Le texte écrit en deux colonnes et les lettres initiales enluminées. Le frontispice représente le titre dans un portique élégant orné de figures d'anges. Au centre, entre deux branches de palmier tenues par deux anges, les armes des Manoëls couvertes par un chapeau d'évêque; dessous, les deux bustes de saint Charles et de saint Thomas, au centre desquels, dans un petit distique : STHPH. GLZ ABAS-SEREHENSIS. FAC. 1610.

Sept estampes s'entrelacent, représentant = la Naissance, l'Adoration, la Cène, le Calvaire, la Résurrection, la Descente du Saint-Esprit au cénacle et l'Annonciation. A la fin de la dernière page, on lit en deux lignes : STEPH. GLZ. CANO-NICVS VISENSIS FACIEBAT. 1622.

Vient ensuite la messe *pro deffunctis*. Elle est composée de onze feuilles avec dix-huit pages targées et deux estampes, dont une de l'Enfant parmi les docteurs, et l'autre de saint François recevant des mains de la Vierge l'enfant Jésus. Cette partie ne porte pas de signature, et quoique l'auteur ait suivi le plan de son prédécesseur, on reconnaît facilement la différence du pinceau. Toutes les deux sont d'une vivacité de coloris et d'une perfection de dessin admirables. La reliure est en velours rouge avec garnitures en argent.

Appartient à l'Académie royale des sciences de Lisbonne.

203. *La quatrième partie de la Vie du Christ par Fr. Bernard d'Alcobaça.*
Fol. goth. sur papier = Année 1652.
A la Bibliothèque nationale de Lisbonne.

204. *Missa in festa S. Vicente*; estampe, targes et lettres initiales enluminées. Elle fait partie d'une riche collection de missels pour tous les jours de fêtes de l'année. Reliure en maroquin rouge avec des ornements dorés; au centre, la mitre patriarchale. Parchemin in-fol.

XVIIIe siècle.
A la cathédrale de Lisbonne.

9° IMPRIMERIE.

xve siècle.

1478.

205. *D. Pedro, (infante de Portugal, filho d'Elrei D. Joao I°.). Coplas hechas a y mil versos con sus glosas.*
In fol. goth.

1491.

206. *Pentateuchum Hebrai cum Targum et cum Rasc.*
Ulissipone in membranis.
(Imprimé par Zacheu fils de Rabbi Éliezer.)
In-4°. 2 vol.
Appartient à la Bibliothèque de l'Académie royale des sciences de Lisbonne.

1494.

207. *Breviarum Bracarensis Ecclesiae. Bracharae, per Johanem Gherline.*
In-4° goth.
Édition *princeps*.

1495.

208. *Livro de Vita Christi.*
Lisboa, por Nicolao de Saxonia e Valentyno de Moravia.
In-fol. goth.
Cet ouvrage contient quatre volumes *in-fol*.
Fr. Bernardo d'Alcabaça en a fait la traduction dans la langue portugaise.
Le roi Jean II en a ordonné l'impression.
Cet ouvrage est considéré comme le plus remarquable de tous ceux qui ont été imprimés au xve siècle.

1490.

209. *Estoria do Muy nobre Vespaziano emperador de Roma. Lisboa, por Valentino de Moravia.*
In-4° got. avec gravures en bois.
C'est le seul exemplaire connu.
Cet ouvrage est incomplet; il manque la première page, les deux premiers chapitres, et une partie du troisième.

1496.

210. *Zacutus-Raby Abraham, astron. Seren. Regis Emanuel Rex Portugaliæ.*
Almanach perpetuum..... cujus radix est 1478. Traductum a lingua hebraica in latinam per Joseph Vizinum. Leyrée, per Magister Ortas.
In-4° goth.

1500.

211. *Cataldus Siculus. Epistola.*
Ulyxbone (por *Valentim de Moravia.*)
In-fol. goth.
Valentin de Moravie est venu en Portugal sur l'invitation du roi Jean II.
Il fut instituteur du prince D. George, fils de Jean II, et après secrétaire du roi D. Manuel pour la correspondance latine.

XVIe siècle.

1502.

212. Sanchez *Verchial-Crimente.*
Sacramental. Lisboa, por Joao Pedro de Cremona.
In-4° goth.
213. *Marco Paulo.*
Viagens. Lisboa, por Valentim Fernandes.
In-fol. goth.

1504.

214. *Ortiz-D. Diogo* (bispo de Ceuta).
Cathecismo da doutrina. Lisboa, por Valentim Fernandes e Joao Pedro de Cremona.
In-fol. goth.

1509.

215. *Regra, estatutos e definiçoès da ordem militar de Santiago* (page 1 à 67).
Confessional da maneira que os cavalleiros da ordem de Santiago se devem accusar (page 68 à 115).
Setubal, por Herman de Kempis
In-fol. goth.

1514.

216. *Ordenaçoès d'Elrei D. Manuel.* Lisboa, por Joao Pedro Bonhomini. In-fol. goth.

1516.

217. — *Resende (Gracia de). Cancioneiro geral.* Lisboa por Herman de Campos. In-fol. goth.

1518.

218. — *Manuale secundum consuetudinem alme Colymbrien ecclesie. In Lisbonensi civitate, per Nicolau Gazini.* In-4°. goth.

1521.

219. — *Resende (Garcia de).* Breve memorial dos peccados e coisas que pertencem à confissao. Lisboa, por Germao Galhardo. In-8. goth. perg.
220. — *Ordenaçoes d'El Rei D. Manuel.* Lisboa, por Jacob Cronberguer. In-fol. goth.

1526.

221. — *Coronica do Condestabre de Portugal Nuno Alvares Pereira*. Lisboa, per Germã Galharde. In-fol. goth. perg.

1529.

222. — *Breviarium Romanum*. Olixbonesi, per Germanum Galharde. In-8. goth.

1531.

223. — *Lourenço (Justiniano)*. S. Livro da regra e perfeição da conversação dos Monges. Coimbra, por Germão Galhardo. In-fol. goth.

1533.

224. — *Barros (D. Fr. Braz de)*. Espelho de Perfeiçam, Coimbra, pelos Conegos regrantes de Santa-Cruz. In-4. goth.

1537.

225. — *Nunes (Pedro)*. Tratado da sphera com a theorica do Sole da Lua. E ho primeiro livro da Geographia de Ptolomeu. Lisboa, por Germão Galharde. In-fol. goth.

1538.

226. — *Constituiçoes do Arcebispado de Braga*. Lisboa, por Germã Galharde frances. In-fol. goth.

1539.

227. — *Ludovicus (Antonius)*. Opera omnia. Olyssippone, apud Lodovicvm Rotorigivm. In-fol.

228. — *Ludovicus (Antonius)*. Panagyrica oratio. Ulisbonae. Apud Logdonicu Rotorigiù. In-4.

1540.

229. — *Alvarez (Francisco)*. Verdadeira informaçao das terras do Preste João. Lisboa, por Luiz Rodrigues. In-fol. goth.

1541.

230. — *Constituiçoes synodaes do bispado do Porto*. Porto, por Vasco Dias. In-fol. goth.

1544.

231. — *Antonio (O. Ermita.)* Declaraçao brevemente traduzida sobre os sete psalmos da penitencia. Lisboa, por Luiz Rodrigues. In-8.

1546.

232. — *Corte Real (Jeronymo)*. Successo do segundo cerco de Diu. Lisboa, por Antonio Gonçalves. In-4.

1549.

233. — *Breviarium Bracarensis Ecclesiae*. Bracharac. Excudebant, Joannes Alvarus et Joannes Barrerius. in-8.

234. — *Missale Bracarensis*. Braga. In-4. goth. perg.

1552.

235. — *Reportorio dos tempos em lingoagem portuguez.* Lisboa, por Germão Galharde. In-4. goth.

236. — *Castanheda (Fernao Lopes de).* Historia do descobrimento e conquista da India pelos portuguezes. Coimbra, por João Barreira e João Alvares. In-fol. goth.

237. *Barros (Joao de).* Asia. Decada primeira dos fectos que os Portuguezes fizeram no descobrimento e conquista dos mares e terras do Oriente. Lisboa, por German Galharde. In-fol. Max. goth.

1553.

238. — *Albertus Magnus.* Enchiridion de Virtutibus animæ. Conimbricae. Apud Joānem Barrerium et Joannem Alvarez. In-16. goth.

1554.

239. — *Coronica do Condestabre de Portugal dom Nuno Alvarez Pereyra.* Lisboa, per Germã Galharde. In-fol. goth. perg.

1556.

240. *Coutinho (Lopode* Sousa). Cerco que, os turcos poseram à fortaleza de Diu. Coimbra, por João Alvares. In-fol.

1557.

241. — *Resendius (Andreas).* In obitum Joannis III Lusitane Regis. Olyssipone, in officina Joanis Barrerae. In-4°.

1557.

242. — *Commentarios de Affonso de Albuquerque.*
Lisboa, por Joao Barreira. In-fol.
243. — *Ribeiro.* — (*Bernardim*).
Livro chamado : "As saudades de Bernardim Ribeiro" com todas as suas obras. Evora, por André de Burgos. In-8 goth.

1559.

244. — *Granada (Fr. Luis. de).* Compendio de doutrina Christã. Lisboa, por Joannes Blavio. In-4°

1562.

245. — *Lisboa (Fr Marcos de).* Parte segunda das chronicas da ordem de S. Francisco.
Lisboa, por Joannes Blavio. In-fol. goth.

246. — *Manuale secondom ordine almæ Bracaresis ecclesiæ.* Bracare, per Antonius de Mariz. In-4°.

1564.

247. — *Canones et Decreta sacrosancti concilii tridentini.*
Olyssipone, apud. Franciscum Correa, typographum Regium. In-8.

1565.

248. — *Tratado que fez mestre Jeronymo; medico do Papa Benedicto XIII.*
Goa, por Joao de Endem. In-4°.

1566.

249. — *Lisboa* (Fr. Marcos de) Primeira parte das chronicas da ordem dos frades menores do seraphico padre S. Francisco, seu instituidor e primeiro ministro geral.
Lisboa, por Manuel Joao. In-fol. goth.

250. — *Goes* (Damiam de) Chronica do felicissimo rei D. Emanuel.
Lisboa, por Francisco Correa. In-fol.

1568.

251. — *Constituiçoès do Arcebispado de Goa.*
Goa, por Joao Endem. In-fol.

1569.

252. — *Compendio e summario de confessores.*
Coimbra, por Antonio de Mariz. In-8º.

1570.

253. — *Reportorio dos tempos em lingoage Portugues.*
Lisboa, por Antonio Gonsaluez. In-4º goth.

254. — *Regulæ cancellariæ sanctissimi Domini nostri Pii V.*
Excussa per Emmanuelem Joannis in Visei urbe. In-4º.

1571.

255. — *Osorius* (Hieronymus). De rebus Emmanuelis Regis Lusitaniae.
Olyssipone, apud Antonium Gondisalum. In-fol.

1572.

256. — *Camoes* (Luiz de). Os Lusiadas. Com privilegio real. Impressos em Lisboa, com licença da Inquis:çao. Em casa de Antonio Gonçalves impressor.
(Ediçao princeps). In-4º.

256 bis. — *Villegas* (Petrus Ferdinandus de). Flosculus sacramentorum. Visei : Excudebat Emmanuel Joannes. In-4º.

1574.

257. — *Martyres* (D. Fr. Bartholomeu dos). Cathecismo ou doutrina Christa e praticas espirituaes.
Coimbra, por Antonio de Mariz. In-4º.

1580.

258. — *Allegaçoes de direito na causa da successao do reino por parte da Snra D. Catharina.*
Almeirim, por Felix Teixeira e Affonso de Lucena. In-fol.

1581.

259. — *Commentarius* (in ecclesiasticum) pius et doctus.
Apud Villam Viridem. Excudebat Antonius Riberius. In-fol.

1585.

260. — *Enchiridion Missarum secundum morem sanctæ Romanæ Ecclesiæ.*
Conimbricæ, apud Antonium Mariz. In-fol.

1588.

261. — *Molina (Ludovicus).* Concordia liberi arbitrii cvm gratiae donis.
Olyssipone, apud Antonium Riberium typographum regium. In-4º.

1590.

262. — *Sande (Eduardus de).* De Missione Legatorum Joponensium ad Romanam curiam, rebusque in Europa ac toto itinere animadversis Dialogues. In Macænsi portu Sinici regni in Domo soc J. In-4º.

1591.

263. — *Martyrologio romano tresladado do latim em portuguez por alguns padres da Companhia de Jesus.*
Coimbra, por Antonio de Mariz. In-8º.

1594.

264. — *Mariz (Pedro de).* Dialogos de varia historia.
Sernache (suburbio de Coimbra), por Antonio de Mariz. In-8º.

265. — *Græcæ nominum ac verborum inflexiones in usum Tyronum.*
Conimbricæ... ex officina Antonii à Mariz. Typographi Universitatis. In-8º (græce et latine).

1595.

265 bis. — *Sa de Miranda (D. Francisco de)* Obras.
Lisboa, por Manuel de Lyra. In-8º.

266. — *Institutiones grammaticæ ex Cleonardo.*
Olyssipone ex officina Simonis Lopezy. In-8º (græce et latine).

1597.

267. — *Brito (Fr. Bernardo de).* Monarchia Lusitania.
Alcobaça, por Antonio Alvarez. In-fol.

1600.

268. *Lucena (P. Joan de).* Historia da vida de padre Francisco de Xavier.
Lisboa, por Pedro Crasbeeck. In-fol.

XVIIe SIÈCLE.

1602.

269. *Jesu (F. Thomé de).* Trabalhos de Jesus.
Lisboa, por Pedro Crasbeeck. In-8º.

1603.

270. — *Ordenaçoès do reino de Portugal, copiladas por Mandado del Rei Filippe I.*
Lisboa, no real mosteiro de S. Vicente. In-fol.

1604.

271. — *Moraes (Francisco de)*. Chronica de Palmeirim de Inglaterra.
Lisboa, por Jorge Rodrigues. In-fol.

1606.

272. — *Gouvea (Fr. Antonio de)*. Jornada do Arcebispo de Goa. D. Frei Aleixo de Menezes.
Coimbra, por Diogo Gomes Loureiro. In-fol.

1607.

273. — *Camoès (Luiz de)*. Rimas.
Lisboa, por Pedro Crasbeck. In-4º.

1608.

274. — *Traductio in græcam linguam Institutionibus grammaticis Nicolai Blenardi.*
Conimbricæ, ex officina Petri Crasbeeck. (Græce et latine).

1609.

275. — *Santos (Fr. Joao dos)*. Ethiopia oriental e varia historia de coisas notaveis do Oriente.
Evora, por Manuel de Lyra. In-fol.

1611.

276. — *Cunha (D. Rodericus)*. Sanctissimi D. N. Papæ Pauli V statuto nuper emisso in confessarios fœminas sollicitantes in confessionemotæ salutæ quaestiones aliquot. Benavente, apud Matheum Donatum. In-4º.

1612.

277. — *Vasconcellos (Luiz Mendes de)*. Arte militar.
Alemquer, por Vicente Alvarez. In-fol.

1614.

278. — *Parada (Antonio de Carvalho de)*. Arte de reinar.
Bucellas, por Paulo Crasbeeck. In-fol.

279. — *Mendes Pinto. (Fernao)*.
Peregrinaçoès em que dà conta de muitas e muito estranhas coisas que viu na China, etc. Lisboa, por Pedro Crasbeech. In-fol.

1615.

280. — *Lisboa (Fr. Marcos de)*. Primeira parte das Chronicas da ordem de S. Francisco.
Lisboa, por Pedro Crasbeeck. In-fol.

1618.

281. — *Araujo (P. Antonio de)*. Cathecismo na lingua brasilica.
Lisboa, por Pedro Crasbeeck. In-8º.

1619.

282. — *Vasconcellos (Jorge Fereira de)*. Aulagrafia (comedia).
Lisboa, por Pedro Crasbeeck. In-4º.

283. — *Souza (Fr. Luiz de)*. Vida de D. Fr. Bartholomeu dos Martyres.
Vianna (do Minho), por Nicolau Carvalho. In-fol.

1622.

284. — *Cunha (D. Rodrigo da)*. Explicaçao dos jubileus do anno de 1619 e 1621.
Porto, por Joao Rodrigues. In-4º.

285. — *Ribeiro. (P. Diego)*.
Declaraçam da doutrina Christam........... em lingua bramana vulgar. Salsete, impresso no collegio de S. Ignacio da companhia de Jesus em Rachol. In-8º.

1623.

286. — *Souza (Fr. Luiz de)*. Historia de S. Domingos.
Bemfica, por Geraldo da Vinha. In-fol.

1624.

287. — *Jorge (Fr. Marcos)*.
Doutrina Christã de novo traduzida na lingua do reino de Congo. Lisboa, por Geraldo da Vinha. In-8º.

1626.

288. — *Freire (Joam Nunes)*.
Campos Elysios. Porto, por Joao Rodrigues. In-4º.

289. — *Correa (Abbas Ludovicus)*.
Relectio ad cap. inter alia de immunitate Ecclesiarum. Lordello, per Joannes Roderic. In-4º.

290. — *Fonseca (Fernao Solis da)*. Regimento para conservar a saude e a vida.
Lisboa, por Geraldo da Vinha. In-8º.

1627.

291. — *Veiga (Manuel da)* Laura de Anfriso. Evora, por Manuel de Carvalho. In-4º.

292. — *Presentaçao (Fr. Damaso da) Obrigaçao do Frade menor*.
Carnota, por Antonio Alvarez. In-8º.

1632.

293. — *Constituiçoés. Synodaes do bispado de Portalegre*.
Portalegre, por Jorge Rodrigues. In-fol.

1634.

294. — *Breviarium. Bracarense*.
Braga. Ex officina viduc et filii Nicolau Carvalho universatis Conimbricensis typographi. In-4º.

295. — *Cruz (P. Estevao da)*. Discursos sobre a vida do apostolo S. Pedro, compostos em lingua marata.
Goa, na casa professa de Jesus In-fol.

1635.

296. — *Figeróa (Diogo Ferreira).* Desmaios de Maio. Villa-Viçosa, por Manuel Carvalho. In-8º.

1636.

297. — *Ordenaçoes do reino.*
Lisboa, no real mosteiro de S. Vicente. In-fol.

1640.

298. — *Estevao (P. Thomaz).* Arte da lingua Canarim. Rachol, no Collegio da companhia de Jesus. In-4º.

299. — *Regimento do Santo officio da Inquisiçao dos Reinos de Portugal.*
Lisboa, nos Estaus, por Manuel da Silva. In-fol.

1641.

300. — *Gazeta de Lisboa.* Lisboa, por Lourenço Anvers. In-4º.

1642.

301. — *Fernandes (P. Antonio).* Magseph assetat sive Flagellum mendaciorum. Goa, in colleg. S. Pauli. 4º Em carateres abexins.

1649.

302. — *D. Joao IV, rei de Portugal.* Defensa de la musica contra la errada opinion del Obispo Cyrillo Franco. Lisboa, sem nome do impressor. In-4º.

1655.

303. — *Homem (F. Manuel).* Memoria da disposiçao das armas Castelhanas. Lisboa, na officina Craesbeckiana. In-4º.

304. — *Saldanha (P. Antonio de).* Archaryevanta Bragta Santo Antoniche (Livro dos Milagres de Santo Antonio). Salsete (Rachol), no collegio da Companhia de Jesus. In-4º e lingua Bramane.

1666.

305. — *Faria de Sousa (Manuel de).* Asia portugueza. Lisboa, por Henrique Valente de Oliveira. In-fol.

1671.

306. — *Innocentia Victrix sine sentencia comotiorum Imperii Sinici pro innocentia christianæ religionis.* In quam cheu metropoli provinciæ. Quam tum in regno sinarum. In-4º. Scylographico

307. — *Definiçoes e estatutos dos cavalleiros e freires da ordem de Nosso Senhor Jesu-Christo.* Lisboa, por Joao da Costa. In-fol.

1674.

308. — *Mariz (Pedro de).* Dialogos de varia historia em que se referem as vidas dos Senhores reis de Portugal. Lisboa, por Antonio Craesbeeck. In-4º.

1680.

309. — *Ludovicus (Dr. Emmanuele)*. Theodosius Lusitanus, sive Principis perfecti vera efligies. Evora, typographia academiae. In-fol.

1685.

310. — *Camoés (Luis de)*. Rimas. Lisboa, por Theotonio Damaso de Mello, impressor da Casa real. In-fol.

XVIIIe SIÈCLE.

1701.

311. — *Relatio brevis corum, quæ spectant ad Declarationem Sinarum Imperatoris Jeam Hi circa caeli, Cumfucis, et vuorum cullum, dato ann. 1700*. Pekini (no collegio dos Jesuitas portuguezes). In-4, xylog. Em papel de arroz.

1702.

312. — *Camoés (Luiz de)*. Os Luziadas. Lisboa, por Manuel Lopes Ferreira. In-16.

313. — *Frias (Antonio João de)*. Aureo'a dos indios e nobiliarchia bracmana. Lisboa, por Miguel, Deslandes. In-fol.

1710.

314. — *Sousa (P. Francisco de)*. Oriente conquistado a Jesus Christo. Lisboa, por Valentim da Costa Deslandes. In-fol.

1712.

315. — *Castro (Dr. D. Felix Leal de)*. Relacion sincera y verdadera de las regalias y privilegios de la corona de Portugal en la Ciudad de Macao. Kiang-Han, no collegio da companhia de Jesus.

1715.

316. — *Gazeta de Lisboa (Historia annual)*. Lisboa, por Pascoal da Sylva. In-4.

1717.

317. — *Informatio pro veritate contra iniquiorem famam sparsam per Sinas cum calumnia, in PP. Societatis Jesu*. Pekini. In-4. xylog. papel d'arroz.

318. — *Cordeiro (Antonio)*. Historia insulana das ilhas a Portugal sujeitas no oceano occidental. Lisboa, por Antonio Pedroso Galrão. In-fol.

1718.

319. — *Jornada que o Snr Antonio de Albuquerque Coelho fez de Goa até Chegar a Macau*. Macau, no collegio da Companhia de Jesus. In-4°, xylog. papel d'arroz.

1721.

320. — *Collecção dos documentos, estatutos e memorias da Acade-

mia real de historia portugueza. Lisboa, por Paschoal da Silva. In-fol.

1725.

321. — *Chagas* (*F. Emmanuel*). Dictionarium Sinico-Latinum. Cantao, no collegio da Companhia de Jesus. In-fol., xylog. papel d'arroz.

1726.

322.—*Galvao* (*Duarte*). Chronica de D. Affonso Henriques. Lisboa, na officina Ferreiriana. In-fol.

1728.

323.—*Piedade* (*F. Antonio da*). Espelho de penitentes e Chronica da provincia da Arrabida. Lisboa. por Jose Antonio da Silva. In-fol.

1730.

324. — *Mello* (*D. Jayme, duque de Cadaval*). Ultimas acçoes do Muque D. Nuno Alvares Pereira de Mello. Lisboa, na officina da Musica. In-fol.

1732.

325.—*Menezes* (*D. Fernando de*). Historia de Tanger. Lisboa, na officina Ferreiriana. In-fol.

326.—*Villeneuve* (*Joao de*). Primeira Origem da arte de imprimir. Lisboa. por Joseph Antonio da Sylva. In-4º max.

1733.

327.—*Lima* (*D. Luiz Caetano de*). Grammatica franceza regulada pelas notas e reflexoes da Academia de França. 1ª e 2ª parte. Lisboa, na officina da congregaçao do Oratorio. In-4º.

328.—*Leal* (*Manuel Pereira da Silva*). Discurso apologetico, critico, juridico e historico, sobre a verdade dos seus estudos. Lisboa, por José Antonio da Silva. In-fol.

329. — *Diario ecclesiastico historico e astronomico para o anno de 1774*. Lisboa. na officina da congregaçao do oratorio. In-32.

1736.

330. — *Couto* (*Diogo do*). Decadas da Asia. Lisboa, por Domingos Gonçalves. In-fol.

1738.

331. — *Barbosa* (*D. José*). Vida de S. Vicente de Paula. Lisboa. por Jose Antonio da Silva. In-fol.

1741.

332. — *Machado* (*Diogo Barbosa*). Bibliotheca Lusitana. Lisboa, por Antonio Isidoro da Fonseca. In-fol. max.

1742.

333. — *Monteyro* (*P. Emmanuele*). Joannes portugalliæ Reges ad vivum expressi. Ulyssipone. typis Franc. da Silva. In-fol.

1745.

334. — *Barbosa Machado (Ignacio)*. Fastos politicos e militares da antiga e nova Lusitania. Lisboa, por Ignacio Rodrigues. In-fol. max.

1747.

335. —*Ordenaçoes e leis do reino de Portugal, confirmadas por el rei D. Joao IV*. Lisboa, no mosteiro de S. Vicente de Fora. In-fol. max.

1748.

336. — *Pinto Alpoym (Jose Fernandes)*. Exame de bombeiros. Madrid, por Francisco Martinez Abad. Alias, Rio de Janeiro, na officina de Antonio Isidoro da Fonseca. In-4°, com 18 est.

337 - *Barbosa (D. Jose)*. Historia da fundação do real convento do S. Christo. In-4°.

338. — *Martyrologio romano, traduzido do latim por alguns Padres da Companhia de Jesus*. In-4°.

1753.

339. — *Constituiçoes do arcebispado de Evora*. Evora, na officina da Universidade. In-fol.

1755.

340. *Belem (F. Jeroinmo)*. Chronica Seraphica da Santa Provincia dos Algarves. Lisboa, no Mosteiro de S. Vicente de Fora. In-fol.

1758.

341. — *Candido Lusitano*. Vida do Infante D. Henrique. Lisboa na officina patriarchal de Francisco Luiz Ameno. In-4° max.

342. — *Memorias das principaes providencias que se deram no terremoto de Lisboa em 1755*. Lisboa, na officina de Francisco Luiz Ameno. In-fol.

1760.

343. — *Gazeta de Lisboa (Historia Annual)*. Lisboa, officina de Pedro Ferreira. In-4°.

1761.

344. — *Lima (Francisco Bernardo de)*. Gazeta litteraria. Porto, na officina de Francisco Mendes Lima. In-4°.

1764.

345. — *Souza (Fr. Luis de)*. Vida do beato Henrique Suzo. Lisboa, por Miguel Rodrigues. in-8°.

1770.

346. — *Mattos (Joao Xavier de)*. Rimas. Lisboa, na regia Officina typographica. In-8°

1771.

347. — *Figueiredo (Antonio Pereira de)*. Deductio chronologica e analytica. etc. Lisboa, na Typographia regia. In-8°.

1771.

348. — *Collecçao das leis, decretos e alvaras do reinado de D. Jose I*. Lisboa, por Antonio Rodrigues Galhardo. In-fol.

1774

349. — *Regimento do Santo officio da Inquisiçao dos reinos de Portugal*. Lisboa, por Miguel Manescal da Costa. In-fol.

1775.

350. — *Academia feita para solemnisar a inauguraçao da estatua equestre*. Lisboa, na regia Officina typographica. In-fol.

351. — *Index codicum bibliothecae Alcobatiae*. Olyssipone, ex Typographia regia. In-4º max.

1776.

352. — *Cenaculo (Dr Fr Manuel do)*. Memorias historicas do ministerio do pulpito. Lisboa, na regia Officina typographica. In-fol.

353. — *Estatutos litterarios dos religiosos carmelitas calçados*. Lisboa, na Typographia regia.

1779.

354. — *Jornal Encyclopedico*. Lisboa, por Antonio Rodrigues Galhardo. In-8º.

1780.

355. — *Rituale ad usum fratrum redemptionis captivorum*. Ulyssipone, per Franciscus Aloysius Ameno. In-4º.

1781.

356. — *Almanach de Lisboa, para 1782*. Lisboa, na officina patriarchal. In-16.

1782.

357. — *Pauta geral para a Alfandega grande de Lisboa*. Lisboa, na officina Lusitana. In-fol.

1786.

358. — *Moraes (Francisco de)*. Chronica de Palmeirim de Inglaterra. Lisboa, por Simao Thadeu Ferreira. In-4º.

1790.

359. — *Officia propria sanctorum ecclesiae et diœcesis Portucalensis*. Olyssipone, per Antonius Alvarez Ribeiro. In-4º.

1794,

360. — *Figueiredo (Antonio Pereira de)*. A biblia sagrada. Lisboa por Simao Thadeu Ferreira. In-4º max.

361. — *Mercurio historico, politico e litterario*. Por Simao Thadeu Ferreira. In-8º

362. *Azeredo Coutinho (Jose-Joaquin da Cunha)*. Ensaio econo-

mico sobre o commercio de Portugal e suas colonias. Lisboa, na Academia real das sciencias. In-4º.

1799.

363.— *Collecçao de livros ineditos de historia portugueza, publicados pela Academia real das sciencias de Lisboa, na officina da mesma Academia.* In-fol.

1800.

364. — *Collecçao das leis, alvaras, decretos e resuluçoes militares.* Lisboa, por Antonio Rodrigues Galhardo. In-fol.

365. — *Figueiredo (Jose Anastacio de) Nova Historia da militar ordem de Malta.* Lisboa, por Simao Thadeu Ferreira. In-fol.

N.-B. — Les volumes qui n'ont pas d'indication spéciale appartiennent à la Bibliothèque nationale de Lisbonne.

10° MODÈLES EN PLATRE.

356. Modèle en plâtre d'une coupe en argent, trouvée dans les ruines de Troie (*Cetobriga*), dans des fouilles faites par la Société archéologique portugaise. Elle représente extérieurement des instruments de sacrifice, des oiseaux, des poissons, un trident perçant un poulpe, des animaux terrestres, comme lapins, cerfs, etc.
Elle fut offerte à S. M. le roi D. Ferdinand.
Époque romaine. H. 0^m 38. D. 0^m 12 1/2.
Le modèle appartient à la Société archéologique.

357. Modèles en plâtre appartenant à l'Académie des beaux-arts de Lisbonne.

Ancienne cathédrale de Coïmbre. XIIIe S.

1. — Chapiteau. — H. 0^m 35.
2. — Double chapiteau. — H. 0^m 55..

Couvent de Batalha. XVe S.

3. — Image de la Vierge, placée au-dessus de la porte latérale de l'église. H. 1^m 26.
4. — Support de la chapelle des tombeaux.
5. — Fragment d'ornement du tombeau de D. Jean Ier.— LL. 0^{m}57.
6. — Morceau d'un pilastre du tombeau de l'Infant D. Jean. H. 1^{m}26.

Couvent de Saint-Jérôme de Bellem. XVe S.

7. — Chapiteau d'une colonne du portail de l'église. H. 0^m 18.
8. — Morceau d'une autre colonne du même portail. H. 1^m 17.
9. — Morceau de la frise qui entoure le portail.
10. — Support des siéges du chœur.
11. — Les dos, id.
12. — La moitié d'un autre.
13. — Partie d'une colonne de la porte de l'église.
14. — Partie de la frise qui entoure la même porte.
15. — Fragment inférieur d'une colonne du cloître. H. 0^m 89.

Monastère d'Alcobaça.

16. Métope qui soutient un des pilastres du frontispice de l'église.

Eglise de Santa-Cruz de Coïmbre. XV⁵ S.

358.— La chaire, composée de deux parties distinctes ; l'inférieure qui sert de support, sort d'une hydre à sept têtes couronnées parmi des guirlandes, les ailes étendues ; à proportion qu'elle monte, elle s'élargit en quatre divisions semi-circulaires ornées de sphinx, de têtes de lions, d'anges et de frises avec des arabesques. La partie supérieure contient, sur des niches et sous des baldaquins, les quatre pères de l'Eglise, Saint-Antoine, Saint-Jérôme, Saint Grégoire et Saint-Augustin, en corps et couronnés de divers symboles et accompagnés de leurs noms écrits. Ils sont séparés par des pilastres avec des médaillons et des ornements, et par deux ordres de petites niches ; sur celles d'en haut, on voit cinq figures de femme représentant la Religion et les quatre Vertus cardinales, et dans celles d'en bas, les cinq prophètes. Des groupes mythologiques sur les bases des niches et quantité d'autres ornements en couvrent complétement la superficie.

L'original, commandé par le roi D. Manuel est une merveille de sculpture en marbre. Hauteur des deux parties 2ᵐ 39.

Le modèle appartient à la Société des architectes portugais.

PHOTOGRAPHIES.

ÉVORA.

1. — Façade du palais de D. Manuel. XVI⁰ S.
2. — Porte latérale du même. XVIe S.
3. — Intérieur de la chapelle du maître-autel de la cathédrale. XVIIIe S.
4. — Façade principale de la même. XIIe S.
5. — Nef de la même. XIIe S.
6. — Portail de l'église des Carmes. VIe S.
7. — Façade de l'église de Saint-François. XVIe S.
8. — Extérieur de la chapelle de Saint-Blaise. XVe S.
9. — Couvent et église des Chartreux.
10. — Porte principale de la cathédrale. XIIe S.
11. — Fenêtre de la maison du grand chroniqueur Garcia de Rezende. XVe S.
12. Temple de Diane. Construction romaine.

LISBONNE.

13. — Portail du cloître du couvent de la congrégation de Saint-Jean-l'Évangéliste. XVe S.
14. Façade de l'église et couvent du cœur de Jésus, à Estrella. XVIIIe S.

Vœu de la reine D. Maria Ire, en cas de succession. Cet édifice fut bâti sur les terres de l'apanage des Infants, sur des plans faits par Jérôme de Barros Ferreira, et exécutés par l'architecte Manuel Vicente d'Oliveira. A sa mort, il fut achevé par Manuel Caetano de Souza. Il coûta 15 millions de cruzades.

15. — Ruines de l'église des Carmes. XVe S.
16. — Tour de Belem sur les bords du Tage. XVIe S.
17. — Portail de l'église de Saint Jérôme, à Belem. XVIe S.
18. — Vue générale du même couvent.
19. — Les arches de l'aqueduc de Lisbonne. XVIIIe S.
20. — Palais d'Ajuda. XIXe S.

CINTRA.

21. — Château des Maures.
22. — Façade principale du palais de la Péna. XVIe S.

SETUBAL.

23. — Entrée latérale de l'église de Saint-Julien. XVe S.

THOMAR.

24. — L'extérieur du couvent et de l'église.
Ce couvent appartenait primitivement aux Templiers, et à la suppression de ceux-ci, le roi D. Denis y créa l'ordre militaire du Christ, le 14 mars 1319. On y voit des constructions de diverses époques.

25. — Vue d'une chapelle du même temple, construction du XIIe S.
26. — Fenêtre de sa fameuse salle de chapitre. XIIe S.
27. — Entrée principale du couvent. XVe S.

MAFRA.

28. — Album contenant 34 photographies, des bas-reliefs et des statues en marbre qui existent dans l'église de Maffra. Ce couvent, colosse de style architectonique italien (dont la première pierre fut posée par D. Jean V, le 17 novembre 1717, en accomplissement d'un vœu fait, dans le cas où il aurait un héritier) est dû aux plans de J. F. Ludovici. La construction de ce monument, dû à la munificence du monarque, dura treize ans, et occupa 20 à 25,000 hommes par jour. On prétend que depuis le mois de juin jusqu'au 22 octobre 1730, jour où fut consacrée l'église, 45,000 individus y ont travaillé et que, pendant les cinq années, de 1729 à 1733, sont entrés dans l'hôpital des ouvriers 17,097 malades. La poudre brûlée dans les carrières montait à environ 437 kilos par jour, et la dépense mensuelle à plus de 70,000 cruzades, correspondant à une somme de plus du triple de nos jours.

Ce couvent, sans compter les appartements royaux, pouvait contenir 300 moines. Les fameux carillons coûtèrent à Liége 3 millions de cruzades, et on calcule les métaux employés dans les cloches à 500 mille kilos. Les belles statues en marbre, les ornements brodés en soie à Rome, et autres merveilles de l'art, font l'admiration des voyageurs. Le couvent fut d'abord livré aux moines de l'ordre de Saint-Pierre d'Alcantara, mais, par un bref du pape Clément XIV, il passa aux chanoines réguliers de l'ordre de Saint-Augustin, auxquels fut imposée l'obligation de l'enseignement secondaire.

ALCOBAÇA.

28. — Vue générale du couvent. XVIe S.
29. — Façade de l'église. XVIe S.
30. — Extérieur de la chapelle de Notre-Dame-des-Douleurs.
31. — Entrée appelée *du Roi*. XVIe S.
32. — Intérieur de la grande bibliothèque. XVIIe S.

BATALHA.

33. — Vue générale du couvent et de l'église. XVe S.
34. — Une partie du couvent. XVe S.
35. — Le cloître. XVe S.
36. — Chapelles. XVe S.
37. — Le casque et l'épée du roi D. Jean Ier, qui se trouvent sur son tombeau.

COIMBRE.

38. — Façade principale de l'église de la Sainte-Croix (réédification). XVIe S.

GUIMARAENS.

39. — Le Château.
40. — Église de Saint-Michel, dans le même château.
41. — Façade de l'église du Collége.
42. — Cloître de l'église Saint-Dominique.
43. — Église Saint-François.

BRAGA.

44. — Extérieur d'une des chapelles de la cathédrale.
45. — Tour de la place Saint-Jacques.
46. — Façade de l'église de la Sainte-Croix.
47. — Chapelle de la Gloire.
48. — Escaliers de l'église de Jésus.
49. — Église de Sainte-Anne.

VIANNA DU MINHO.

50. — Façade de l'église principale.

51. — Édifices anciens de la place de la Reine.

52. — Église Saint-Dominique.

53. — Ruines de l'ancien palais des comtes de Barcellos.

54. — Tour de l'église dos Clerigos, à Porto.

55. — Façade du monastère de Leça de Balio.

56. — Pont de Porto.

57. — Pont de Canavezes.

58. — Pont de Barca.

59. — Château d'Obidos.

60. — Douze photographies des carrosses de la maison royale, dont on fait usage dans les grandes cérémonies de la Cour. Ce sont des chefs-d'œuvre de sculpture en bois, des XVI, XVII et XVIII siècles.

61. — Trois photographies des galères royales.

62. — Meubles des XVII et XVIII siècles, appartenant à la collection de Mme de Gérando, à Porto.

TABLE

	Pages.
Introduction	5

MONNAIES ET MÉDAILLES.

Lusitania	9
Baetica	11
Tarraconensis	20
Celtibériennes	30
Visigoths	34
Arabico-Espagnoles	36

ROIS DE PORTUGAL.

Dynastie Alphonsine	36
— d'Avis	42
— de Bragance	61
Monnaies de l'Inde portugaise	82
— pour le Brésil	89
— pour les îles d'Açores et Madère	95
— pour l'Afrique portugaise	97
Médailles	101
Monnaies des Grands Maîtres de Malte portugais	117
Jetons	119

OBJETS D'ART.

Orfévrerie en or et en argent	123
Objets en cuivre, bronze, fer et en laiton	131
Objets en pierre et en marbre	136
Objets en bois	138
Objets divers; harnais	139
Verrerie, poterie et faïences	141
Habits sacerdotaux, broderies, soie et dentelles	146
Manuscrits	149
Imprimerie	152
Modèles en plâtre	166
Photographies	168

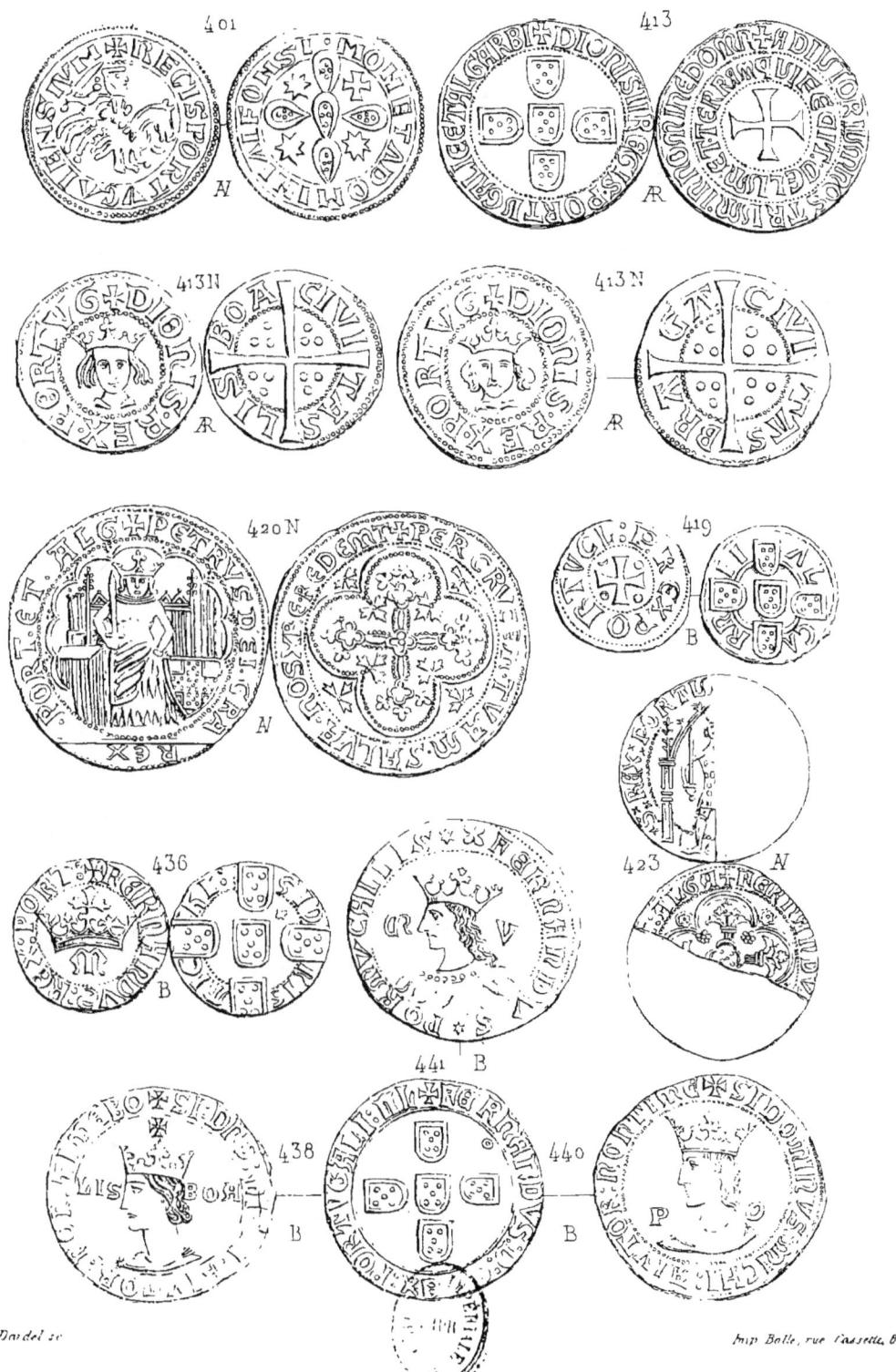

PL II

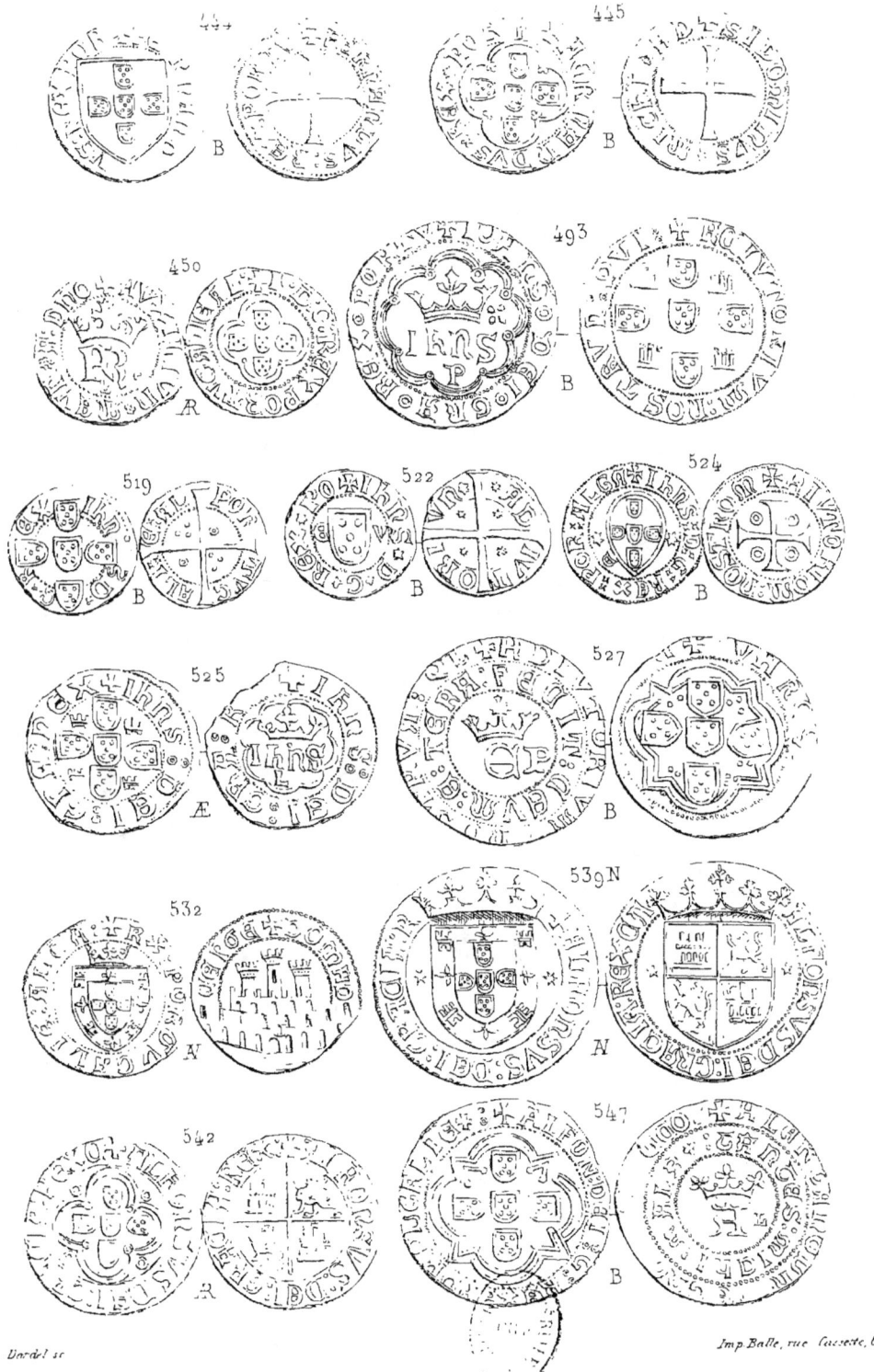

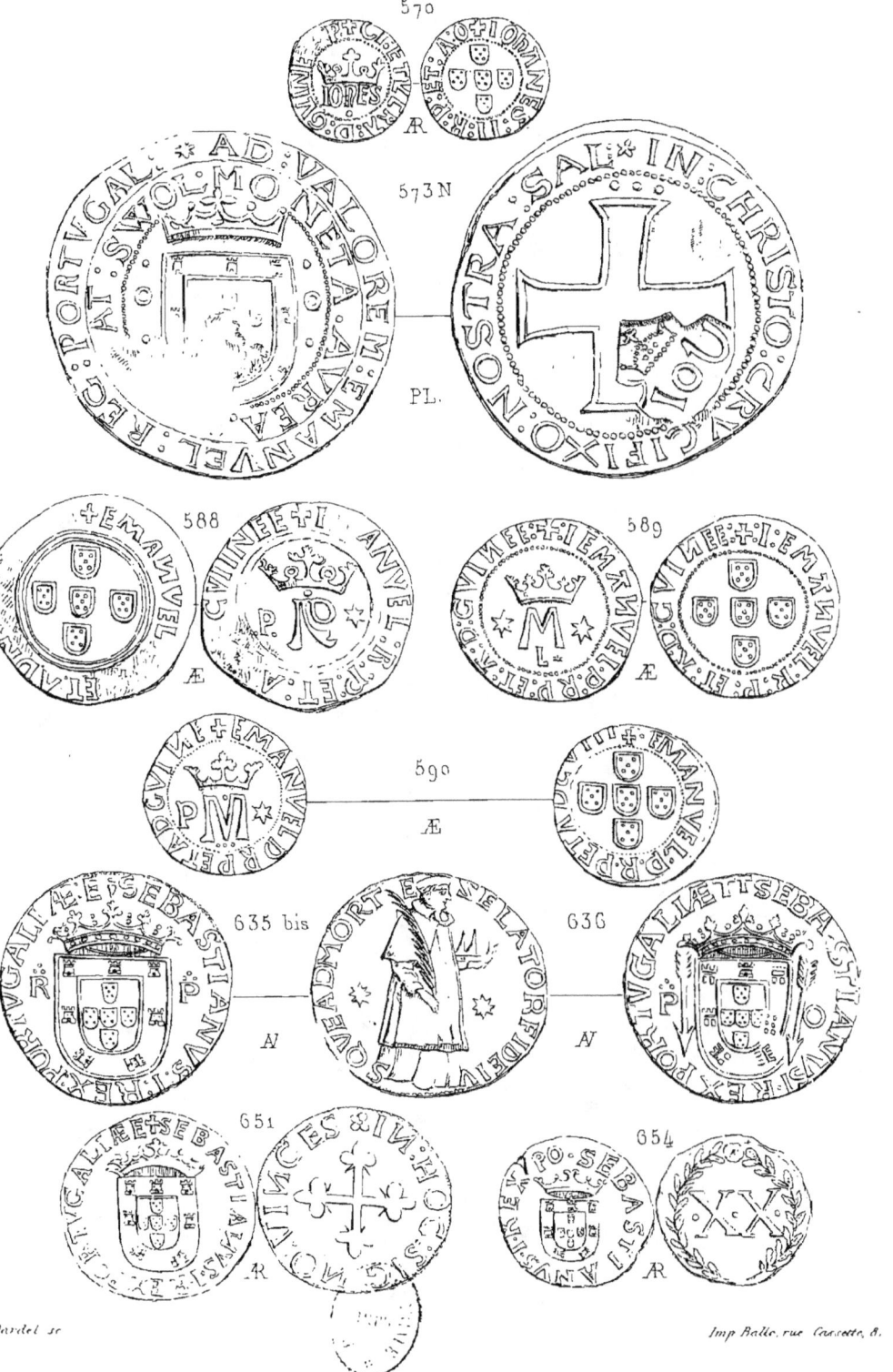

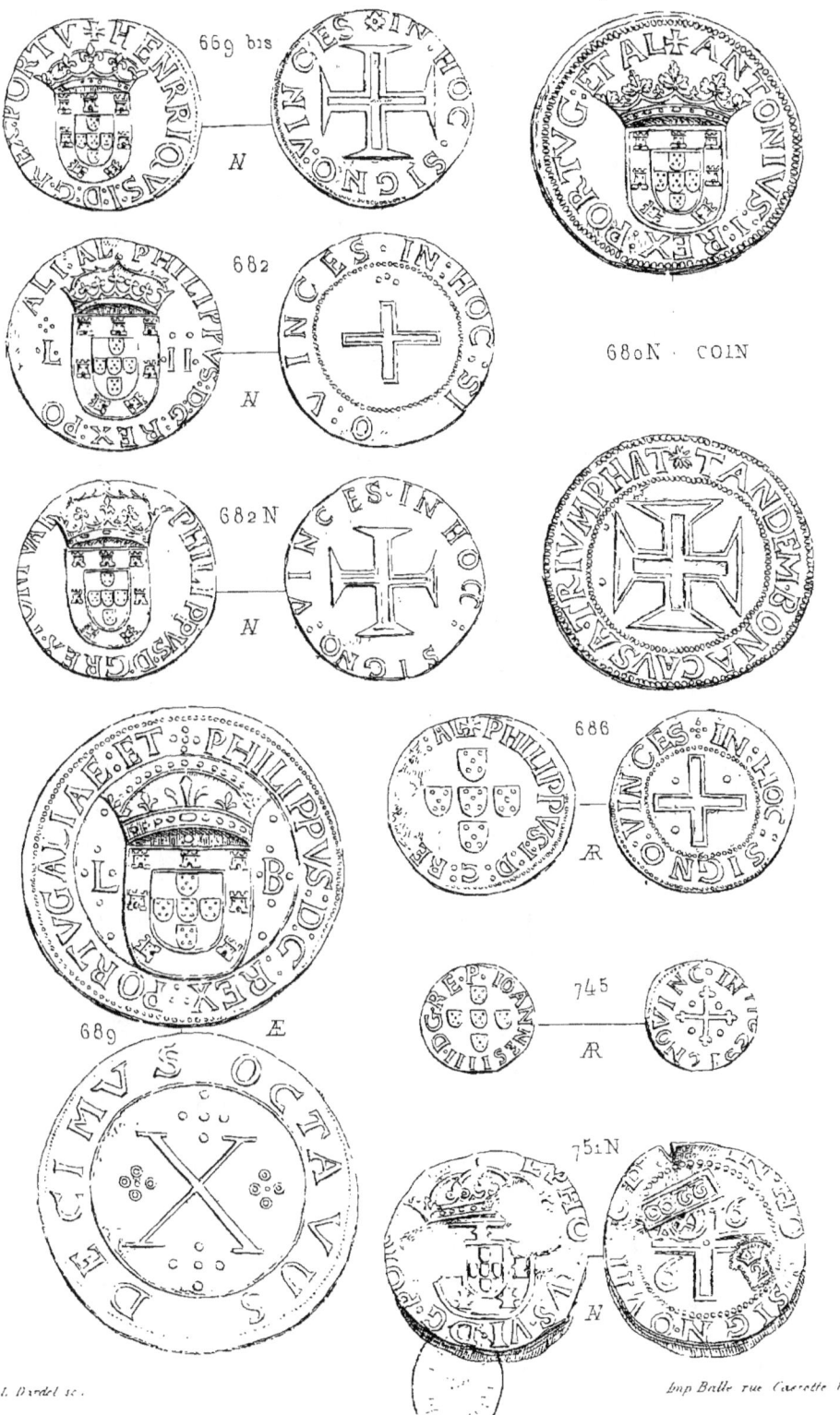

PL. V.

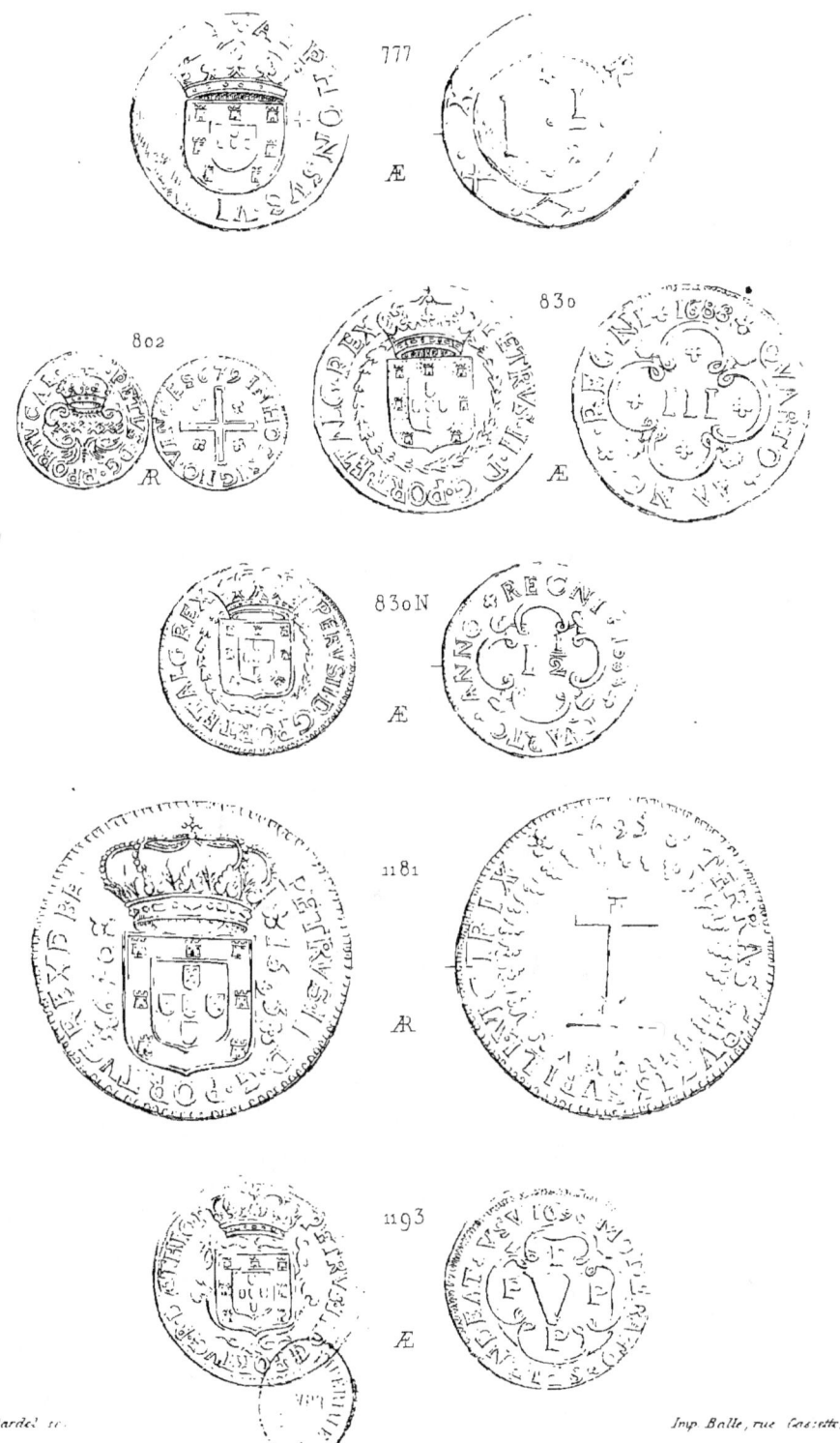

www.ingramcontent.com/pod-product-compliance
Lightning Source LLC
Chambersburg PA
CBHW052252220526
45471CB00001B/305